독자의 1초를 아껴주는 정성을 만나보세요!

세상이 아무리 바쁘게 돌아가더라도 책까지 아무렇게나 빨리 만들 수는 없습니다.

인스턴트 식품 같은 책보다 오래 익힌 술이나 장맛이 밴 책을 만들고 싶습니다.

땀 흘리며 일하는 당신을 위해 한 권 한 권 마음을 다해 만들겠습니다.

마지막 페이지에서 만날 새로운 당신을 위해 더 나은 길을 준비하겠습니다.

가장 빨리 만나는
챗봇 프로그래밍
with Bot Framework

가장 빨리 만나는 챗봇 프로그래밍 with Bot Framework
Chatbots Programming for the Really Impatient

초판 발행 · 2018년 12월 26일

지은이 · 김영욱
발행인 · 이종원
발행처 · (주)도서출판 길벗
출판사 등록일 · 1990년 12월 24일
주소 · 서울시 마포구 월드컵로 10길 56(서교동)
대표 전화 · 02)332-0931 | **팩스** · 02)323-0586
홈페이지 · www.gilbut.co.kr | **이메일** · gilbut@gilbut.co.kr

기획 및 책임편집 · 한동훈(monaca@gilbut.co.kr) | **디자인** · 장기춘 | **제작** · 이준호, 손일순, 이진혁
영업마케팅 · 임태호, 전선하, 지운집, 박성용 | **영업관리** · 김명자 | **독자지원** · 송혜란, 정은주

교정교열 · 김희정 | **전산편집** · 남은순 | **출력 및 인쇄** · (주)보진재 | **제본** · 경문제책

- 잘못된 책은 구입한 서점에서 바꿔 드립니다.
- 이 책에 실린 모든 내용, 디자인, 이미지, 편집 구성의 저작권은 (주)도서출판 길벗과 지은이에게 있습니다. 허락 없이 복제하거나 다른 매체에 옮겨 실을 수 없습니다.

ISBN 979-11-6050-675-4 93000
(길벗 도서번호 006953)

정가 24,000원

독자의 1초를 아껴주는 정성 길벗출판사
(주)도서출판 길벗 | IT실용, IT전문서, IT/일반수험서, 경제경영, 취미실용, 인문교양(더퀘스트) www.gilbut.co.kr
길벗이지톡 | 어학단행본, 어학수험서 www.eztok.co.kr
길벗스쿨 | 국어학습, 수학학습, 어린이교양, 주니어 어학학습, 교과서 www.gilbutschool.co.kr

페이스북 · www.facebook.com/gbitbook
예제 소스 · https://github.com/KoreaEva/Bot

저자 서문

예전에 '심심이'라는 서비스가 있었다. 특별한 기능은 없었지만 뭔가를 물어보면 꼬박꼬박 대답해 주는 신기방기한 녀석이었다. 그때 당시 심심이는 글자 그대로 심심풀이 대화 상대였기 때문에 서비스에 대한 기대치가 높지 않았다.

최근에는 심심이와는 비교할 수 없을 만큼 똑똑한 인공지능 비서가 등장했다. 인공지능 비서는 Siri, Cortana, 빅스비, 클로바, 누구 등 매우 다양한 이름과 형태로 우리의 일상 속 깊이 파고들고 있다. 이것들은 지금도 꽤 똑똑하지만 앞으로는 더욱 똑똑해질 예정이다. 그래서인지 어이없지만 어찌 보면 풋풋한 심심이의 반응에도 만족했던 과거와 달리 지금은 챗봇에 거는 기대치가 많이 높아졌다. 이러한 기대에 부응하기 위해 챗봇에는 각종 딥러닝 기반의 수많은 AI 기술이 자연스럽게 접목되고 있다.

최근 2년 동안 개발한 챗봇 프로젝트를 세어 보니 대략 10개가 넘었다. 챗봇에 대한 요구가 그만큼 많았다는 뜻이다. 챗봇을 쓰면 즉각적인 효과가 나타나기 때문에 지금도 요청이 많고 앞으로는 더 많아질 거라 기대한다. 챗봇은 국내외 다양한 업체에서 개발하고 있고 기술 또한 매우 다양하지만, 이 책은 Microsoft Bot Framework를 기준으로 집필했다. Microsoft Bot Framework는 높은 추상화 덕분에 개발이 용이하며 코드를 직관적으로 작성할 수 있어 편리하다. 무엇보다 Microsoft의 클라우드 플랫폼인 Azure에서 제공하는 다양한 AI 서비스를 코드 몇 줄로 연결해서 사용할 수 있어 매우 흥미롭고 유용하다.

이 책은 C#의 풍부한 기능을 담고 있고 패키지 관리 도구인 NuGet 등을 사용한 개발 방법을 알려 준다. Facebook, Skype, Telegram, 카카오톡 등 다양한 메신저와 연결하는 방법도 다룬다. 이 책을 처음 기획할 때는 챗봇이 막 주목받기 시작할 무렵이었는데 어느새 시간이 이렇게 흘러버렸다. 책을 쓰는 중간중간 Microsoft Bot Framework는 소소하게 계속 업데이트되었고 집필을 어느 정도 끝냈을 때도 계속해서 서비스가 업데이트되었다. 서비스 업데이트에 맞춰 책 내용도 주기적으로 수정해야 했다. 그러다 보니 이 책을 내놓는 데 더 오랜 시간이 걸렸다.

집필하는 내내 도움을 주고받은 Microsoft 동료들, 프로젝트를 함께 했던 고객들, 날이면 날마다 컴퓨터 앞에서 뚝딱거려도 웃으며 기다려 준 사랑하는 아내 혜숙과 예쁜 딸 민주와 주애, 일 끝내고 함께 놀아 주기만을 책상 밑에서 늘 기다렸던 우리집 댕댕이 찰리와 로빈은 모두 이 책의 충실한 조력자다. 늘 말로 설명할 수 없었던 따뜻한 고마움은 살아가면서 보답하겠다.

CHATBOT

오랫동안 함께 작업하면서 코드 한 줄 한 줄을 함께 검토해 준 길벗출판사 한동훈 님께 매우 감사한 한편 마음의 빚을 졌다. 이 책이 좋은 반응을 얻어서 함께 보람을 느낄 수 있었으면 좋겠다.

여의도 어느 공사장 벽에서 봤던 글로 서문을 마무리하려 한다.

'내가 깨고 나오면 병아리가 되지만 남이 깨 주면 후라이가 된다.^^'

변화를 두려워하지 않고 즐거운 챗봇 코딩을 시작하는 여러분을 응원한다.

2018년 12월

김영욱

목 차

1장 챗봇과 마이크로소프트 봇 프레임워크 ····· 009

1.1 챗봇의 개념 010
1.2 마이크로소프트 봇 프레임워크 012
1.3 마이크로소프트 봇 프레임워크의 한계와 해결책 014

2장 개발 환경과 Hello World 봇 만들어 보기 ····· 015

2.1 봇 프레임워크 개발 환경 구성하기 016
2.2 Azure 계정 생성과 포털 언어 설정하기 020
2.3 Resource Group과 Web App Bot 생성하기 024
2.4 Hello World Bot 제작하기 030
2.5 봇 에뮬레이터를 이용해 테스트하기 034
2.6 챗봇 배포하기 036

3장 만리장성 봇 설계하기 ····· 041

3.1 만리장성 봇이란 043
3.2 만리장성 봇의 요구사항 044
3.3 주문 받기 기능 구현하기 045

4장 Dialogs 사용하기 ····· 053

4.1 Dialog 클래스의 소개 057
4.2 인사말 기능 구현하기 060
4.3 다중 Dialog 구성하기 062
4.4 실행 결과 확인하기 070

CHATBOT

5장 챗봇에서 카드 활용하기 ····· 073

5.1 버튼 추가하기 075
5.2 주문 메뉴에 Hero Card 적용하기 080
5.3 CardHelper 클래스 제작하기 087

6장 챗봇과 데이터베이스 연동하기 ····· 093

6.1 Azure SQL Database 만들기 094
6.2 Visual Studio에서 데이터베이스 이용하기 103
6.3 주문할 메뉴 가져오기 112
6.4 SQLHelper 클래스 추가하기 119
6.5 주문 내역을 저장하고 영수증 출력하기 122

7장 QnA Maker를 이용해 FAQ 기능 개발하기 ····· 131

7.1 QnA Maker로 학습하고 서비스 배포하기 132
7.2 QnA Maker를 이용하는 챗봇 만들기 141

8장 자연어 처리를 위해 LUIS 활용하기 ····· 147

8.1 Microsoft Cognitive Services 149
8.2 LUIS 소개 150
8.3 LUIS로 학습하기 151
8.4 LUIS 훈련과 테스트하기 165
8.5 챗봇과 LUIS 연결하기 167

9장 Direct Line과 Web Client ····· 177

9.1 Direct Line Connector 설정하기　178

9.2 Direct Line Client 개발하기　180

9.3 Direct Line 테스트하기　185

10장 Skype, Facebook, Telegram 메신저 연결하기 ····· 187

10.1 Skype 연결하기　188

10.2 Facebook 메신저 연결하기　191

10.3 Telegram 연결하기　197

11장 카카오톡 메신저 연결하기 ····· 201

11.1 카카오톡 플러스친구　202

11.2 KakaoConnect 구현하기　204

부록 A | Azure의 과금 정책　216

부록 B | FormFlow로 ARS 기능 구현하기　218

부록 C | Bing News Search 활용법　223

찾아보기　227

1장

챗봇과 마이크로소프트 봇 프레임워크

1.1 챗봇의 개념
1.2 마이크로소프트 봇 프레임워크
1.3 마이크로소프트 봇 프레임워크의 한계와 해결책

1.1 챗봇의 개념

2017년을 시작으로 챗봇에 대한 관심이 뜨거워졌다. 챗봇이 기존에 없었던 개념은 아니지만 챗봇을 개발하기 위한 여러 가지 기술이 무르익었다고 판단했기 때문이다. 챗봇이 여기저기서 회자되고 챗봇 개발에 많은 사람이 관심을 기울이면서 챗봇에 거는 사람들의 기대는 더없이 커지고 있다. 그렇다고 챗봇을 〈아이언맨〉에 등장하는 자비스나 〈터미네이터〉와 같은 완전한 인공지능이라고 기대해서는 곤란하다.

▼ 그림 1-1 챗봇을 이용해서 호텔을 예약하는 모습

챗봇은 Apple의 Siri나 Microsoft의 Cortana와 같은 개인 비서와 달리 특정한 용도나 업무용으로 개발되어야 한다. 용도를 제한함으로써 현실적인 서비스를 더 빠르게 제공하고, 개발하고, 수정할 수 있기 때문이다.

챗봇은 이미 다양한 용도로 개발되고 있고 그만큼 다양한 서비스를 제공하고 있다. 그중에서 몇 가지 시나리오를 살펴보면 다음과 같다.

- **주문** 가장 흔하게 볼 수 있는 용도로 피자나 자장면 같은 주문 관련 기능을 구현한 것이다. 비교적 시나리오가 단순하고 도입 결과가 분명해서 가장 빠르게 도입되는 분야다.
- **예약** 호텔, 헤어숍, 교통편 예약 분야 역시 챗봇이 자주 언급되는 분야다. 항공권 최저가를 검색해 주는 스카이스캐너(SkyScanner)에서는 이미 챗봇이 활발하게 사용되고 있다.

- **고객지원** 눈에 띄는 효과가 나타나는 분야로 FAQ와 같이 반복해서 들어오는 문의를 처리한다. 회사마다 편차는 있지만 고객 문의의 80% 이상은 단순 문의다. 따라서 챗봇을 활용해 단순 문의만 해결해도 상당한 효과를 볼 수 있다.
- **교육** 대화형으로 질문에 응답하거나 학습 진도를 챙겨 주는 LMS(Learning Management System) 또는 콘텐츠를 관리하는 LCMS(Learning Content Management System) 등과 같은 시스템과 연동하여 개인별로 친절하게 학습 지도를 해 준다. 퀴즈를 이용해 학습 성취도를 체크하거나 평가하는 기능을 제공할 수도 있다.
- **물류** 단순히 배송 중인 물건의 위치나 상황을 안내해 줄 수도 있지만 과거 데이터를 기반으로 도착 예정 시간 등을 알려 줄 수도 있다.

몇 가지 사례를 살펴봤지만 봇을 활용할 수 있는 시나리오는 무궁무진하다. 봇은 웹 개발을 지원하는 모든 언어로 개발할 수 있다. 하지만 여러 형태로 제공되는 챗봇 라이브러리를 사용하면 개발하면서 만나게 되는 시행착오를 상당 부분 줄일 수 있다.

챗봇을 만들 수 있는 플랫폼에는 Microsoft Bot Framework 이외에도 ChatScript, Pandorabots, Facebook의 Bots for Messenger, Rebot.me, Imperson 등이 있다. 이 중에서 현재까지 가장 많은 메신저를 지원하는 플랫폼은 Microsoft Bot Framework다.

챗봇이란 채팅을 하는 봇(Bot)이다. 단순해 보이지만 챗봇을 실제로 개발해 보면 채팅이라는 인터페이스 뒤에 숨은 다양한 기술이 필요하다는 걸 알게 된다. 사용자가 입력한 문장을 이해할 수 있도록 돕는 자연어 처리 기술, 사용자가 사용한 문장이나 사진을 분석하는 패턴 인식 기술, 정리되어 있는 데이터베이스나 저장 공간에서 필요한 정보를 처리해 주는 텍스트 마이닝 기술도 필요하다.

▼ 표 1-1 챗봇 개발에 필요한 다양한 기술(출처 : 한국정보화진흥원, 〈모바일 시대를 넘어 AI 시대로〉)

관련 기술	주요 내용
패턴 인식 (Pattern Recognition)	기계로 도형, 문자, 음성 등을 식별하는 기술
자연어 처리 (Natural Language Processing)	인간이 보통 쓰는 언어를 컴퓨터에 인식시켜 처리하는 기술(정보 검색, 질의응답, 시스템 자동 번역, 통역 등을 포함)
시맨틱 웹 (Semantic Web)	컴퓨터가 정보 자원의 뜻을 이해하고 논리적 추론까지 할 수 있는 차세대 지능형 웹
텍스트 마이닝 (Text Mining)	비정형 텍스트 데이터에서 새롭고 유용한 정보를 찾아내는 과정 또는 기술
상황 인식 컴퓨팅 (Context Aware Computing)	가상공간에서 현실에서 일어나는 상황을 정보화하고 이를 활용하여 사용자 중심의 지능화된 서비스를 제공하는 기술

물론 모든 기술이 한꺼번에 필요한 건 아니다. 또한 최근의 개발 트렌드는 기능 대부분을 클라우드에서 서비스로 제공하기 때문에 필요한 서비스를 레고 블록을 조립하듯 개발할 수 있어 이전의 개발에 비해 코드 양도 적고 개발 기간도 비교적 짧은 편이다. 이 책에서는 챗봇 개발에 필요한 다양한 서비스를 최대한 다뤄 보려고 한다.

1.2 마이크로소프트 봇 프레임워크

Microsoft는 2016년 3월 31일에 매년 개최해 온 빌드 컨퍼런스에서 Bot Framework를 발표했다.

▼ 그림 1-2 빌드 컨퍼런스 2017에서 Bot Framework를 발표하는 모습

Microsoft Bot Framework는 .NET과 Node.js 언어를 지원하며 클라우드 기반의 봇 포털을 통해 대부분의 메신저와 연결이 가능하다. 또한 Bot Framework SDK(Software Development Kit)를 Github(https://github.com/Microsoft/BotBuilder)를 통해 오픈소스로 제공한다.

▼ 그림 1-3 마이크로소프트 봇 프레임워크의 구성

Microsoft Bot Framework

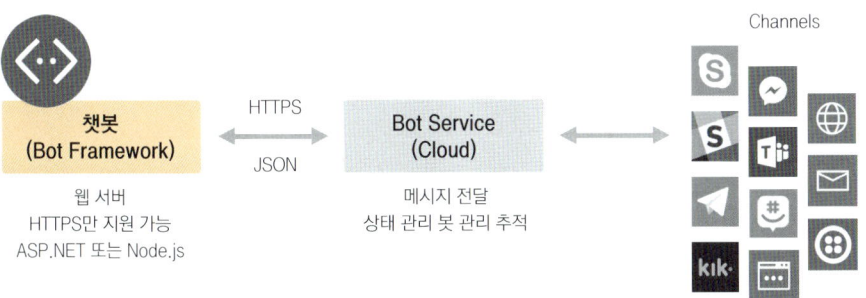

Microsoft Bot Framework는 인기 있는 메신저를 대부분 지원한다. 챗봇에서는 메신저를 '대화 형태의 채널'이라고 이야기한다. 챗봇이 각종 메신저를 비롯해 휴대폰 문자(SMS)와 이메일은 물론 앱이나 웹과도 통합이 가능하기 때문이다.

현재 Microsoft Bot Framework가 공식적으로 지원하는 채널에는 Skype, 웹챗, Office365 Mail, Facebook, GroupMe, Kik, Slack, Telegram, Twiloo(SMS), Direct Line App Integration 등이 있다. 전 세계에서 널리 쓰이는 메신저를 대부분 지원한다고 보면 된다. 향후에는 더 많은 메신저를 채널에 포함할 것으로 기대한다.

채널에 포함된 메신저는 Bot Service에 연결되어 있다. Bot Service는 클라우드에서 제공하는 서비스로 채널과 연결을 항상 유지하며 메시지를 중계하고 상태를 관리하는 등 다양한 기능을 제공한다. 이렇게 봇 포털을 통해 메신저를 연결하는 방식은 챗봇을 개발하고 운영할 때 꽤 유용하다. 연결 방식이 서로 다른 메신저라도 거의 동일한 방식으로 개발할 수 있기 때문이다.

Microsoft Bot Framework를 사용할 때 C#이나 Node.js로 개발한 봇은 웹 서버에 배포하는데, 배포가 끝나면 이후에 웹 서버 주소를 Bot Service에 등록하는 과정을 거치게 된다. 이때 웹 서버는 반드시 HTTPS를 지원해야 한다. 개인 정보처럼 민감한 대화를 다루는 서비스이므로 기본적으로 보안을 고려해야 하기 때문이다.

.NET이나 Node.js가 아니거나 메신저가 아닌 별도의 디바이스나 앱에서 봇을 사용하고 싶다면 별도로 제공되는 Direct Line App Integration을 이용해서 연결할 수 있다. Direct Line App Integration은 이후 9장에서 다룰 예정이다.

1.3 마이크로소프트 봇 프레임워크의 한계와 해결책

Microsoft Bot Framework는 Skype나 Facebook 메신저, Slack과 Telegram 등 인기 있는 메신저를 대부분 지원하지만 모든 메신저를 지원하지는 않는다.

▼ 표 1-2 메신저별 사용자 수 (단위: 백만 명)

메신저	WhatsApp	Facebook	QQ Mobile	WeChat	Viber	LINE	Snap Chat	Kik	Kakaotalk
가입자	1000	900	853	697	249	215	200	100	48

무엇보다 국내에서 가장 많은 사람이 사용하는 카카오톡을 직접적으로 지원하지 못한다. Facebook 메신저나 Skype 등 다른 메신저와 달리 카카오톡은 관련된 Open API를 제공하지 않아 연결하기가 쉽지 않기 때문이다.

다만 카카오톡은 특정 용도로 사용되는 카카오톡 플러스친구를 통해 연결이 가능하다. 카카오톡 연결이 꼭 필요한 경우라면 카카오톡 플러스친구 아이디를 먼저 개설해야 한다. 카카오톡 플러스친구 아이디는 기업이나 특정 단체의 대표 카카오톡 아이디를 만드는 것으로 카카오톡을 이용해서 고객과 빠르게 소통할 수 있다는 장점이 있다. 카카오톡 플러스친구 아이디에 관한 정보는 https://center-pf.kakao.com에서 볼 수 있다.

▼ 그림 1-4 카카오가 제공하는 YellowID

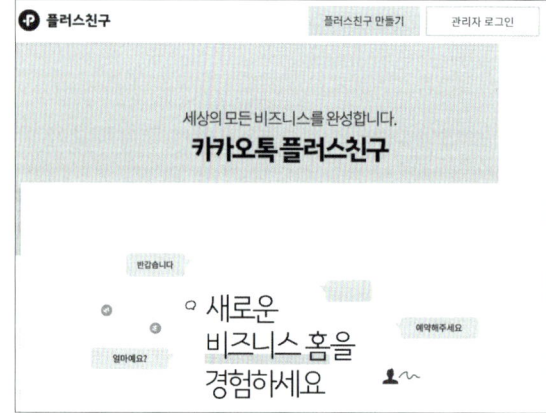

2장

개발 환경과
Hello World 봇
만들어 보기

2.1 봇 프레임워크 개발 환경 구성하기

2.2 Azure 계정 생성과 포털 언어 설정하기

2.3 Resource Group과 Web App Bot 생성하기

2.4 Hello World Bot 제작하기

2.5 봇 에뮬레이터를 이용해 테스트하기

2.6 챗봇 배포하기

개발을 하려면 먼저 개발 환경을 구성하고 필요한 서비스를 설정하고 코드를 통해서 이들을 연결해야 한다. 거의 모든 개발은 'Hello World'에서 시작되는데 Bot Framework도 크게 다르지 않다. 그럼 개발 환경을 구성하는 것부터 시작해 보자.

2.1 봇 프레임워크 개발 환경 구성하기

개발은 메모장에서도 할 수 있지만 더 편하고 효과적인 개발 도구가 있다면 사용하길 권한다. 과거와 달리 다양한 서비스와 기술을 통합해 나가는 최근의 개발 환경에서는 강력한 개발 도구 선택이 필수다. Bot Framework를 다루려면 프로그래밍 언어로 C# 또는 Node.js 중 하나를 선택해야 한다. C#을 사용해서 개발하려면 기본적으로 Visual Studio 2017을 사용해야 한다. 이 책에서는 전체 내용을 C#을 사용해서 개발하므로 Visual Studio 2017을 사용한다.

▼ 그림 2-1 Visual Studio 2017

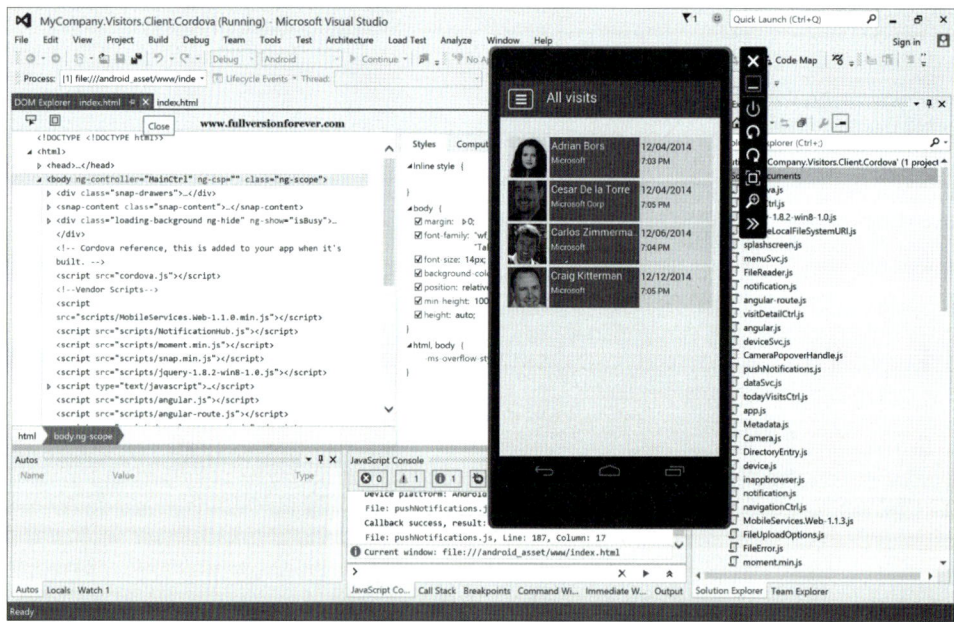

Visual Studio에는 여러 가지 버전이 있다. 학생 또는 매출이 일정액을 넘지 않는 비영리 스타트업 기업 또는 오픈소스 조력자 등은 무료로 사용할 수 있는 Visual Studio Community 버전을 사용해도 무방하다. 웹 사이트에서 Visual Studio Community 버전을 무료로 사용할 수 있는 대상이 누구인지 다시 한 번 확인해 보기 바란다.

Node.js를 사용하는 경우라면 Visual Studio Code를 사용하는 것도 좋다. Visual Studio Code는 Visual Studio Community 버전의 최소 제약조차 없는 프리웨어다. 또한 소스 코드가 공개되어 있고 윈도, MacOS, 우분투를 모두 지원한다. 다만 C#을 사용하는 데는 불편하므로 이 책에서는 Visual Studio 2017을 기본으로 사용한다.

Visual Studio 2017은 Bot Framework 개발 이외에도 iOS나 Android 개발을 위한 Xamarin, Windows 앱·웹 개발 등 거의 모든 영역을 개발할 수 있는 개발 도구다.

다음은 Bot Framework를 개발하기 위해 필요한 개발 도구들이다. URL을 하나하나 찾아가는 수고를 덜 수 있도록 필자의 Github 사이트인 http://github.com/KoreaEva/Bot에서 개발 환경에 필요한 URL을 모아 제공하고 있으니 접속해 보기 바란다.

1 Visual Studio 2017 또는 최신 버전 설치하기

Visual Studio 2015에서도 개발은 할 수 있지만 가급적이면 최신 버전을 사용하는 것이 좋다. 이 책의 모든 예제와 설명은 Visual Studio 2017 버전으로 구성되어 있다. Visual Studio를 정식으로 구입한 라이선스가 있다면 해당 버전을 사용하고, 라이선스가 없다면 Visual Studio Community 버전을 사용한다. Visual Studio Community는 상용 버전인 Professional 버전과 동일한 기능을 제공하지만 학생이나 비영리 스타트업 기업 등은 무료로 사용할 수 있다. 그렇다 하더라도 회사에서 사용할 때는 제약이 있으니 라이선스를 미리 확인하고 사용해야 한다.

http://visualstudio.com에서 자세한 내용을 확인하고 제품을 내려받는다.

Visual Studio를 설치할 때는 ASP.NET 및 웹 개발과 Azure(애저) 개발 항목을 선택해 설치해야 한다. 챗봇은 결국 웹 서버에서 돌아가는 웹 개발이고 클라우드를 기반으로 동작하므로 Microsoft의 클라우드 서비스인 Azure가 필요하기 때문이다. 설치할 때 옵션을 선택하지 않았다면 Visual Studio Installer를 다시 실행시켜 옵션을 선택하면 된다.

선택할 옵션

- .NET 데스크톱 개발
- ASP.NET 및 웹 개발
- Azure 개발

▼ 그림 2-2 Visual Studio 2017 설치 옵션을 선택한다

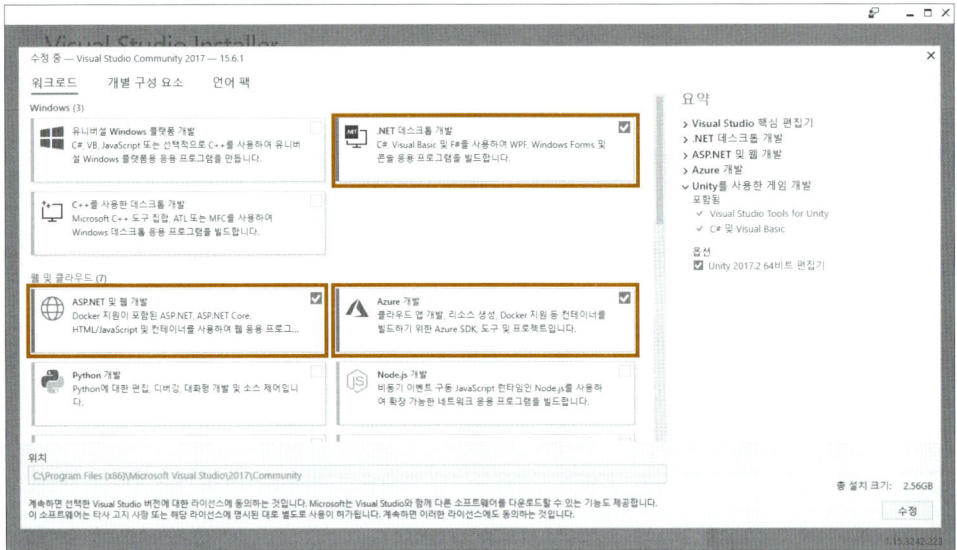

2 봇 빌더 템플릿 설치하기

Visual Studio 2017에는 Bot Framework를 사용할 수 있는 템플릿이 기본으로 포함되어 있지 않다. 따라서 Bot Framework 템플릿을 받아서 추가로 설치해야 한다. 얼마 전만 해도 Bot Framework 템플릿을 설치하려면 템플릿을 받아서 복사해야 했다. 하지만 최근에는 Visual Studio 2017의 **도구** > **확장 및 업데이트**에서 바로 설치할 수 있게 되었다.

그림 2-3과 같이 **온라인**을 선택하고 정렬 기준을 **가장 최근**으로 선택한다. 오른쪽 상단 검색 창에 **Bot Builder**를 입력하여 검색한 후 목록에서 **Bot Builder Template for Visual Studio**를 선택하고 **다운로드** 버튼을 클릭한다. 닫기 버튼을 클릭하여 Visual Studio를 종료하면 템플릿 설치가 진행된다. 템플릿을 정상으로 설치했다면 Visual Studio를 다시 실행하자.

검색 목록에 Bot Builder V4 SDK Template for Visual Studio가 보이는데 이것은 현재 미리보기(Preview) 형태로 제공되고 있는 다음 버전에 관한 템플릿이다. Bot Builder V4는 아직 안정적이지 않으므로 권장하지 않는다. 지금은 Bot Builder Template for Visual Studio를 설치하길 권한다.

▼ 그림 2-3 Bot Builder Template을 설치한다

3 봇 에뮬레이터 설치하기

Bot Emulator는 봇을 개발하고 테스트하는 단계에서 쓸 수 있는 도구로 각 메신저를 대신해서 봇을 테스트할 수 있도록 돕는다. Bot Emulator에서는 메신저에서 주고받는 기본적인 메시지 이외에도 추가 동작에 대한 정보를 받을 수 있다. Bot Emulator가 없으면 테스트할 때마다 메신저를 설정해서 테스트해야 해서 번거롭다. 따라서 Bot Framework를 개발할 때는 Bot Emulator가 필수다.

Bot Emulator는 http://emulator.botframework.com/에서 내려받을 수 있다.

botframework-emulator-Setup-3.5.35.exe 파일을 내려받아 설치한다. 버전에 따라 파일명은 다를 수 있다.

Bot Emulator는 윈도 버전 이외에도 macOS 버전과 Linux 버전 등 다양한 버전을 제공하므로 다양한 플랫폼에서 테스트할 수 있다. 하지만 Bot Framework에서 지원하는 C# 버전은 다양한 플랫폼을 지원하는 .NET Core가 아니라 .Net Framework이므로 C#을 사용해서 개발할 때는 윈도를 사용하는 게 필수다. 개발 환경은 윈도7 64비트 버전 이상(32비트 버전은 현재 Bot Emulator에서 지원하지 않는다) 또는 윈도10 버전을 권한다.

▼ 그림 2-4 macOS에서 봇 에뮬레이터를 실행한 화면

2.2 Azure 계정 생성과 포털 언어 설정하기

CHATBOT

Azure(애저)는 Microsoft의 클라우드 명칭이다. Azure는 2018년 11월 현재 전 세계 50여개 지역에서 서비스되고 있으며 사용할 수 있는 지역이 계속 추가되고 있다. AWS나 Google 역시 클라우드 데이터센터를 운영하지만 데이터센터의 개수 및 서비스 사용량만 봤을 때는 Azure가 가장 빠른 속도로 늘고 있다.

클라우드 기술은 초반에 가상머신을 사용한 인프라 기반의 서비스가 주류였지만 최근에는 플랫폼 또는 서비스를 제공하는 부분이 중요해졌다. Azure는 이 부분이 주력이므로 강점이 있다. Azure

에서는 이 책에서 다루는 챗봇을 비롯해 데이터 플랫폼, 머신러닝, IoT 등 대부분의 서비스를 제공한다.

▼ 그림 2-5 Azure 데이터센터(출처: azure.com)

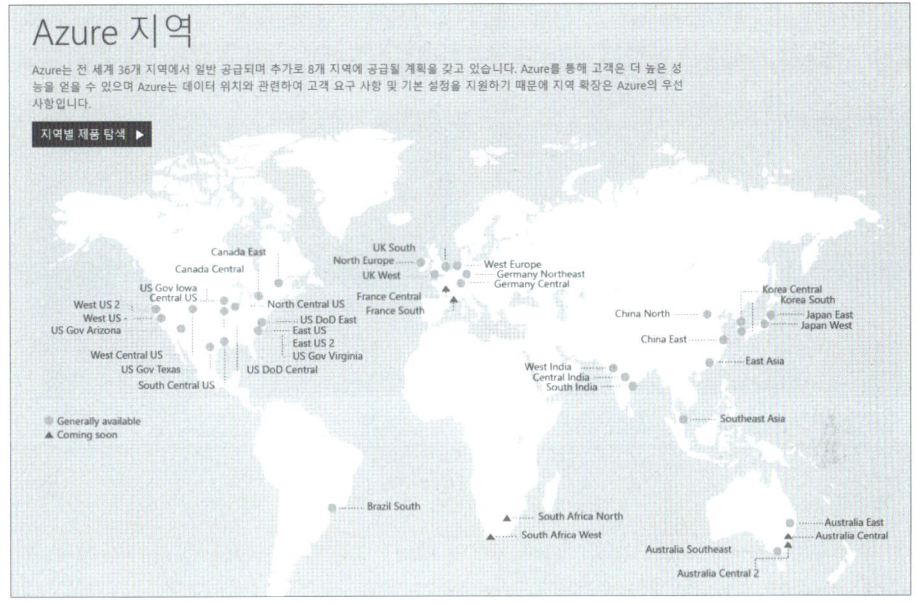

Bot Framework를 이용해서 챗봇을 개발했을 때 운영 단계로 나아가려면 기본적으로 클라우드 환경인 Azure를 기반으로 배포해야 온라인으로 서비스를 제공할 수 있다. 또한 Azure에서 제공하고 있는 다양한 서비스와 챗봇을 함께 사용하면 매우 효율적으로 필요한 기능을 추가할 수 있다. 그래서 먼저 Azure 계정을 만들고 진행하는 게 좋다.

하지만 실제 운영보다 개발 과정을 학습하거나 간단하게 테스트하는 단계라면 2장에서 다루는 클라우드와 관련된 내용은 건너뛰고 http://github.com/KoreaEva/Bot에서 제공하는 GreatWall 기본 프로젝트 파일을 받아서 시작해도 된다.

> **Note** ≡ **Azure 1개월 무료 체험**
>
> Azure는 1개월 동안 무료로 사용할 수 있는 체험 계정을 제공한다. 무료 체험 계정은 https://azure.microsoft.com/ko-kr/free/에서 신청할 수 있는데 조건이나 기간은 변경될 수 있다. 무료 체험 계정을 신청할 때는 신용카드 번호가 필요하다. 신용카드 번호는 사용자를 확인하는 용도로 쓰일 뿐 결제 용도가 아니므로 걱정하지 않아도 된다. 다만 실수로 유료 계정으로 전환하면 별도 요금이 청구될 수 있으니 주의한다. 학생이라면 학생을 위한 혜택이 있는지 먼저 찾아보기 바란다. 물론 유료 계정을 신청해서 사용해 보는 게 가장 좋다. 챗봇은 비용이 발생되는 부분이 많지 않으므로 유료 계정을 사용해 보는 것도 추천한다. 무료 계정은 정해진 기간이 지나면 계정이 정지된다. 기간이 지나도 추가 비용이 발생하는 것은 아니므로 염려하지 않아도 된다.

○ 계속

▼ 그림 2-6 Azure 무료 체험 계정 신청하기(https://azure.microsoft.com/ko-kr/free/)

Azure 계정을 만들고 Azure 포털에 접속한 후 맨 먼저 할 일은 언어 설정이다. 언어를 기본값 그대로 쓰는 경우가 많은데 한국어로 설정되어 있다면 영어로 바꾸는 게 좋다. 한국어로 설정되어 있으면 언어 설정뿐만 아니라 서비스 이름까지 한국어로 나오므로 서비스를 찾기 어려울 수 있다. 예를 들면 영어로 Web App은 한국어로 웹 앱, Logic App은 논리 앱으로 변경된다. 한국어 명칭이 익숙하지 않은 경우라면 찾기 불편할 수 있다. 이 책에서는 영어로 설정한 Azure 포털을 기준으로 설명한다.

포털 언어를 영어로 설정하려면 포털 설정 메뉴로 들어가야 한다. 그림 2-7처럼 Azure 포털 상단에 있는 **톱니바퀴 모양** 아이콘을 선택하면 포털을 설정할 수 있는 메뉴가 나타난다. 메뉴에서 테마나 알림 설정을 할 수 있고 아래쪽에서 언어를 설정할 수 있다. 여기서는 언어를 English로 설정하고 **새로 고침** 버튼을 클릭한다. 메뉴가 영문으로 바뀐다.

Bot Framework는 원래 Azure에서 웹 서버를 만들고, 만들어진 챗봇을 웹 서버에 배포한 다음 웹 서버의 주소를 Bot Service에 등록하는 과정을 거쳐야 했다. 하지만 2017년 말에 Azure 서비스가 업데이트되면서 챗봇 관련 서비스인 Bot Service, 웹 서버인 Web App, 상태를 저장할 때 사용할 수 있는 Azure Storage Account를 한꺼번에 연결해 주는 Web App Bot이 서비스가 추가되었다.

▼ 그림 2-7 Azure 포털 설정 언어를 영어로 설정한다

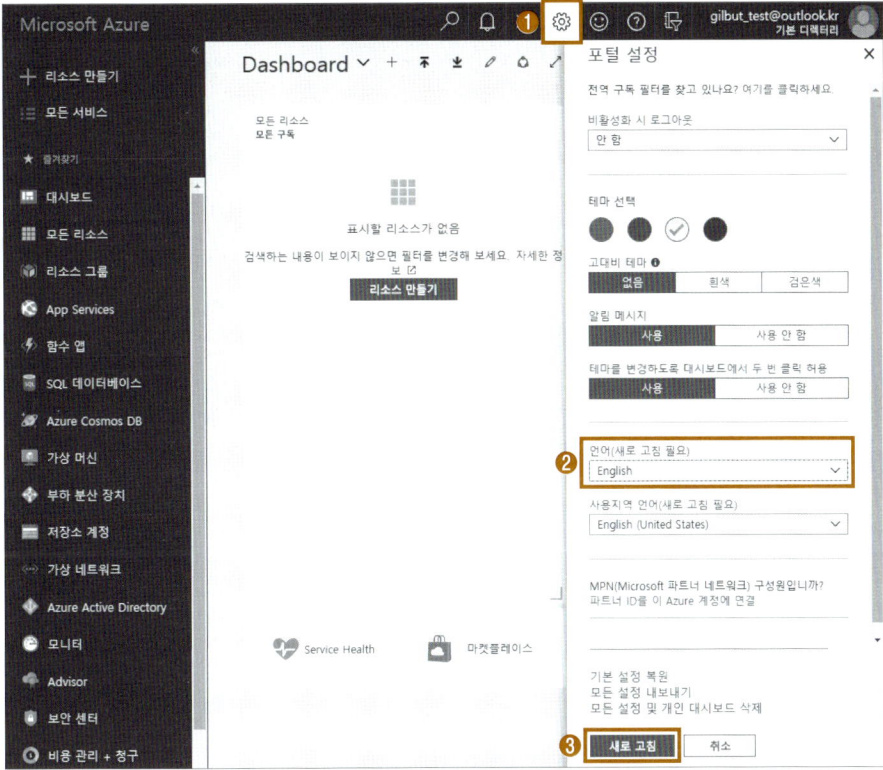

Web App Bot은 다음 그림과 같이 챗봇 관련 서비스인 Bot Service와 웹 서버인 Web App과 저장 공간인 Azure Storage Account로 구성되어 있고, 이 세 가지 요소를 한 번에 서로 연결된 상태로 생성해 주기 때문에 편리하다.

▼ 그림 2-8 웹 앱 봇의 구성

Web App Bot

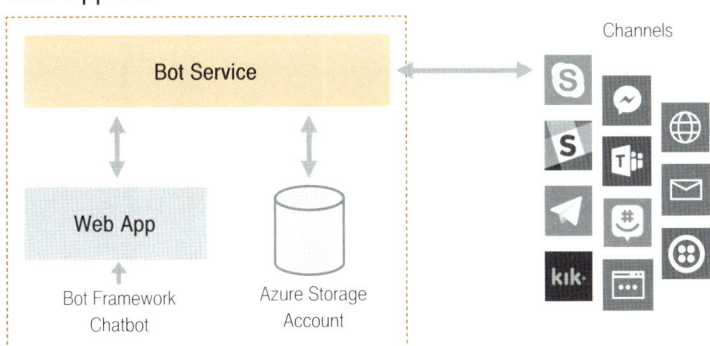

2.3 Resource Group과 Web App Bot 생성하기

Azure에서 무언가 작업할 때 가장 먼저 하는 일은 Resource Group 생성이다. Resource Group이란 Azure에서 사용할 여러 서비스를 묶어 주는 단위로 Resource Group 단위로 접근 권한을 설정하거나 한 번에 삭제할 수도 있다. 실제로 작업할 때 Resource Group이 필요한 이유는 프로젝트가 1개라도 서비스는 여러 개를 생성하고 이용해야 하는 경우가 많기 때문이다.

당장 챗봇만 봐도 Bot Service, Web App, App Service Plan 등이 필요하고 QnA Maker, LUIS, SQL Database 등이 추가로 필요할 때가 있다. 이런 서비스들을 하나로 묶어서 관리하는 개념이 필요할 때 Resource Group을 쓴다. 이러한 이유로 Azure에서 무언가를 작업할 때는 먼저 Resource Group을 생성하고 여기에 필요한 요소들을 만들어가는 방법을 추천한다.

Resource Group을 생성하려면 Azure 포털 왼쪽에 있는 **Resource groups**를 선택한다. 오른쪽에 지금까지 생성된 Resource Group이 나타나야 하지만 처음이라 아무것도 보이지 않는다. **+Add**를 선택해서 새로운 Resource Group을 추가한다.

▼ 그림 2-9 Resource groups 〉 +Add로 리소스 그룹을 추가한다

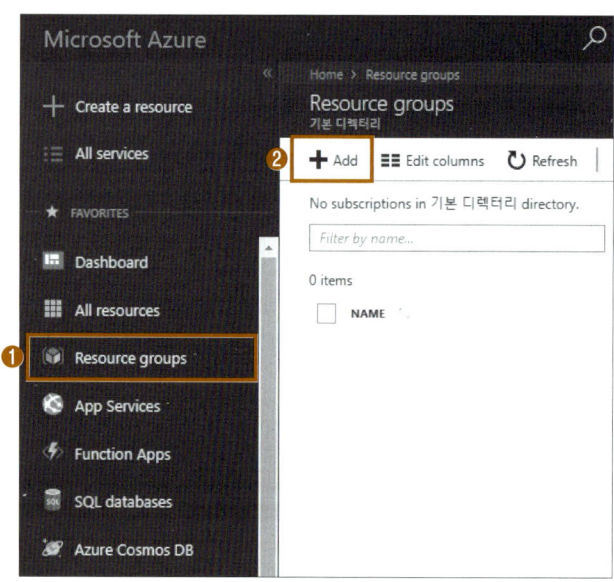

Resource Group을 추가하려면 3가지 정보가 필요하다.

▼ 표 2-1 Resource Group을 추가하는 데 필요한 정보

Resource group name	Resource Group 이름이다. 내 계정에서만 중복되지 않으면 된다.
Subscription	Azure 구독을 선택하는 곳이다. 로그인 ID 1개에 Azure 구독이 여러 개 연결되는데 그중 하나를 선택하면 된다. 평가판을 사용하면 여기서 선택할 수 있다.
Resource group location	Resource Group의 위치를 선택하는 곳이다. Resource Group의 위치를 선택하더라도 Resource Group 내부 서비스는 각각 다른 위치로 선택할 수 있다. 한국에도 한국 중부와 한국 남부 이렇게 지역을 2군데 선택할 수 있다. 다만 평가판을 사용하는 경우에는 특정 지역 사용이 제한될 수 있다.

여기서는 Resource group name을 **GreatWall**, Resource group location을 **Korea South**(한국 남부)로 설정했다. Subscription은 무료 체험 또는 사용한 만큼 비용을 지불하는 **Pay-As-You-Go**를 이용한다. MSDN 구독을 선택하면 MSDN 구독을 이용할 수 있다. 필요한 정보를 모두 입력했다면 Create 버튼을 클릭해 Resource Group을 생성한다. Resource Group은 대개 수초 안에 생성된다.

- Resource group name **GreatWall**
- Subscription **Pay-As-You-Go**
- Resource group location **Korea South**

▼ 그림 2-10 Resource Group을 생성한다

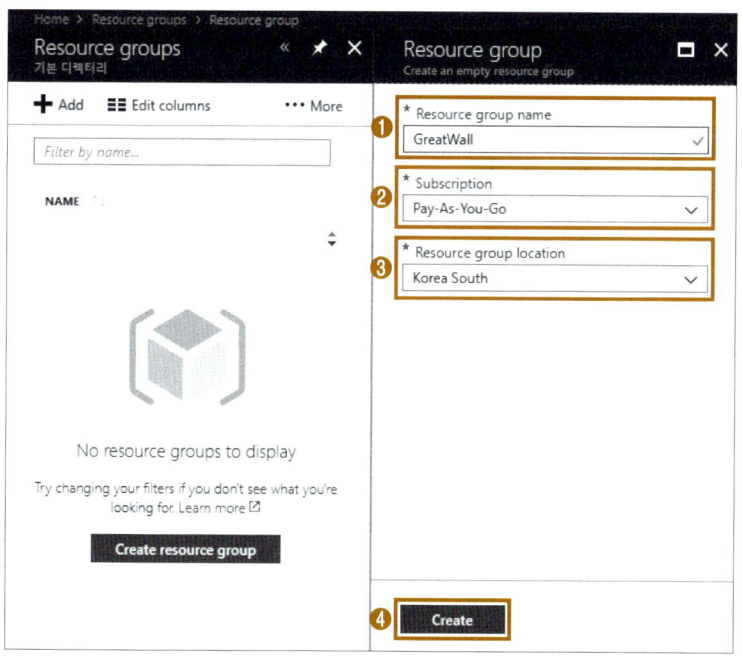

Resource Group을 생성했다면 Resource Group 안에 챗봇 서비스를 운영하기 위한 Web App Bot 서비스를 생성할 차례다. 포털 왼쪽 상단에 있는 **Resource groups**를 선택한다. 이번에는 앞에서 생성한 GreatWall Resource Group이 나타난다. **GreatWall**을 선택해서 들어가도 아무것도 생성되어 있지 않다.

▼ 그림 2-11 생성된 리소스 그룹인 GreatWall을 선택한다

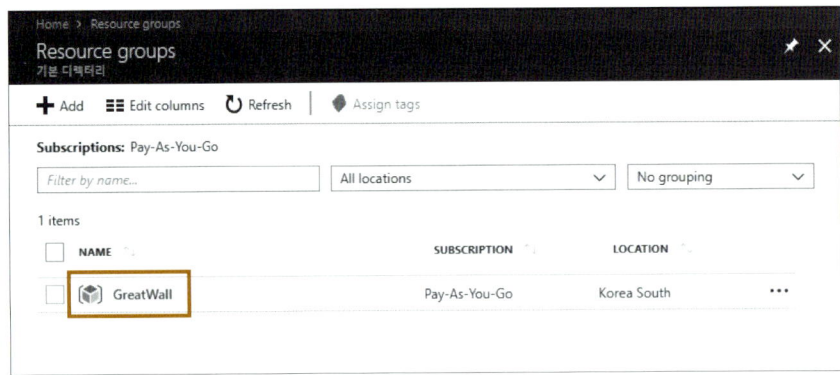

GreatWall Resource Group에 Web App Bot을 추가해 보자. 다시 **+Add**를 선택한다.

▼ 그림 2-12 GreatWall 리소스 그룹에 새로운 서비스를 추가한다

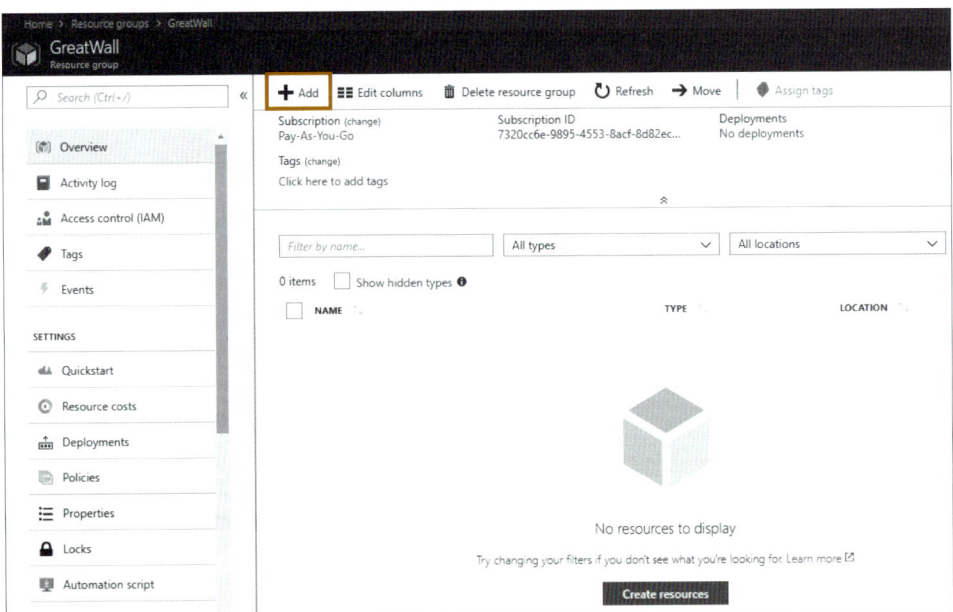

여기서 추가할 서비스를 선택해야 한다. 서비스는 아래 목록에서 선택해서 추가해도 되지만 검색해서 추가할 수도 있다. 검색 창에 **Web App Bot**을 입력하고 목록이 뜨면 **Web App Bot**을 선택하여 추가한다.

▼ 그림 2-13 Web App Bot을 검색해서 추가한다

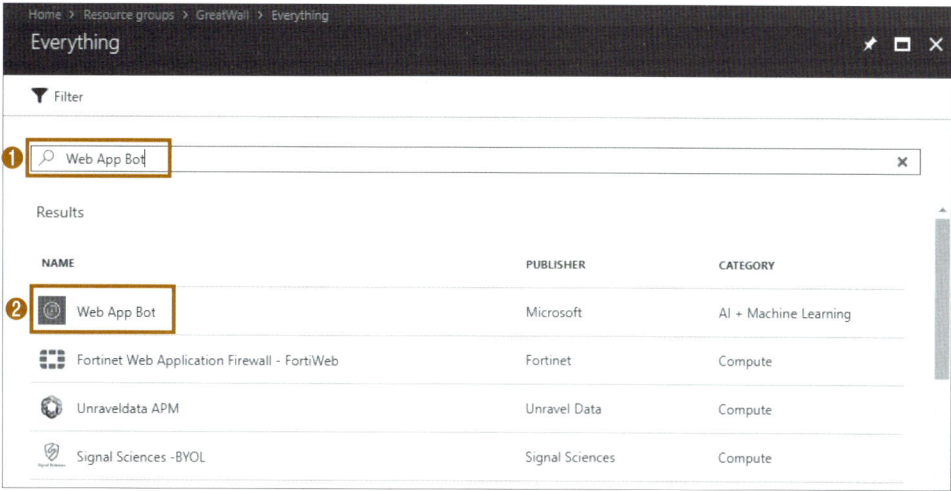

Web App Bot 창이 나타나면 **Create** 버튼을 클릭한다.

▼ 그림 2-14 Web App Bot을 생성한다

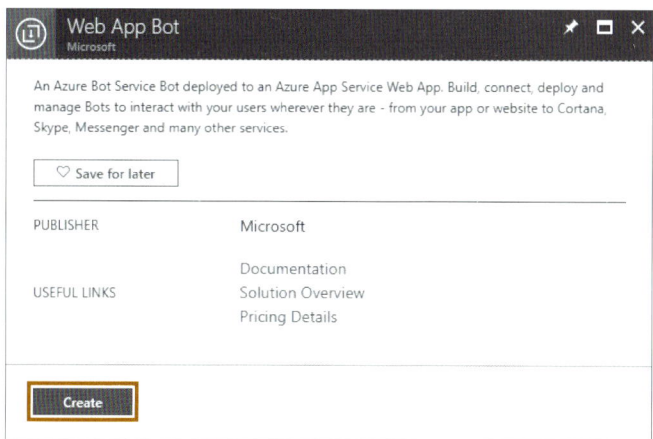

Web App Bot에 필요한 정보를 입력하거나 선택한다. 정보를 모두 입력했다면 **Create** 버튼을 클릭하고 기다린다.

▼ 그림 2-15 Web App Bot을 설정한다

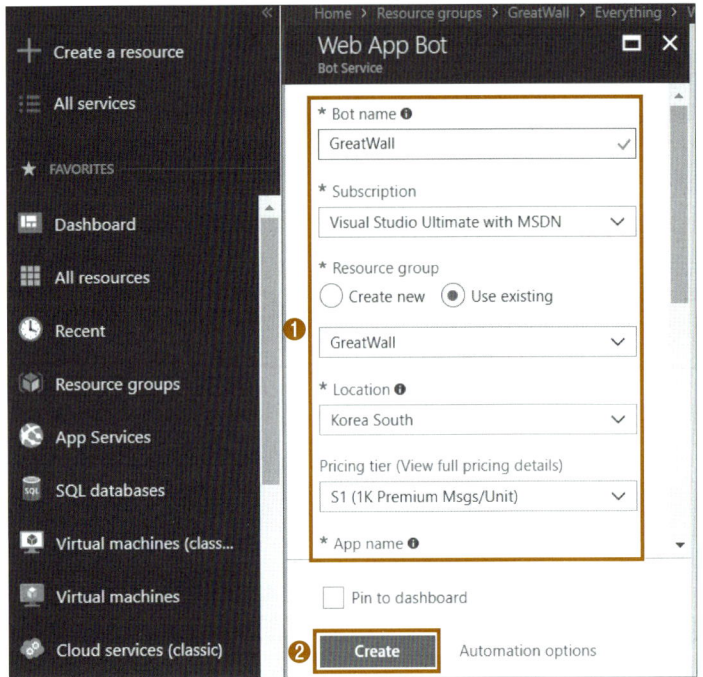

입력해야 하는 정보는 표 2-2를 참조한다.

▼ 표 2-2 Web App Bot의 설정 항목

Bot name	Bot 이름을 설정한다. 책에서는 GreatWall을 입력했지만 여러분은 다른 이름을 입력해야 한다. Bot 이름은 인터넷 도메인 이름처럼 중복될 수 없기 때문이다(이 책의 담당 편집자가 GreatWall1, GreatWall11, GreatWall111을 이미 사용했으므로 이 이름들 역시 사용할 수 없다).
Subscription	Azure 구독을 선택하는 곳이다. 무료 계정이면 무료 체험을 선택하고 아니면 자신에게 맞는 구독을 선택한다.
Resource group	리소스 그룹을 설정한다. 이미 GreatWall이라는 이름으로 리소스 그룹을 만들었기 때문에 Use existing을 선택한 다음 GreatWall을 선택한다.
Location	서비스 위치를 선택한다. 기본 위치는 Central US지만 여기서는 Korea South를 선택한다.
Pricing tier	과금 정책을 결정한다. 여기서는 S1을 선택한다.

○ 계속

항목	설명
App name	여기서 말하는 앱은 웹 서버인 Web App을 의미하므로 웹 서버의 이름을 설정한다. 단, Web App의 이름을 정하면 Web App 이름 뒤에 azurewebsites.net이 붙은 URL이 생성되므로 주의한다. 다시 말해 이 부분도 다른 사용자와 중복되지 않는 이름을 사용해야 한다. 필자는 여기서 GreatWallBot을 사용했지만 여러분은 같은 이름을 사용할 수 없다. 뒤에 적당한 숫자나 다른 단어를 조합해서 이름을 짓는다.
Bot Template	사용할 기본 언어를 선택한다. 여기서는 Basic (C#)을 선택한다.
App Service Plan/ Location	App Service Plan은 이름만 보면 Web App을 위한 계획으로 보이지만 실제로는 Web App의 용량과 비용 등이 결정되는 일종의 실행 단위다. Configure required settings가 표시된 부분을 클릭하면 새로운 App Service Plan 추가 창이 나타난다. Create new를 클릭해서 App service plan name을 GreatWallPlan, Location을 Korea South로 설정하고 OK 버튼을 클릭해서 앱 서비스 플랜을 설정한다.
Azure Storage	Azure에서 제공하는 가장 기본적인 저장 공간이다. 여기서는 새로운 Storage를 추가하기 위해 Create new를 선택하고 이름을 greatwallstorage로 설정했다. Azure Storage의 이름을 정할 때도 중복되지 않는 이름을 지어야 하므로 필자와 같은 이름을 선택할 수 없다. storage 이름은 대문자를 사용할 수 없으므로 모두 소문자로 입력한다.
Application Insights Location	Application Insights는 일종의 모니터링 서비스다. 여기서는 사용하지 않으므로 off를 선택한다.
Microsoft App ID and Password	Bot Service에 연결하기 위한 ID와 Password를 생성하는 옵션이다. 직접 입력하거나 자동 생성을 선택한다. 여기서는 기본값인 자동 생성을 사용한다. 항목이 Auto create App ID and password로 지정되어 있다면 자동 생성을 사용한다는 뜻이다.

몇 분 정도 기다리면 필요한 서비스가 생성되어 나타난다.

▼ 그림 2-16 정상적으로 생성된 Web App Bot(GreatWallPlan)

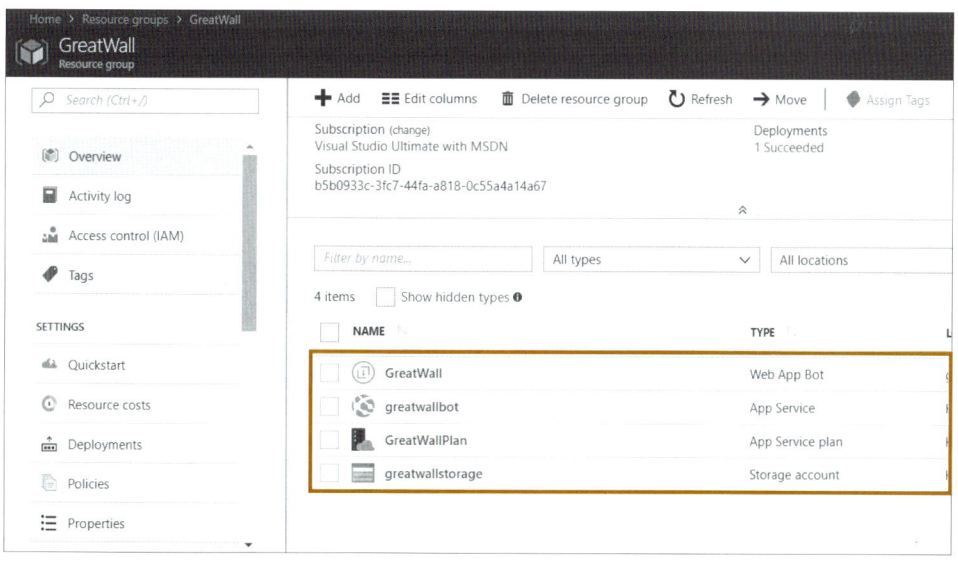

2.4 Hello World Bot 제작하기

이제 모든 개발의 시작으로 불리는 'Hello World'를 만들어 볼 차례다. 첫 번째 예제는 템플릿에 기본으로 포함되어 있는 코드를 실행하면서 전반전인 구성을 이해해 보자.

Visual Studio를 실행하고 메뉴에서 File > New > Project를 선택한다. 다음 그림과 같이 프로젝트를 생성할 수 있는 화면이 나타난다. 언어를 Visual C# > Bot Framework > Bot Builder Echo Bot으로 선택한다. 프로젝트 이름을 입력해야 하는데 여기서는 기본으로 설정되어 있는 BotApplication1을 사용한다. 프로젝트를 저장할 위치는 기본값인 Document\Visual Studio 2017\Projects\로 선택되어 있다. 솔루션 이름은 기본적으로 프로젝트 이름과 동일하게 지정되어 있다. **확인** 버튼을 클릭하여 프로젝트를 생성한다.

▼ 그림 2-17 Bot Builder Echo Bot 프로젝트를 생성한다

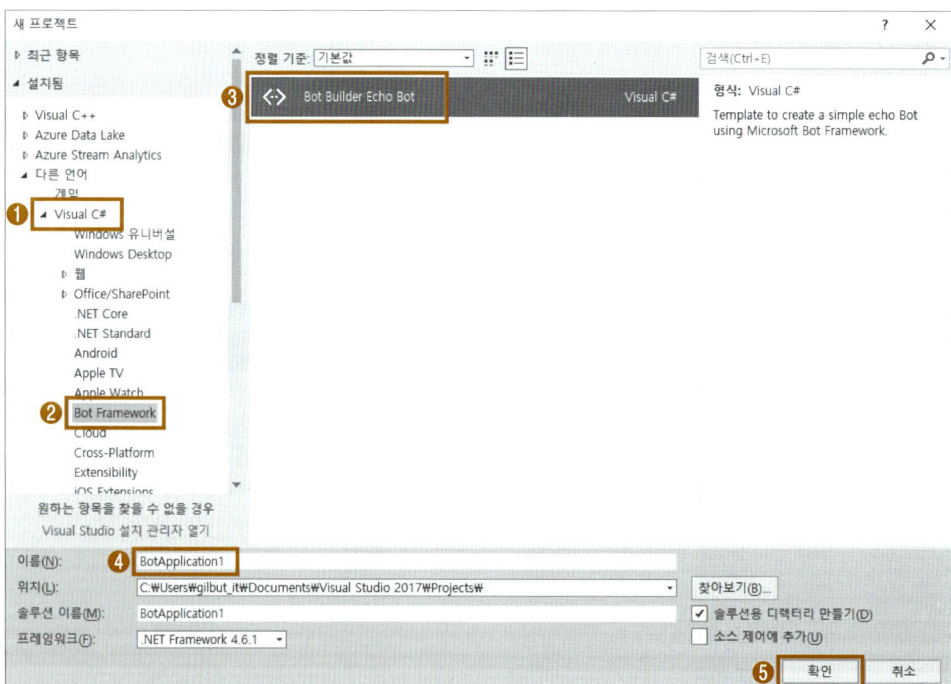

Visual Studio에서 프로젝트를 만들어서 Azure에 배포하고 나면 오류가 발생하는 경우가 종종 있다. 시간이 지나면 문제가 해결되기도 하지만 당장 해결하고 싶다면 다음 두 번째 방법으로 프로젝트를 시작할 것을 권한다.

프로젝트를 시작하는 두 번째 방법은 Azure Portal에서 프로젝트 템플릿을 받아서 시작하는 것이다. Azure 포털에 접속해서 이미 GreatWall 또는 각자 다른 이름으로 생성한 Web App Bot을 선택하면 다음 그림과 같은 화면을 볼 수 있다. **Build**를 선택하고 오른쪽 Download source code 항목의 **Download zip file** 링크를 클릭한다. 압축 파일을 준비한다는 메시지가 표시된다. 압축 파일 준비가 끝나면 Download zip file 버튼이 표시된다. **Download zip file** 버튼을 클릭하면 GreatWall-src.zip와 같이 Web App Bot 이름이 들어간 압축 파일을 내려받을 수 있다.

▼ 그림 2-18 기본 프로젝트를 내려받는다

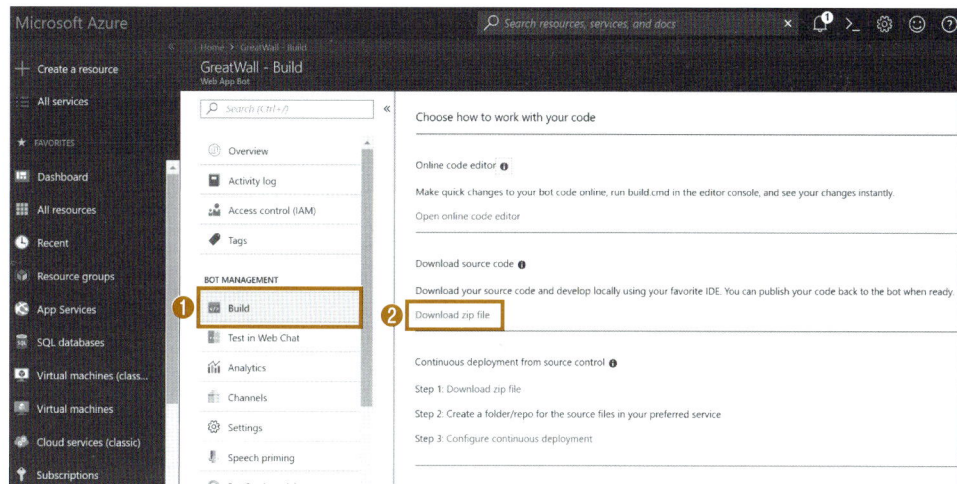

압축 파일을 풀어서 내용을 확인해 보면 Microsoft.Bot.Sample.SimpleEchoBot.sln이라고 하는 솔루션 파일을 찾을 수 있다. 이 파일을 더블클릭해서 Visual Studio에서 열어 본다.

▼ 그림 2-19 압축 파일의 내용

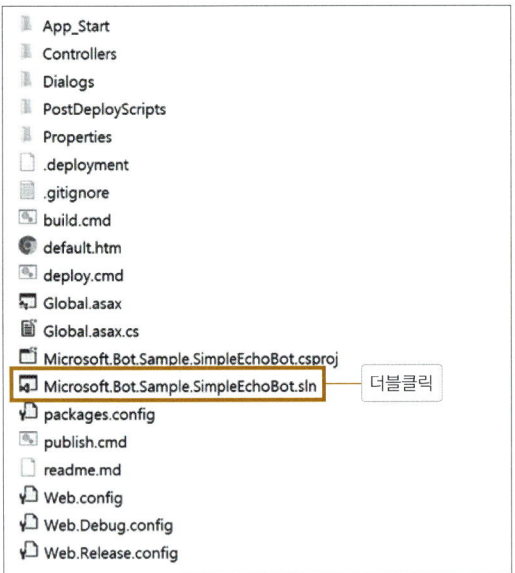

SimpleEchoBot 프로젝트를 Visual Studio의 솔루션 탐색기(Solution Explorer)에서 살펴보면 생성된 파일 목록을 볼 수 있다. Web.config 파일에는 프로젝트 설정과 관련된 내용이 포함되어 있다. default.htm 파일은 특별한 기능이 없다. 챗봇은 기본적으로 웹 프로그래밍 기술로 구성되어 있으므로 프로젝트를 실행했을 때 보여 줄 기본 페이지가 default.htm 파일이다. 실제 채팅과 관련된 코드는 Dialogs 폴더 하위에 있는 EchoDialog.cs 파일에 담겨 있다.

▼ 그림 2-20 기본 프로젝트 구성

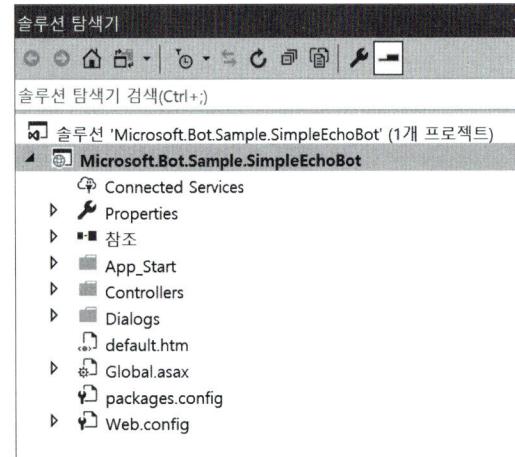

EchoDialog.cs 파일을 열어 보면 `MessageReceivedAsync()` 메서드를 찾을 수 있다. `MessageReceivedAsync()` 내용은 코드 2-1과 같다.

코드 2-1 기본 예제 코드의 MessageReceivedAsync() 메서드

```
 1:        public async Task MessageReceivedAsync(IDialogContext context,
               IAwaitable<IMessageActivity> argument)
 2:        {
 3:            var message = await argument;
 4:
 5:            if (message.Text == "reset")
 6:            {
 7:                PromptDialog.Confirm(
 8:                    context,
 9:                    AfterResetAsync,
10:                    "Are you sure you want to reset the count?",
11:                    "Didn't get that!",
12:                    promptStyle: PromptStyle.Auto);
13:            }
14:            else
15:            {
16:                await context.PostAsync($"{this.count++}: You said {message.Text}");
17:                context.Wait(MessageReceivedAsync);
18:            }
19:        }
```

1번 줄에 있는 `MessageReceivedAsync()` 메서드는 실제 대화 내용을 처리하는 메서드로 4장에서 자세히 설명한다. 3번 줄에서는 사용자가 입력한 내용을 `message` 객체로 가져온다. 5번 줄에 있는 `message.Text` 속성에 사용자가 보낸 메시지가 들어 있다.

16번 줄에서는 사용자가 보낸 메시지의 내용과 이 메시지가 몇 번째 메시지인지를 나타내는 `count` 변수의 내용을 사용자에게 출력하여 보여 주기 위해 `context.PostAsync()` 메서드를 이용한다. 17번 줄에서는 다시 사용자에게 입력을 받기 위해 기다리는 `context.Wait()`를 사용한다.

이 예제를 실행하려면 상단에 있는 **실행** 버튼을 클릭하거나 F5 키를 누른다. 실행하면 오류가 발생하므로 다음 절을 살펴보자.

2.5 봇 에뮬레이터를 이용해 테스트하기

앞서 내려받은 예제를 실행하면 오류가 발생한다. Global.asax.cs 파일에서 발생한 오류임을 알 수 있다. Bot Framework가 실행될 때 상태를 저장할 수 있는 Storage를 별도로 지정해야 하는데 로컬 환경에서는 Storage가 별도로 제공되지 않으므로 발생하는 오류다.

▼ 그림 2-21 기본 프로젝트를 실행하면 실행 오류가 발생한다

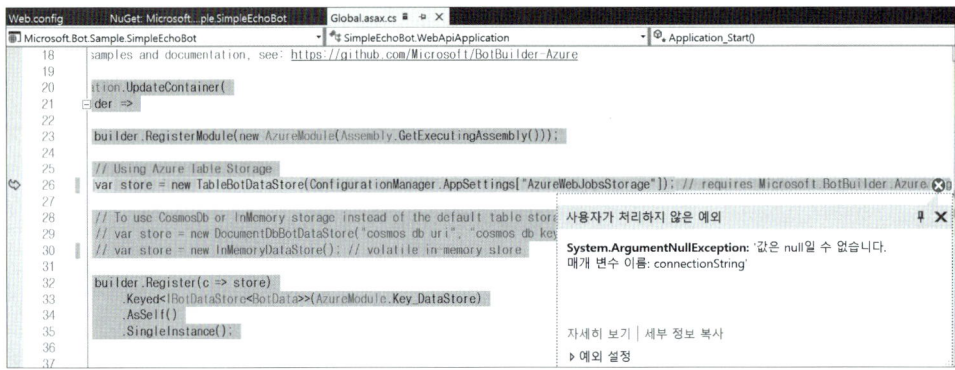

일단 26번 줄의 `var store = new TableBotDataStore(…)` 부분을 주석문으로 처리하고 30번 줄의 `var store = new InMemoryDataStore();` 부분의 주석문을 풀면 오류가 사라진다. 임시로 메모리를 저장소로 변경한 것이다.

▼ 그림 2-22 store 변수를 수정한다

```
20              Conversation.UpdateContainer(
21                  builder =>
22                  {
23                      builder.RegisterModule(new AzureModule(Assembly.GetExecutingAssembly()));
24
25                      // Using Azure Table Storage
26                      // var store = new TableBotDataStore(ConfigurationManager.AppSettings
                          ["AzureWebJobsStorage"]); // requires Microsoft.BotBuilder.Azure Nuget
                          package
27
28                      // To use CosmosDb or InMemory storage instead of the default table
                          storage, uncomment the corresponding line below
29                      // var store = new DocumentDbBotDataStore("cosmos db uri", "cosmos db
                          key"); // requires Microsoft.BotBuilder.Azure Nuget package
30                      var store = new InMemoryDataStore(); // volatile in-memory store
31
32                      builder.Register(c => store)
33                          .Keyed<IBotDataStore<BotData>>(AzureModule.Key_DataStore)
34                          .AsSelf()
35                          .SingleInstance();
36
37                  });
38              GlobalConfiguration.Configure(WebApiConfig.Register);
```

F5 키를 누르거나 **실행** 버튼을 클릭해서 프로젝트를 다시 실행해 보자. 프로젝트를 실행하면 웹 브라우저가 실행된다. 챗봇 개발은 웹 프로그래밍이므로 실행하면 웹 브라우저에 default.htm의 내용이 출력되는데 중요한 내용은 아니다. 프로젝트를 실행하면 다음 그림처럼 웹 페이지만 출력 되므로 챗봇 프로젝트를 테스트할 수 있는 방법이 없다.

▼ 그림 2-23 SimpleEchoBot 프로젝트를 실행한 모습

SimpleEchoBot

Simple Bot for echoing user input using the Bot Builder.

Here are some handy links to get started:

- Get started building bots with .NET.
- Learn more about Dialogs in the Bot Builder SDK for .NET.
- Get the bot code and setup continuous deployment.
- Debug your bot.

이럴 때 바로 Bot Emulator를 사용한다. Bot Emulator는 클라우드에 있는 Bot Service 역할과 메신저 역할을 동시에 하는 에뮬레이터로 챗봇을 개발할 때 많이 쓰는 중요한 도구다.

윈도에서 botframework-emulator를 찾아서 Bot Emulator를 실행하면 연결할 주소를 입력해야 한다. 연결할 주소는 챗봇을 실행했을 때 뜨는 웹 브라우저 주소와 포트 번호를 포함해야 한다. http://localhost:3984/api/messages와 같은 형식으로 입력하고 CONNECT 버튼을 클릭한다. 이때 Microsoft App ID와 Microsoft App Password는 잠시 비워 둔다.

▼ 그림 2-24 봇 에뮬레이터를 실행하고 챗봇 주소를 입력한다

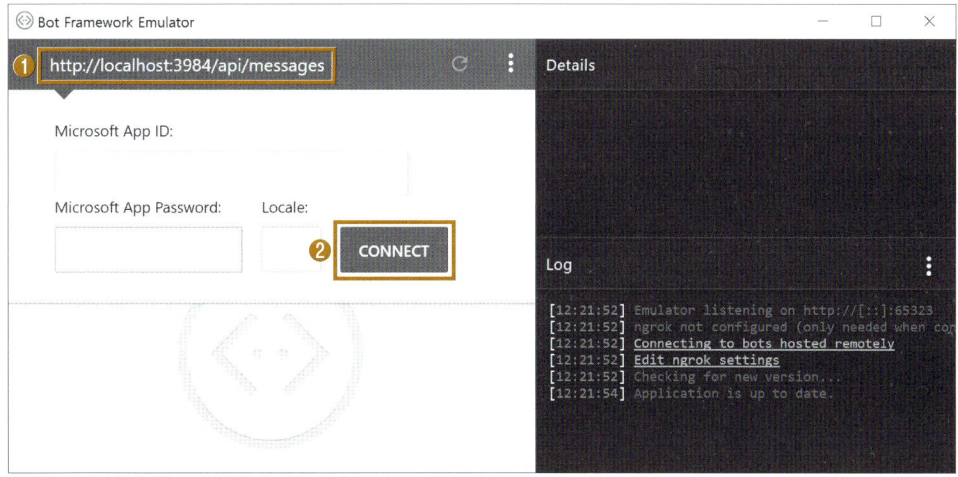

별다른 문제가 없다면 오른쪽 로그 창에 200번과 함께 접속에 성공했다는 메시지가 나온다. 연결이 완료되면 채팅 창에 Hello를 입력하고 [Enter] 키를 누른다. 이렇게 메시지를 보내고 나면 바로 회신이 오는 것을 볼 수 있다.

▼ 그림 2-25 봇 에뮬레이터에 Hello를 입력한 모습

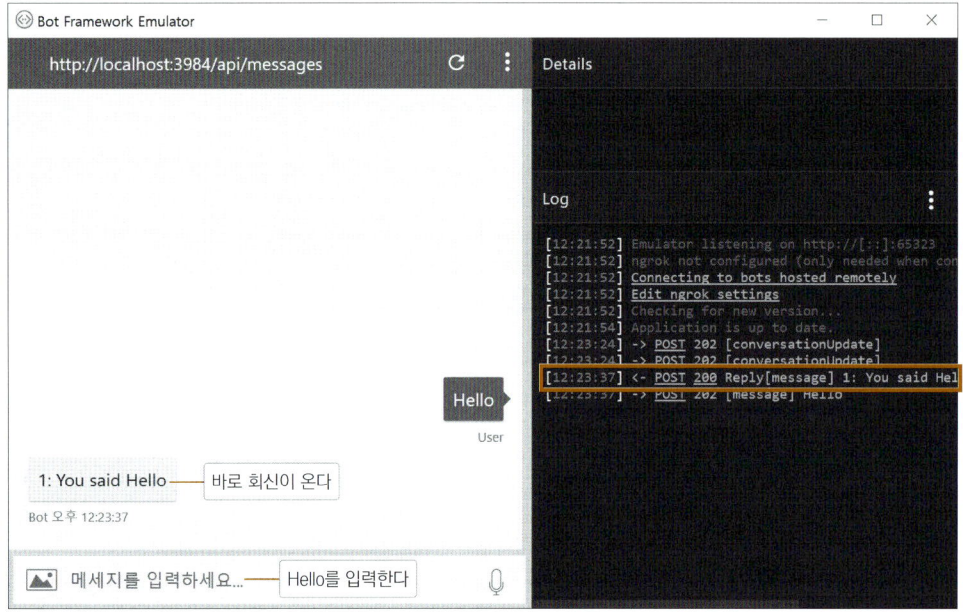

개발자라면 여기까지만 실행돼도 당장 코딩을 하고 싶어 몸이 들썩거릴 수 있다. 하지만 들썩이는 마음을 가라앉히고 개발에 필요한 요소를 좀 더 꼼꼼히 챙기며 진행하겠다.

2.6 챗봇 배포하기

Web App Bot이 생성되었으면 챗봇을 배포할 차례다. Visual Studio는 기본적으로 Azure와 연결해서 다양한 작업을 할 수 있도록 구성되어 있어 챗봇을 배포할 때도 편하게 사용할 수 있다.

먼저 Visual Studio에서 **해당 프로젝트**를 우클릭하고 **게시**를 선택한다.

▼ 그림 2-26 Visual Studio에서 챗봇을 배포한다

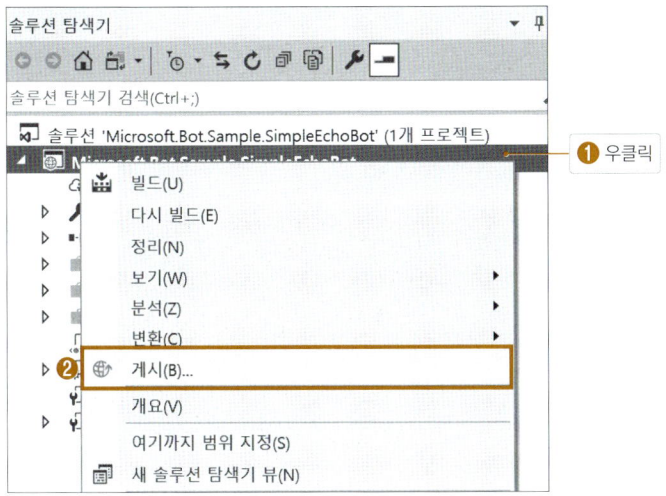

프로젝트를 게시할 수 있는 화면이 나타난다. 배포와 관련된 정보가 기본으로 입력된 채로 게시 버튼을 클릭하면 계정 정보를 입력하라는 오류가 발생한다. 이럴 때는 **동작** > **프로필 삭제**를 선택해서 기본으로 설정된 프로필을 삭제하고 다시 설정하는 것이 좋다.

▼ 그림 2-27 기본 게시 설정을 삭제한다

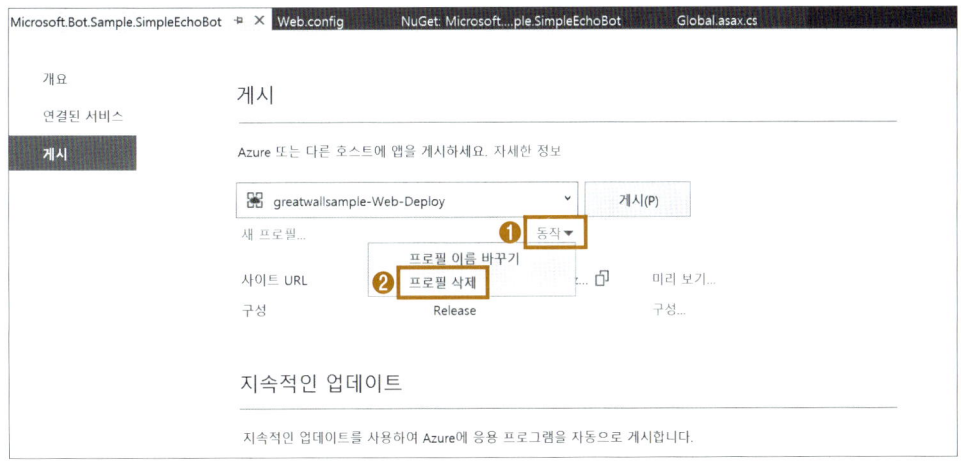

기본 프로필을 삭제하면 배포 방식을 선택하는 화면으로 변경된다. 배포 방식에는 2가지 방식이 있는데 여기서는 바로 배포할 것이므로 **시작** 버튼을 클릭한다. 지속적인 업데이트(Continuous Delivery)를 이용해 배포하는 방식은 이 책에서는 다루지 않는다.

▼ 그림 2-28 기본 프로필 삭제 후 배포 방식을 선택한다

어디에 배포할지 묻는 화면이 나타나면 App Service와 Azure Virtual Machines와 IIS, FTP 등과 폴더 중에서 하나를 선택할 수 있다. 우리는 Web App Bot을 만들 때 함께 생성된 Web App에 배포해야 하므로 첫 번째 항목인 **App Service**를 선택한다. Web App은 이미 생성되어 있으므로 새로 만들기(Create New) 대신 **기존 항목 선택**(Select Existing)을 선택하고 **게시** 버튼을 클릭한다.

▼ 그림 2-29 게시 대상을 App Service > 기존 항목 선택으로 선택한다

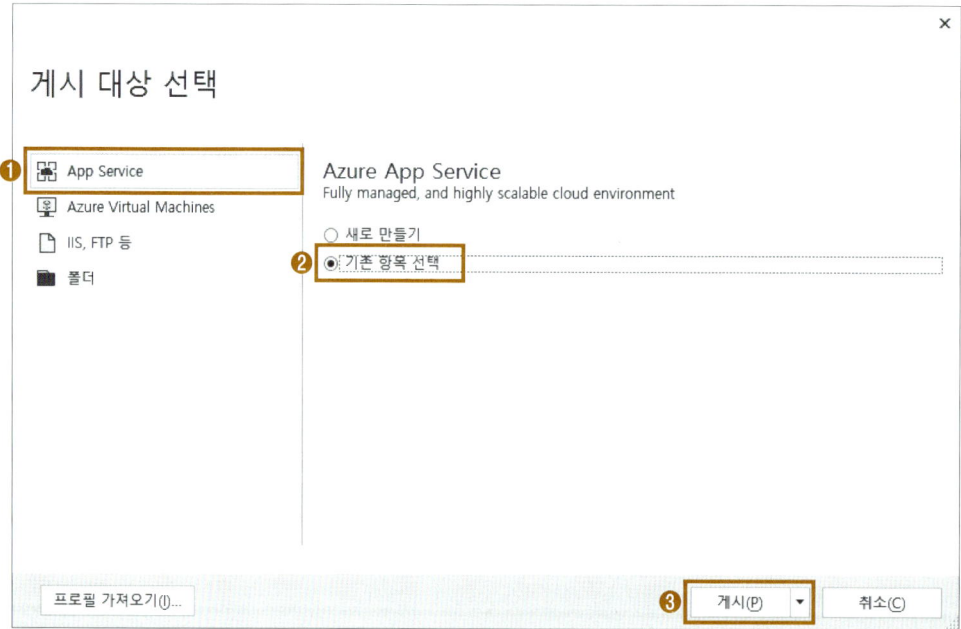

마지막으로 내 계정과 구독 항목이 나타난다. 보기에서 리소스 그룹을 선택하면 미리 생성해 둔 Web App을 볼 수 있다. 해당 Web App을 선택하면 배포가 끝난다.

배포할 App Service를 선택한 후 **확인** 버튼을 클릭하면 자동으로 게시가 진행된다.

▼ 그림 2-30 배포할 App Service를 선택한다

게시가 자동으로 진행되지 않는다면 Visual Studio에서 **게시** 버튼을 클릭한다. 잠시 기다리면 Azure Web Bot App으로 게시가 진행되고, 게시가 끝나면 로컬에서 본 것과 같은 SimpleEchoBot 화면이 나타난다. 웹 브라우저에 표시되는 이름은 greatwall.azurewebsites.net과 같다. 같은 도메인을 쓸 수 없으므로 greatwall 부분은 여러분이 설정한 앱 봇 이름이 뜰 것이다.

웹 페이지만으로는 동작 여부를 알 수 없으므로 Azure Portal에서 웹 앱 봇이 잘 동작하는지 확인해 보자. GreatWall 리소스에서 **Test in Web Chat**을 선택해서 웹 채팅이 되는지 확인해 보자.

▼ 그림 2-31 Test in Web Chat에서 챗봇을 테스트해 본다

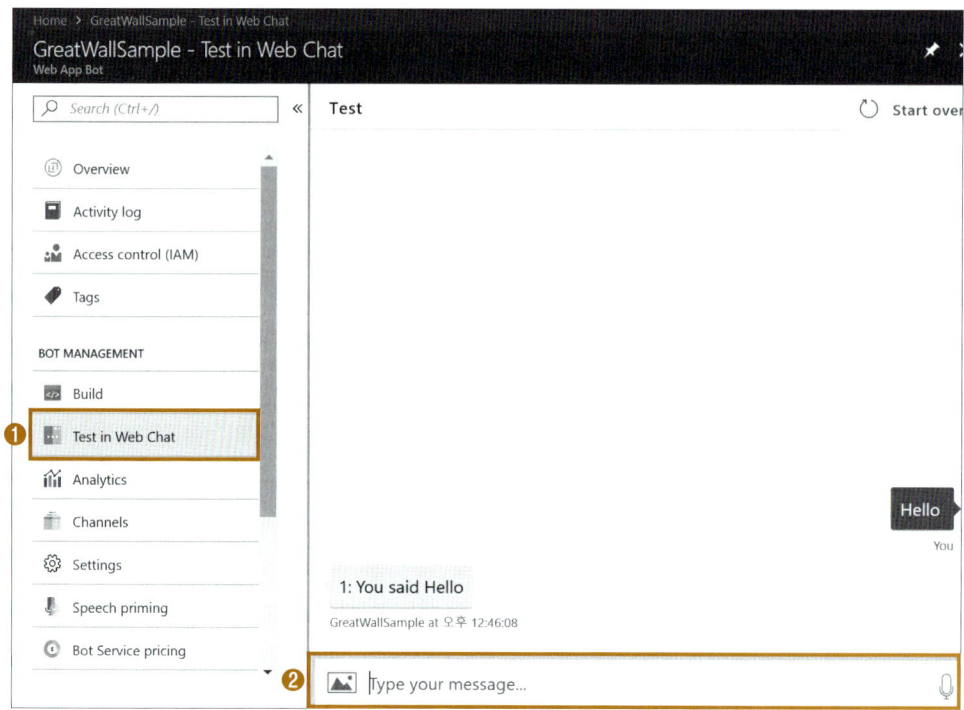

Azure에 배포하는 과정은 익숙해지면 매우 편하고 빠르게 진행할 수 있다. Visual Studio와 Azure는 매우 잘 통합되어 있어서 배포하기도 쉽다. 기초 환경을 구성했으므로 3장부터는 실제 챗봇을 기획하고 만들어 보자.

# 3장

만리장성 봇 설계하기

3.1 만리장성 봇이란
3.2 만리장성 봇의 요구사항
3.3 주문 받기 기능 구현하기

챗봇은 각종 주문이나 고객센터처럼 단순하고 반복적인 업무에 가장 많이 도입되고 있다. 그중에서도 주문은 프로세스가 비교적 명확하고 사용자의 의도가 분명하기 때문에 챗봇으로 구현하기에 적합한 분야다. 그래서인지 챗봇 플랫폼이나 개발 툴에서 예시로 가장 많이 드는 사례가 피자 배달 봇이다.

▼ 그림 3-1 Facebook 메신저에 연결된 피자헛 챗봇

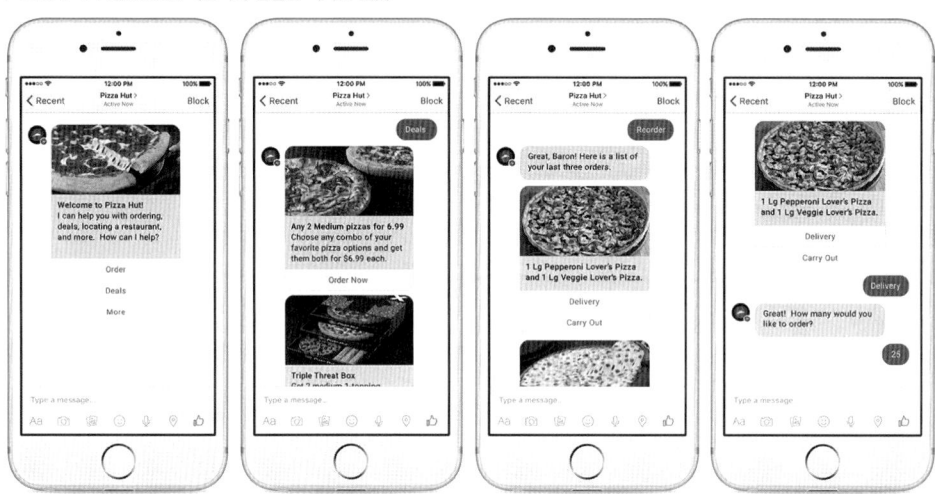

피자 주문은 다음과 같은 단계로 이루어진다.

- **인사**(Welcome) 챗봇에 처음 접속하면 환영 메시지와 함께 사용법을 안내한다. 버튼을 기반으로 만들어진 챗봇이 아니라 "페퍼로니 피자 큰 걸로 한 판 빨리 보내 줘"와 같은 자연어를 처리하는 챗봇이라면 사용자의 질문을 유도하는 예문을 적절히 보여 주기도 한다. 예문을 제시하지 않으면 사용자가 사용하는 문장의 자유도가 지나치게 커져 챗봇이 적절하게 응답하지 못할 수 있기 때문이다. 적절히 응답하지 못하면 해당 챗봇에 대한 기대치가 그만큼 떨어지므로 적절한 예문을 제시하는 것은 매우 중요하다.
- **피자 주문** 피자의 종류, 크기, 수량, 토핑을 선택할 수 있게 한다. 피자를 선택할 때 피자 이미지를 제시하여 고객이 더 빠르고 정확하게 선택할 수 있도록 도와야 한다. 이때 Bot Framework에서 제공하는 각종 카드 형태 인터페이스를 사용하면 효과적이다. 카드에서는 기본으로 이미지와 버튼을 제공하지만 소리나 비디오도 재생할 수 있다. 물론 이미지 이외의 카드는 메신저에 따라 기능이 제한될 수도 있다.
- **음료 주문** 음료의 종류와 수량 등을 결정할 수 있게 한다.

- **결제 방법 지정** 온라인으로 바로 결제할지 현장에서 피자를 받은 후 결제할지 선택할 수 있도록 해야 한다. 챗봇은 대화 내용이 계속해서 대화 목록에 남아 있다는 특징이 있다. 따라서 카드번호, 비밀번호, 주민등록번호와 같이 중요한 개인 정보를 챗봇에 직접 입력하게 해서는 곤란하다. 꼭 필요할 때만 요청하고 요청할 때는 SMS를 이용한 인증을 사용하거나 특정 URL로 연결해서 웹에서 처리할 수 있도록 해야 한다.
- **배송 안내** 모든 내용이 결정되었으면 시스템을 통해서 배송 예상 시간을 안내한다.

주문 이외에도 배달 확인이나 기본적인 FAQ 등을 담당하는 기능도 함께 구현하여 챗봇 서비스의 완성도를 높일 수 있다.

3.1 만리장성 봇이란

국내 업체들도 피자 주문 기능을 제공하는 봇을 개발하여 서비스하고 있다. 하지만 이 책에서는 좀 더 친근하고 주변에서 흔히 볼 수 있는 중국집에서 쓸 수 있는 챗봇을 완성해 나가는 방식으로 설명하려고 한다.

중국집 챗봇은 피자가게 챗봇과 기능이 거의 동일하다. 메뉴가 피자 대신 자장면으로 바뀔 뿐이다. 여기서는 가상의 중국집인 '만리장성'에서 쓸 수 있는 기능을 정의하고 하나씩 완성해 나가는 방식으로 진행해 보려 한다.

기본적으로 음식을 주문할 때 사용하는 주문 기능, 배송 확인 기능, FAQ 이렇게 3가지 기능을 구현하려 한다.

3.2 만리장성 봇의 요구사항

만리장성 봇은 다음 그림과 같이 구성한다. Microsoft Bot Framework에서 가장 중요한 단위는 Dialog다. Dialog는 글자 그대로 대화를 나타내는 단위지만 여기서는 각각의 업무 단위라고 이해하면 된다. 우리는 여기서 만리장성 봇에 쓸 대화를 총 4개 개발하려 한다. 만리장성 봇에 접속하면 주 대화를 시작하고 주 대화에서 주문, 배송 확인, FAQ 중 하나를 선택하도록 대화를 이어간다. 대화와 관련된 자세한 내용은 4장에서 설명할 예정이다.

▼ 그림 3-2 만리장성 봇 시스템의 구성

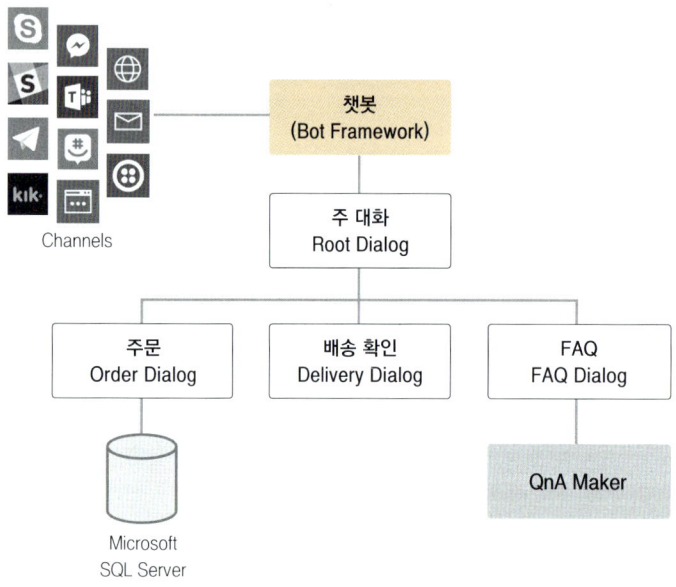

주문(Order Dialog)에서는 실제 주문이 일어나며 주문 내역을 데이터베이스에 저장해야 한다. 배송 확인(Delivery Dialog)은 배송 상황을 알려 준다. FAQ 기능은 QnA Maker라는 별도의 서비스를 이용해서 구성할 예정이다. 개발자 입장에서 보면 QnA Maker가 일종의 텍스트 마이닝 서비스인데 딥러닝 기반의 엔진을 매우 쉽게 사용할 수 있게 되어 있어 편리하다. 개발자가 QnA Maker에 미리 질문과 답변을 학습시켜 두면 사용자의 질문에 QnA Maker는 적절한 답변을 찾아서 대답한다. QnA Maker는 http://QnAMaker.ai에서 볼 수 있고 8장에서도 다룰 예정이다.

3.3 주문 받기 기능 구현하기

만리장성 봇을 만들기 위해 2장에서 사용한 프로젝트를 수정해 보겠다. 프로젝트를 수정하는 과정이 번거롭고 복잡해 보인다면 필자의 Github 계정(https://github.com/KoreaEva/Bot/)에서 Book/Samples/Chapter 3 폴더에 있는 GreatWall_start.zip 파일을 내려받아도 좋다. 파일을 내려받은 경우라면 프로젝트 수정 과정을 생략해도 된다. 단, GreatWall_start 예제를 받으면 게시와 관련된 설정을 다시 해야 하는데 이 부분은 2장을 참고하자.

2장에서 내려받은 프로젝트는 예제 코드이므로 몇 군데를 수정해야 한다. 맨 먼저 프로젝트 이름을 변경해야 한다. 오른쪽 솔루션 탐색기에서 솔루션 이름과 프로젝트 이름을 모두 **GreatWall**로 수정한다.

❤ 그림 3-3 솔루션 이름과 프로젝트 이름을 GreatWall로 수정한다

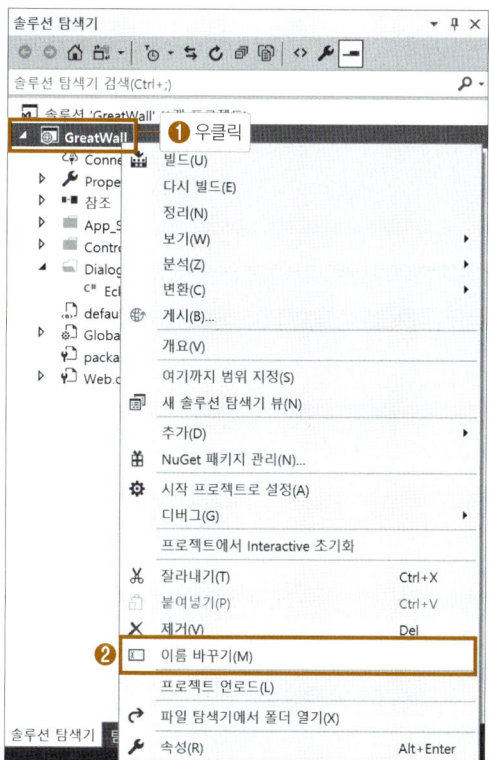

프로젝트의 기본 네임스페이스를 변경해야 한다. 솔루션 탐색기에서 프로젝트 이름인 GreatWall
을 우클릭하고 **속성**을 선택한다.

▼ 그림 3-4 프로젝트 이름을 우클릭하고 속성을 선택한다

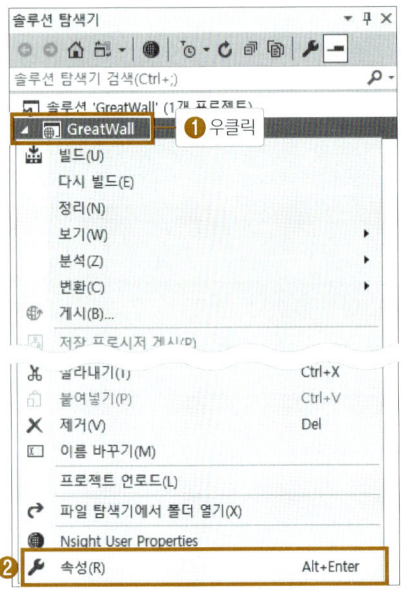

프로젝트 속성 창이 열리면 어셈블리 이름과 기본 네임스페이스를 각각 **GreatWall**로 수정한다.

▼ 그림 3-5 어셈블리 이름과 기본 네임스페이스를 GreatWall로 수정한다

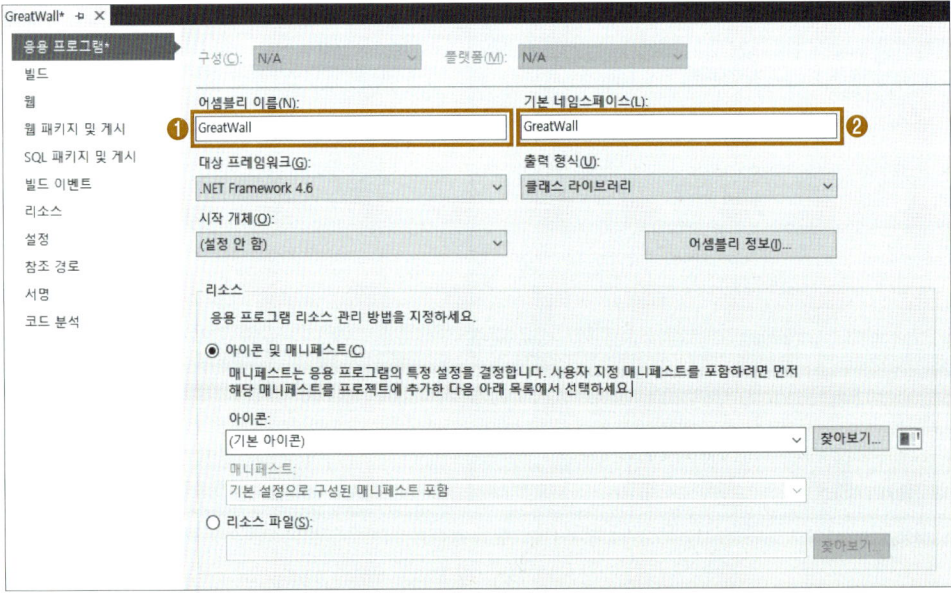

다음으로 실제 대화를 작성할 파일을 수정한다. Dialog 폴더 아래에 있는 EchoDialog.cs 파일의 이름을 **RootDialog.cs**로 수정한다.

▼ 그림 3-6 EchoDialog.cs를 RootDialog.cs로 수정한다

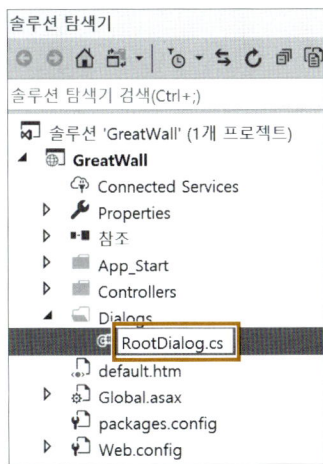

이제 수정된 RootDialog.cs 파일의 내용을 수정해 보자. 9번 줄의 네임스페이스를 **GreatWall**로 수정하고 12번 줄의 클래스 이름을 EchoDialog에서 **RootDialog**로 수정한다. 코드 위치는 버전에 따라 다를 수 있다.

▼ 그림 3-7 네임스페이스를 GreatWall, 클래스 이름을 RootDialog로 수정한다

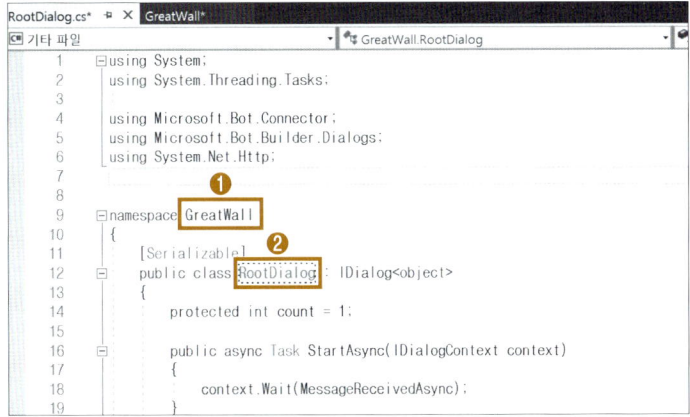

이 상태에서 바로 실행하면 EchoDialog를 찾을 수 없다는 오류가 발생한다. Bot Framework에서는 프로젝트를 시작하면 시작점이 Controllers 폴더 아래 있는 MessageController.cs 파일로 지정되는데 기본 대화로 EchoDialog가 지정되어 있어 생기는 오류다. 직접 파일을 열거나 오류 목록에서 오류를 더블클릭하면 MessagesController.cs 파일로 이동한다.

▼ 그림 3-8 컨트롤러를 변경하지 않아서 빌드 오류가 발생한 상태

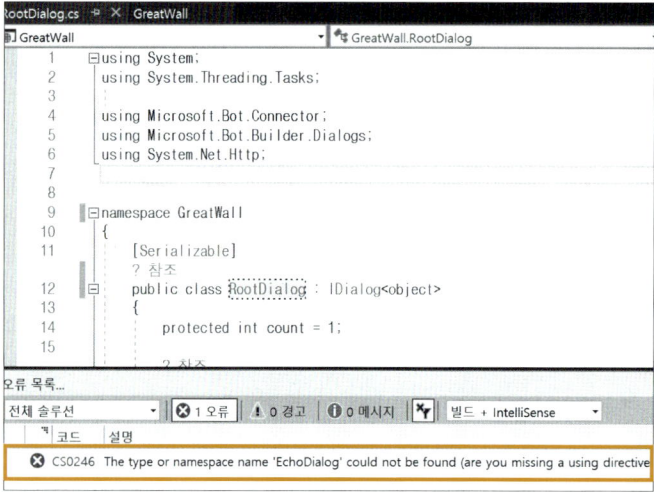

MessagesController.cs 파일에서도 9번 줄의 네임스페이스를 GreatWall로 수정하고 25번 줄의 클래스 이름을 EchoDialog에서 RootDialog로 수정한다. 여기까지 수정하면 프로젝트가 Echo 예제에서 GreatWall 예제로 변경된다.

▼ 그림 3-9 MessagesController의 네임스페이스를 GreatWall, 클래스 이름을 RootDialog로 수정한다

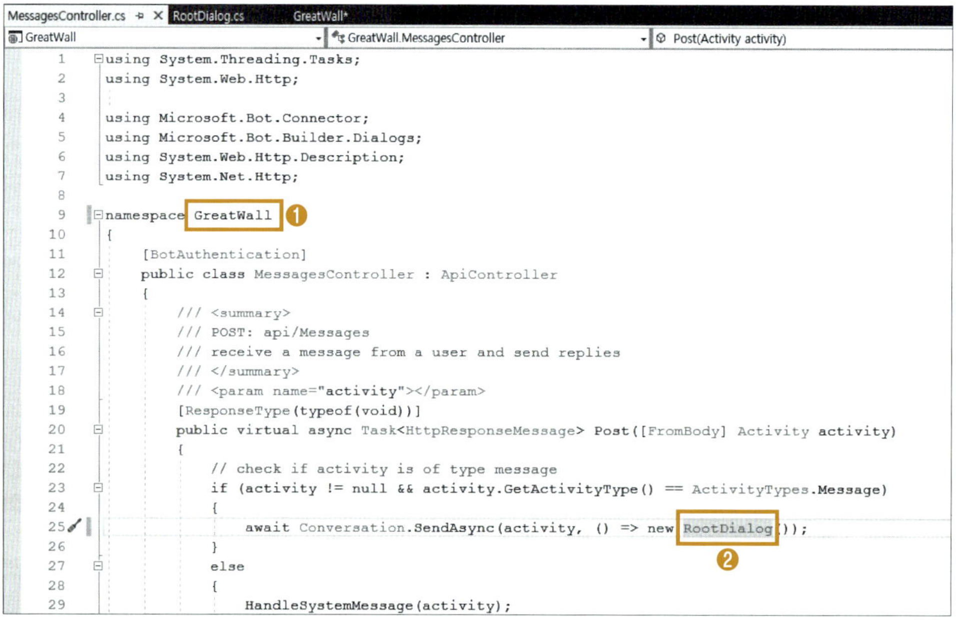

드디어 코드를 본격적으로 작성해 볼 차례다. 솔루션 탐색기에서 Dialogs 〉 RootDialog.cs 파일을 열어 본다. RootDialog는 가장 먼저 열리는 Dialog(대화)다. 지금은 간단한 인사말을 넣고 사용자가 '자장면'을 입력하면 '자장면을 주문하셨습니다. 감사합니다.'를 메시지로 출력하는 기능을 추가할 것이다.

RootDialog.cs 파일에서 `MessageReceivedAsync()` 메서드 부분은 기존 코드를 삭제하고 다음과 같이 수정한다. 메서드 인수도 `argument`를 `result`로 바꿨으니 주의하자.

코드 3-1 MessageReceivedAsync() 메서드

```
 1: private async Task MessageReceivedAsync(IDialogContext context, IAwaitable<object> result)
 2: {
 3:     var activity = await result as Activity;
 4:
 5:     string message = string.Format("{0}을 주문하셨습니다. 감사합니다.", activity.Text);
 6:
 7:     // return our reply to the user
 8:     await context.PostAsync(message);
 9:
10:     context.Wait(MessageReceivedAsync);
11: }
```

4장에서 좀 더 자세히 다루지만 `activity.Text`에는 사용자가 입력한 메시지가 담겨 있다. 5번 줄의 `string.Format()`은 메시지를 구성할 때 자주 사용하는 기능으로 C 언어에서 사용한 `printf()` 문과 비슷하다. 메시지 안의 `{0}` 부분을 뒤에서 인자 값으로 제공하는 `activity.Text`로 치환한다. `{1}` `{2}` ⋯ `{n}`처럼 필요한 만큼 사용할 수 있다.

default.htm 파일도 **GreatWall**로 수정하자.

```
<!DOCTYPE html>
...
<body style="font-family:'Segoe UI'">
    <h1>GreatWall</h1>
    ...
</body>
</html>
```

소스 코드를 모두 수정했으므로 Visual Studio에서 F5 키를 누르거나 **실행** 버튼을 클릭해서 실행한다. 다음으로 Bot Framework 에뮬레이터를 실행시키고 **자장면** 또는 **짬뽕** 같은 문장을 입력해 본다. 다음 그림과 같이 결과가 나오는 것을 확인할 수 있다.

❤ 그림 3-10 만리장성 봇의 실행 모습

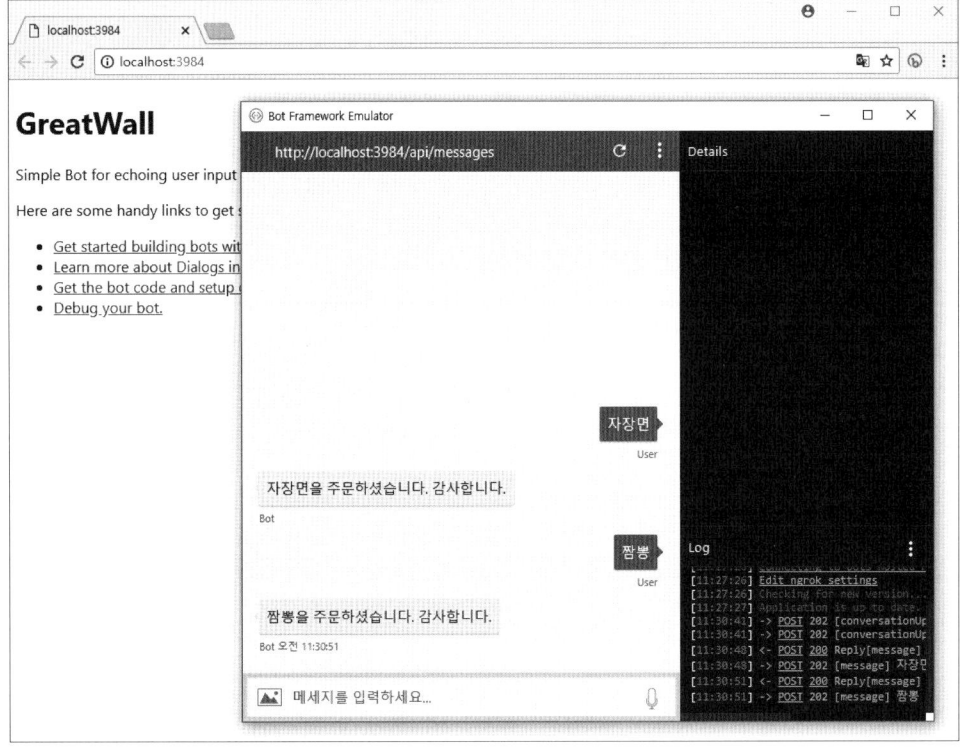

일반적으로 챗봇은 접속하면 먼저 '안녕' 또는 'hi' 등과 같이 인사를 하며 대화를 시작한다. 그런데 지금은 말을 걸면 바로 응답해 버리기 때문에 인사에 대해서 반응을 할 수 없다.

3장에서는 만리장성 봇에서 필요한 구성 요소와 간단하게 주문을 받는 부분까지 만들어 보았다. 4장에서는 본격적으로 대화와 관련된 클래스를 만들고 연결하는 작업을 시작해 보자.

⚠️ Error | 응용 프로그램 서버 오류가 발생하는 경우

작업하다 보면 실행 도중에 다음과 같은 오류가 발생하곤 한다. 봇 프로그램을 한 번이라도 빌드한 이후에 네임스페이스를 수정했을 때 발생하는 오류다.

▼ 그림 3-11 응용 프로그램 서버 오류(파서 오류)

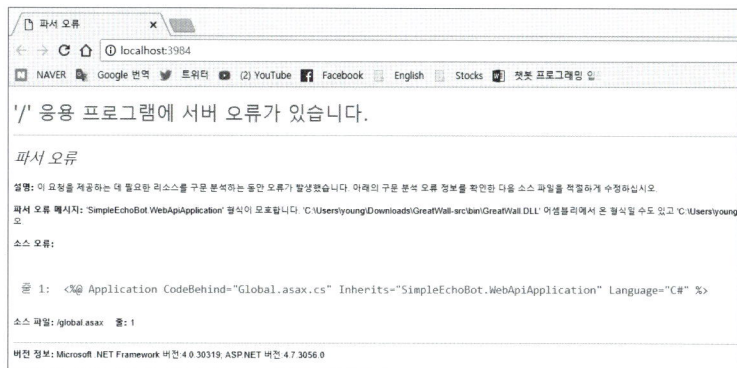

이미 빌드된 파일의 네임스페이스와 실행하는 파일의 네임스페이스가 서로 달라서 발생하는 오류다. 이럴 때는 솔루션 탐색기에서 해당 프로젝트를 우클릭하고 **파일 탐색기에서 폴더 열기**를 선택한다. 빌드 결과가 저장되어 있는 bin 폴더의 내용을 지운 후 다시 빌드하면 해결된다.

▼ 그림 3-12 파일 탐색기에서 폴더 열기를 선택한다

○ 계속

051

Azure에 배포한 이후에도 같은 오류가 발생하면 Azure에 배포된 파일에서도 같은 현상이 일어난다는 뜻이다. 이럴 때도 배포된 프로젝트의 bin 폴더를 삭제하면 된다. Azure에 배포된 프로젝트에서 bin 폴더를 삭제하려면 먼저 Azure 포털에서 작업 중인 **Resource Group**을 연다.

리소스 그룹 안을 확인하면 리소스가 여러 개 생성된 것을 볼 수 있다. 그중에서 TYPE이 App Service인 서비스를 선택해서 연다.

▼ 그림 3-13 TYPE이 App Service인 리소스를 선택한다

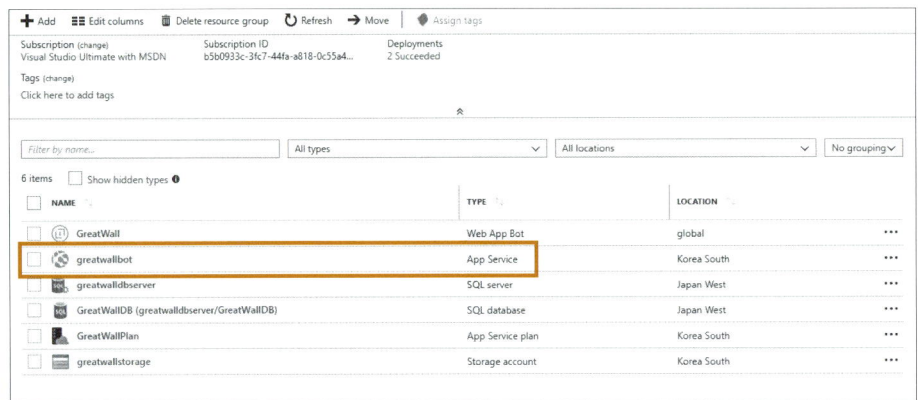

App Service Editor를 선택하고 **Go**를 선택한다. 파일을 간단하게 수정하거나 관리할 수 있는 웹 에디터가 나타나면 bin 폴더를 우클릭한 후 **Delete**를 선택해서 bin 폴더를 삭제한다. 이렇게 삭제한 이후에 다시 한 번 배포하면 오류가 해결된 실행 화면을 볼 수 있다.

▼ 그림 3-14 App Service Editor 〉 Go를 선택한다

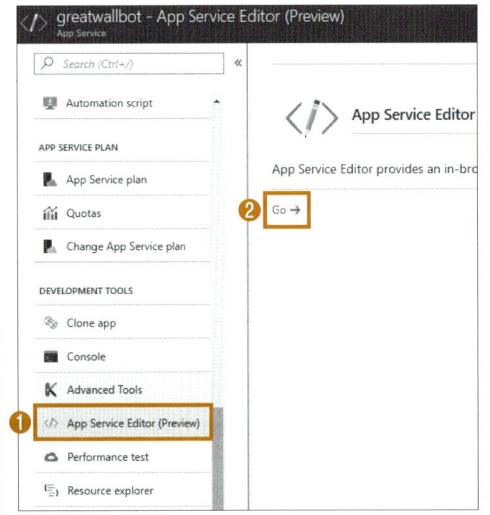

▼ 그림 3-15 bin 폴더를 삭제한다

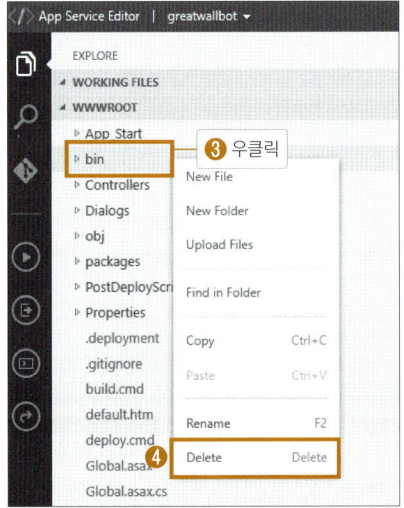

4장

Dialogs 사용하기

4.1 Dialog 클래스의 소개
4.2 인사말 기능 구현하기
4.3 다중 Dialog 구성하기
4.4 실행 결과 확인하기

챗봇을 개발할 때 가장 먼저 고민할 부분은 어떤 기능을 제공할 것인지와 사용자와 대화를 어떻게 이끌어 갈 것인지 시나리오를 결정하는 부분이다. 시나리오는 각 기능 단위로 분리해서 설계하는데 챗봇에서 말하는 기능 단위가 바로 Dialog다. Dialog는 여러 계층으로 구성할 수 있고, Dialog에서 다른 Dialog를 호출해서 넘나드는 것도 가능하다.

다음 그림처럼 Bot Framework의 기본 진입점으로 RootDialog가 기본으로 제공된다. RootDialog 이외의 Dialog는 추가로 생성해야 한다.

▼ 그림 4-1 Dialog의 구성

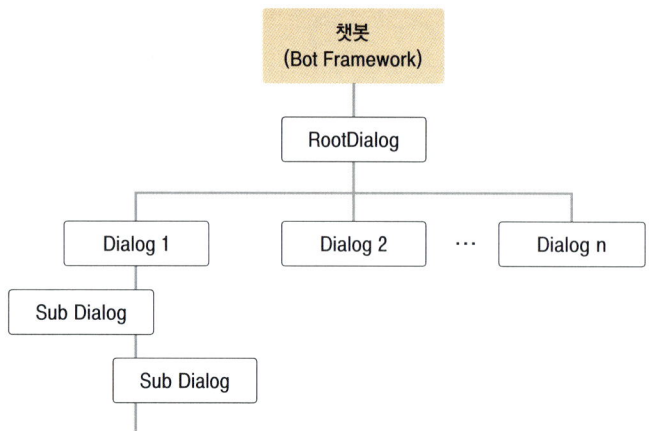

사용자가 메시지를 보냈을 때 RootDialog가 호출되는 과정을 이해해 두면 나중에 새로운 기능을 추가할 때 유용하다. 사용자가 챗봇에 'Hello'와 같이 메시지를 입력하면 RootDialog가 호출되기 이전에 Controllers 폴더 아래에 있는 MessagesController가 먼저 호출된다.

MessagesController.cs 파일을 열어 보면 다음과 같은 코드가 자동으로 생성되어 있다.

코드 4-1 MessagesController.cs 파일

```
 1: using System.Net;
 2: using System.Net.Http;
 3: using System.Threading.Tasks;
 4: using System.Web.Http;
 5: using Microsoft.Bot.Builder.Dialogs;
 6: using Microsoft.Bot.Connector;
 7:
 8: namespace GreatWall
 9: {
10:     [BotAuthentication]
11:     public class MessagesController : ApiController
```

```
12:     {
13:         /// <summary>
14:         /// POST: api/Messages
15:         /// Receive a message from a user and reply to it
16:         /// </summary>
17:         public async Task<HttpResponseMessage> Post([FromBody]Activity activity)
18:         {
19:             if (activity.Type == ActivityTypes.Message)
20:             {
21:                 await Conversation.SendAsync(activity, () => new Dialogs.RootDialog());
22:             }
23:             else
24:             {
25:                 HandleSystemMessage(activity);
26:             }
27:             var response = Request.CreateResponse(HttpStatusCode.OK);
28:             return response;
29:         }
30:
31:         private Activity HandleSystemMessage(Activity message)
32:         {
33:             if (message.Type == ActivityTypes.DeleteUserData)
34:             {
35:                 // Implement user deletion here
36:                 // If we handle user deletion, return a real message
37:             }
38:             else if (message.Type == ActivityTypes.ConversationUpdate)
39:             {
40:                 // Handle conversation state changes, like members being added and removed
41:                 // Use Activity.MembersAdded and Activity.MembersRemoved and Activity.Action for info
42:                 // Not available in all channels
43:             }
44:             else if (message.Type == ActivityTypes.ContactRelationUpdate)
45:             {
46:                 // Handle add/remove from contact lists
47:                 // Activity.From + Activity.Action represent what happened
48:             }
49:             else if (message.Type == ActivityTypes.Typing)
50:             {
51:                 // Handle knowing tha the user is typing
52:             }
53:             else if (message.Type == ActivityTypes.Ping)
```

```
54:            {
55:            }
56:
57:                return null;
58:        }
59: }
```

MessagesController.cs 파일은 크게 2가지 메서드로 구성되어 있다. 첫 번째 메서드가 바로 진입점이라고 할 수 있는 Post()다. Post는 웹 프로젝트를 할 때 자주 보는 단어다. 챗봇은 기본적으로 사용자와 웹 통신을 하는 웹 프로젝트다. 따라서 Post() 역시 웹 API에서 이야기하는 POST 방식으로 통신을 처리하는 메서드다.

사용자가 메신저를 통해 메시지를 입력하면 해당 메시지가 웹으로 전달되고, 이때 Post() 메서드가 호출되면서 사용자의 메시지를 전달받는다. 여기서 중요한 것이 Post()에서 넘겨받는 Activity 인자다. Activity란 Bot Framework에 미리 정의되어 있는 클래스다.

Activity는 Bot Framework에서 모든 활동의 기본 단위가 되므로 매우 중요한 객체다. 사용자가 메시지를 보내는 것도 일종의 Activity고 사용자에게 회신하는 것도 Activity다. 사용자가 챗봇을 선택해서 대화를 시작하는 경우에도 Activity가 발생한다. 다만 챗봇에서 일어나는 일의 99% 이상이 메시지를 주고받는 일이므로 Activity 대부분이 메시지를 주고받는 Activity라고 볼 수 있다. Activity 유형을 정리하면 표 4-1과 같다.

▼ 표 4-1 Activity 유형

유형	설명
Message	메시지를 주고받는 Activity다. Activity Type이 Message면 해당 Activity의 Text 속성에 메시지가 들어 있다.
Conversation Update	대화의 상태가 바뀔 때 발생한다. 사용자가 대화를 새롭게 시작하거나 종료하는 등 대화의 상태가 바뀌는 것을 알 수 있다.
Contact Relation Update	사용자가 챗봇을 자기 주소록에 추가하거나 삭제할 때 발생한다.
Delete User Data	사용자의 데이터를 삭제할 때 사용되지만 Bot Framework에서는 거의 쓰지 않는다.
Typing	'…'이나 '입력 중…' 등으로 상대방이 메시지를 입력 중이라고 알려 줄 때 사용하는 Activity다.
Ping	메신저는 상대방이 대화가 가능한 상태인지 확인하기 위해 주기적으로 ping 신호를 보내 연결을 확인하는데 이때 사용되는 Activity다.

다시 코드 4-1을 보면 19번 줄에 `if (activity.Type == ActivityTypes.Message)`와 같이 Activity 유형을 비교하는 코드가 보인다. `ActivityTypes`는 표 4-1에 나와 있는 Activity 유형의 정의를 가지고 있는 열거체. 여기서는 Activity 유형이 메시지면 RootDialog를 호출할 수 있도록 구성되어 있는데 실제로 RootDialog를 호출하는 부분은 21번 줄에서 볼 수 있다.

21번 줄의 `await Conversation.SendAsync(activity, () => new Dialogs.RootDialog());` 에서 `Conversation`은 Bot Framework에 미리 정의되어 있는 클래스로 RootDialog를 호출하면서 지금 받은 Activity를 함께 넘겨주는 역할을 한다. 시작하는 Dialog 클래스를 RootDialog가 아닌 다른 클래스로 바꾸려면 이 부분을 수정하면 된다.

사용자의 메신저에서 넘겨받은 Activity 유형이 Message가 아니라면 `HandleSystemMessage()` 메서드를 호출하면서 Activity를 넘겨주게 된다. `HandleSystemMessage()`에서는 넘겨받은 Activity의 유형에 따라 추가 작업이 가능하다.

4.1 Dialog 클래스의 소개

앞에서 사용자가 메시지를 보내면 어떤 경로로 RootDialog가 호출되는지 살펴보았다. 이제 실제 대화 기능을 구현할 Dialog를 살펴볼 차례다. 먼저 기본으로 생성된 RootDialog.cs 파일을 열어본다. RootDialog.cs 파일은 Dialogs 폴더 안에 들어 있다.

코드 4-2 Dialogs\RootDialog.cs 파일

```
 1: using System;
 2: using System.Threading.Tasks;
 3: using Microsoft.Bot.Builder.Dialogs;
 4: using Microsoft.Bot.Connector;
 5:
 6: namespace GreatWall
 7: {
 8:     [Serializable]
 9:     public class RootDialog : IDialog<object>
10:     {
11:         public Task StartAsync(IDialogContext context)
12:         {
```

```
13:            context.Wait(MessageReceivedAsync);
14:
15:            return Task.CompletedTask;
16:        }
17:
18:        private async Task MessageReceivedAsync(IDialogContext context,
                   IAwaitable<object> result)
19:        {
20:            var activity = await result as Activity;
21:
22:            string message = string.Format("{0}을 주문하셨습니다. 감사합니다.",
                   activity.Text);
23:
24:            // return our reply to the user
25:            await context.PostAsync(message);
26:
27:            context.Wait(MessageReceivedAsync);
28:        }
29:    }
```

9번 줄을 보면 IDialog 인터페이스를 상속받아서 구현된 것을 볼 수 있다. IDialog를 상속받았을 때 반드시 구현해야 하는 메서드가 11번 줄에 있는 StartAsync() 메서드다. StartAsync()는 Dialog가 시작되면 가장 먼저 호출되는 메서드다. 따라서 해당 대화의 초기화처럼 한 번만 수행할 내용을 여기에 구현하면 된다.

StartAsync() 메서드의 가장 큰 역할은 MessageReceivedAsync()를 호출하는 것이다. Dialog가 상속받은 IDialog 인터페이스에 의해 반드시 구현해야 하는 것은 StartAsync() 메서드지만 대부분은 StartAsync()에서 초기화하고 MessageReceivedAsync()에서 대화에 필요한 구현을 하는 형태로 템플릿이 제공되므로 특별한 경우가 아니면 그대로 구현하는 게 좋다. MessageReceivedAsync()를 호출하는 부분은 13번 줄에 있는 context.Wait(MessageReceivedAsync); 부분이다.

StartAsync()에서는 MessageReceivedAsync()를 호출하는데, MessageRecevieAsync()에서는 27번 줄의 context.Wait(MessageReceivedAsync);와 같이 계속해서 자기 자신을 호출한다.

다음 그림과 같이 StartAsync()는 MessageReceivedAsync()를 호출하고 MessageReceivedAsync()는 계속해서 자기 자신을 호출하면서 대화를 이어 나갈 수 있게 한다.

▼ 그림 4-2 RootDialog의 구성

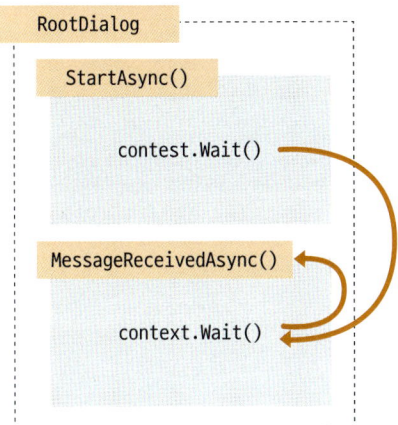

전체 코드에서 중요한 부분마다 context 객체가 등장한다. context 객체는 IDialogContext를 구현하는 객체인데, IDialogContext는 Dialog 안에서 일어나는 대부분의 일을 처리한다. 그만큼 중요한 역할을 하는 객체다.

표 4-2는 IDialogContext의 메서드 중에서 자주 사용하는 것만 추린 것이다. Call(), Done(), Fail() 등은 다중 Dialog를 구성할 때 꼭 필요한 메서드고, PostAsync()는 메시지를 출력할 때 사용하는 메서드다.

▼ 표 4-2 IDialogContext의 주요 메서드

메서드	설명
Call()	다른 Dialog를 호출한다.
Done()	현재 Dialog를 종료하고 상위 Dialog로 돌아간다.
Fail()	현재 Dialog에서 예외를 발생시키고 상위 Dialog로 돌아간다.
PostAsync()	메시지를 출력한다.
Wait()	대기하고 있다가 다른 메서드를 실행한다.

CHATBOT

4.2 인사말 기능 구현하기

지금까지 구현된 기능을 보면 시작하자마자 사용자가 '자장면'을 입력하고 챗봇은 '자장면이 주문되었습니다. 감사합니다.'를 출력하는 방식이다. 하지만 실제로 챗봇을 사용해 보면 사용자가 먼저 'hi' 또는 '안녕' 등으로 인사말을 건네고 대화를 시작한다. 다음 그림과 같이 인사말과 함께 시작하려면 중간에 한 단계를 더 두어야 한다.

▼ 그림 4-3 인사말과 함께 대화를 시작한다

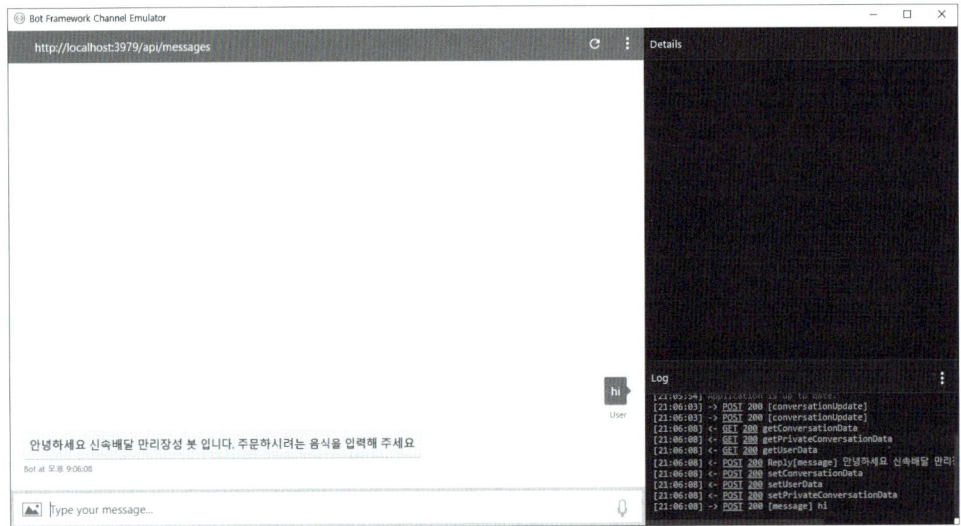

기존 방식에서는 Dialog 안에서 StartAsync()가 초기화 작업을 수행하고 나면 MessageReceivedAsync()가 받아서 대화를 시작했다.

인사말을 적절하게 사용하려면 그림 4-4처럼 메서드를 3개 사용하는 방식으로 수정해야 한다. 먼저 StartAsync()가 초기화 작업을 수행하고 MessageReceivedAsync()를 호출하는 부분까지는 동일하다. 하지만 인사말을 MessageReceivedAsync()에서 출력하고, 실제 코드는 새로 추가한 SendWelcomeMessageAsync()에서 처리해야 한다. 또한 SendWelcomeMessageAsync()는 계속해서 자기 자신을 호출하면서 대화를 이어 나간다. 즉, 중간에 인사를 담당하는 메서드와 실제 대화를 이어 나가는 메서드를 분리해야 한다.

▼ 그림 4-4 인사 기능이 포함된 RootDialog의 구조

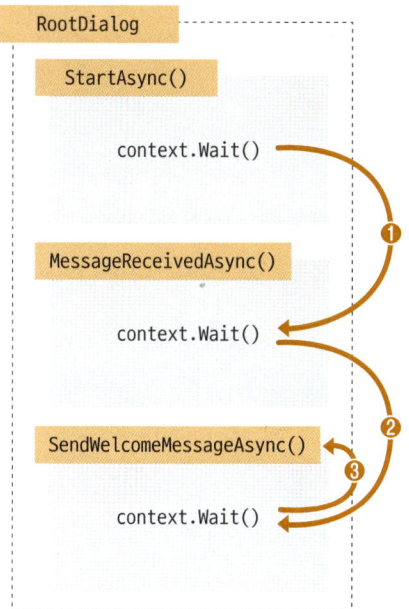

실제 코드를 보면 좀 더 쉽게 이해할 수 있다.

코드 4-3 인사 기능을 구현한 RootDialog.cs

```
 1: using System;
 2: using System.Threading.Tasks;
 3: using Microsoft.Bot.Builder.Dialogs;
 4: using Microsoft.Bot.Connector;
 5:
 6: namespace GreatWall
 7: {
 8:     [Serializable]
 9:     public class RootDialog : IDialog<object>
10:     {
11:         public Task StartAsync(IDialogContext context)
12:         {
13:             context.Wait(MessageReceivedAsync);
14:
15:             return Task.CompletedTask;
16:         }
17:
18:         private async Task MessageReceivedAsync(IDialogContext context,
                 IAwaitable<object> result)
```

```
19:        {
20:            await context.PostAsync("안녕하세요, 신속배달 만리장성 봇입니다. 주문하시려는
                   음식을 입력해 주세요");
21:
22:            context.Wait(SendWelcomeMessageAsync);
23:        }
24:
25:        private async Task SendWelcomeMessageAsync(IDialogContext context,
                   IAwaitable<object> result)
26:        {
27:            var activity = await result as Activity;
28:
29:            string message = string.Format("{0}을 주문하셨습니다. 감사합니다.",
                   activity.Text);
30:            await context.PostAsync(message);
31:
32:            //context.Call(new NameDialog(), this.NameDialogResumeAfter);
33:            context.Wait(SendWelcomeMessageAsync);
34:        }
35:    }
36: }
```

4.3 다중 Dialog 구성하기

CHATBOT

앞에서는 RootDialog만 사용해서 작업했지만 지금부터는 Dialog를 2개 더 추가해서 작업할 것이다. 이렇게 Dialog를 여러 개 사용하면 서비스 단위로 구분해서 구현할 수 있어 소스 코드의 가독성도 올릴 수 있고 유지 보수도 쉬워진다. 그만큼 코드를 유연하게 작성할 수 있다. 여기서는 RootDialog에 주문을 위한 OrderDialog와 FAQ를 위한 FAQDialog를 추가해서 각각의 대화 사이를 이동하는 방법을 소개하겠다.

먼저 OrderDialog부터 추가해 보자. 솔루션 탐색기에서 Dialogs 폴더를 우클릭한 후 **추가 > 클래스**를 차례로 선택한다. 클래스 이름에 **OrderDialog.cs**를 입력하고 **추가** 버튼을 클릭한다.

▼ 그림 4-5 OrderDialog 클래스를 추가한다

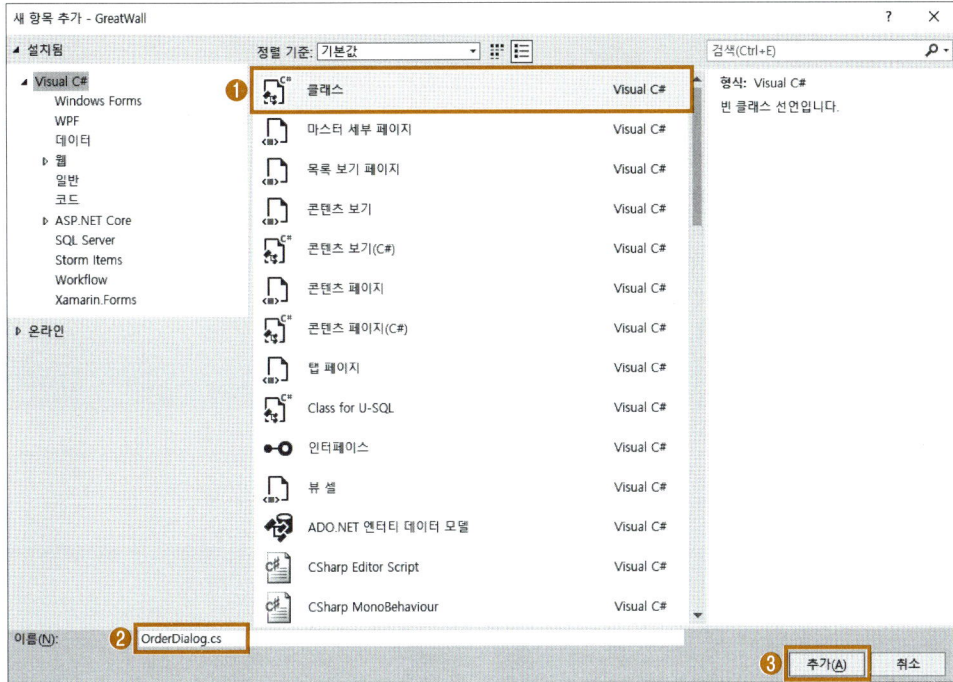

OrderDialog 클래스가 열리면 다음의 네임스페이스를 추가한다.

```
using System.Threading.Tasks;
using Microsoft.Bot.Connector;
using Microsoft.Bot.Builder.Dialogs;
```

System.Threading.Tasks는 비동기 작업을 위해 추가했다. Microsoft.Bot.Connector는 중간에 나오는 Activity 클래스를 위해 추가했다. 대화에 필요한 IDialog, IDialogContext, IAwaitable 등의 클래스는 모두 Microsoft.Bot.Builder.Dialogs에 포함되어 있어서 함께 추가했다.

다음으로 OrderDialog 클래스를 IDialog 인터페이스에서 상속받게 해야 한다. 다음과 같이 OrderDialog 옆에 IDialog<string>을 입력해서 IDialog에서 상속받게 한다.

```
public class OrderDialog : IDialog<string>
```

Dialog를 구성하려면 기본적으로 코드 4-4와 같이 StartAsync()와 MessageReceivedAsync() 메서드를 구현한다.

코드 4-4 OrderDialog.cs

```csharp
 1: using System;
 2: using System.Collections.Generic;
 3: using System.Linq;
 4: using System.Web;
 5:
 6: using System.Threading.Tasks;
 7: using Microsoft.Bot.Connector;
 8: using Microsoft.Bot.Builder.Dialogs;
 9:
10: namespace GreatWall
11: {
12:     [Serializable]
13:     public class OrderDialog : IDialog<string>
14:     {
15:         public Task StartAsync(IDialogContext context)
16:         {
17:             context.Wait(MessageReceivedAsync);
18:
19:             return Task.CompletedTask;
20:         }
21:
22:         private async Task MessageReceivedAsync(IDialogContext context,
                 IAwaitable<object> result)
23:         {
24:             var activity = await result as Activity;
25:
26:             if (activity.Text.Trim() == "그만")
27:             {
28:                 context.Done("주문완료");
29:             }
30:             else
31:             {
32:                 string message = string.Format("{0}을 주문하셨습니다. 감사합니다.",
                         activity.Text);
33:
34:                 await context.PostAsync(message);
35:
36:                 context.Wait(MessageReceivedAsync);
37:             }
38:         }
39:     }
```

22번 줄부터 구현되어 있는 `MessageReceivedAsync()`를 자세히 보면 사용자가 입력한 단어 중에 "그만"이라는 단어가 들어오면 `context.Done("주문완료")`가 호출되는 것을 볼 수 있다. `context.Done()`은 현재 대화를 종료하고 현재 Dialog를 호출한 원래의 Dialog인 RootDialog로 돌아갈 때 사용한다. `context.Done()`의 인자로 첨부되는 **"주문완료"**라는 문자는 원래 OrderDialog를 호출했던 RootDialog로 돌려주는 값이다. 나중에 RootDialog에서 리턴 값을 받아서 활용할 수 있다.

이제 RootDialog에서 OrderDialog를 호출하는 코드를 작성해 보자. RootDialog 클래스의 `SendWelcomeMessageAsync()`를 코드 4-5와 같이 수정한다.

코드 4-5 RootDialog.SendWelcomeMessageAsync()의 수정

```
 1:        private async Task SendWelcomeMessageAsync(IDialogContext context,
                IAwaitable<object> result)
 2:        {
 3:            var activity = await result as Activity;
 4:            string selected = activity.Text.Trim();
 5:
 6:            if (selected == "1")
 7:            {
 8:                await context.PostAsync("음식 주문 메뉴입니다. 원하시는 음식을 입력해 주십시오.");
 9:                context.Call(new OrderDialog(), DialogResumeAfter);
10:            }
11:            else if (selected == "2")
12:            {
13:                await context.PostAsync("FAQ 서비스입니다. 질문을 입력해 주십시오.");
14:                context.Call(new FAQDialog(), DialogResumeAfter);
15:
16:            }
17:            else
18:            {
19:                await context.PostAsync("잘못 선택하셨습니다. 다시 선택해 주십시오");
20:                context.Wait(SendWelcomeMessageAsync);
21:            }
22:        }
```

4번 줄을 보면 사용자가 입력한 메시지가 들어 있는 `activity.Text`의 내용을 `selected` 변수에 담는다. 이때 `Trim()`을 함께 사용하는데 `Trim()`은 텍스트 앞뒤에 있는 공백을 지우는 역할을 한다. 사용자가 실수로 또는 습관적으로 공백을 입력하는 경우가 있기 때문에 특정한 조건을 따지는 경우에는 `Trim()`을 이용해 공백을 제거해 주는 것이 좋다.

6번 줄에서는 조건문이 나오는데 1을 입력하면 `context.Call(new OrderDialog(), DialogResumeAfter)`와 같이 미리 만들어 둔 `OrderDialog()`를 호출할 수 있다. 2를 입력하면 `FAQDialog`를 호출하는데 `FAQDialog`는 곧 추가할 예정이다.

다른 Dialog를 호출할 때 사용하는 `context.Call()`은 인자가 2개 필요하다. 첫 번째는 호출할 Dialog고, 두 번째는 해당 Dialog에 들어갔다가 돌아왔을 때 처리를 담당하는 메서드인데 반드시 명시해야 한다. 여기서는 두 번째 인자로 `DialogResumeAfter()`를 지정했다.

`OrderDialog`로 다녀온 이후에 처리하는 `DialogResumeAfter()`를 구현하기 위해 코드 4-6을 `RootDialog`에 추가한다.

코드 4-6 RootDialog에 DialogResumeAfter() 메서드 추가

```
 1:         private async Task DialogResumeAfter(IDialogContext context,
                IAwaitable<string> result)
 2:         {
 3:             try
 4:             {
 5:                 string message = await result;
 6:
 7:                 await context.PostAsync(WelcomeMessage);
 8:             }
 9:             catch (TooManyAttemptsException)
10:             {
11:                 await context.PostAsync("오류가 생겼습니다. 죄송합니다.");
12:             }
13:         }
```

`DialogResumeAfter()`에서 두 번째 인자로 넘겨받는 `result`에는 `OrderDialog`에서 `context.Done("주문완료")`와 같이 Dialog를 종료할 때 넘겨준 값을 받아올 수 있다. 이를 이용하면 1개의 결과물을 위해서 여러 개의 Dialog을 통해 값을 받아들이고 처리하는 게 가능하다.

7번 줄에서는 화면에 `WelcomeMessage`를 출력한다. `RootDialog` 클래스의 멤버 변수로 `WelcomeMessage`를 추가하자.

```
private string WelcomeMessage = "신속배달 만리장성 봇입니다. 1.주문 2.FAQ";
```

`WelcomeMessage`는 초기 인사말이다. 처음 챗봇이 대답할 때 사용하거나 `OrderDialog`와 같이 하위 Dialog로 갔다가 돌아왔을 때 사용할 수 있다.

RootDialog 클래스의 MessageReceivedAsync 메서드도 WelcomeMessage로 바꿔 주자.

```
private async Task MessageReceivedAsync(IDialogContext context, IAwaitable<object> result)
{
    await context.PostAsync(WelcomeMessage);

    context.Wait(SendWelcomeMessageAsync);
}
```

여기까지 적용한 RootDialog의 전체 소스 코드는 코드 4-7과 같다. RootDialog 클래스에서 count 변수와 관련 메서드를 삭제했고 WelcomeMessage 변수를 추가했다.

코드 4-7 RootDialog의 최종 소스 코드

```
 1: using System;
 2: using System.Threading.Tasks;
 3: using Microsoft.Bot.Builder.Dialogs;
 4: using Microsoft.Bot.Connector;
 5:
 6: namespace GreatWall
 7: {
 8:     [Serializable]
 9:     public class RootDialog : IDialog<object>
10:     {
11:         private string WelcomeMessage = "신속배달 만리장성 봇입니다. 1.주문 2.FAQ";
12:
13:         public Task StartAsync(IDialogContext context)
14:         {
15:             context.Wait(MessageReceivedAsync);
16:
17:             return Task.CompletedTask;
18:         }
19:
20:         private async Task MessageReceivedAsync(IDialogContext context,
                    IAwaitable<object> result)
21:         {
22:             await context.PostAsync(WelcomeMessage);
23:
24:             context.Wait(SendWelcomeMessageAsync);
25:         }
26:
27:         private async Task SendWelcomeMessageAsync(IDialogContext context,
                    IAwaitable<object> result)
```

```csharp
28:        {
29:            var activity = await result as Activity;
30:            string selected = activity.Text.Trim();
31:
32:            if (selected == "1")
33:            {
34:                await context.PostAsync("음식 주문 메뉴입니다. 원하시는 음식을 입력해 주십시오.");
35:                context.Call(new OrderDialog(), DialogResumeAfter);
36:            }
37:            else if (selected == "2")
38:            {
39:                await context.PostAsync("FAQ 서비스입니다. 질문을 입력해 주십시오.");
40:                context.Call(new FAQDialog(), DialogResumeAfter);
41:
42:            }
43:            else
44:            {
45:                await context.PostAsync("잘못 선택하셨습니다. 다시 선택해 주십시오");
46:                context.Wait(SendWelcomeMessageAsync);
47:            }
48:
49:        }
50:
51:        private async Task DialogResumeAfter(IDialogContext context,
                IAwaitable<string> result)
52:        {
53:            try
54:            {
55:                string message = await result;
56:
57:                await context.PostAsync(WelcomeMessage);
58:            }
59:            catch (TooManyAttemptsException)
60:            {
61:                await context.PostAsync("오류가 생겼습니다. 죄송합니다.");
62:            }
63:        }
64:    }
```

마지막으로 FAQDialog를 추가할 차례다. FAQDialog의 실질적인 내용은 이후에 넣을 것이므로 여기서는 최소한의 코드만 작성한다. OrderDialog와 같은 방법으로 새로운 클래스를 하나 추가하고 내용을 코드 4-8과 같이 입력한다.

코드 4-8 FAQDialog.cs 전체 소스 코드

```csharp
1: using System;
2: using System.Collections.Generic;
3: using System.Linq;
4: using System.Web;
5:
6: using System.Threading.Tasks;
7: using Microsoft.Bot.Connector;
8: using Microsoft.Bot.Builder.Dialogs;
9:
10: namespace GreatWall
11: {
12:     [Serializable]
13:     public class FAQDialog : IDialog<string>
14:     {
15:         public Task StartAsync(IDialogContext context)
16:         {
17:             context.Wait(MessageReceivedAsync);
18:
19:             return Task.CompletedTask;
20:         }
21:
22:         private async Task MessageReceivedAsync(IDialogContext context,
                IAwaitable<object> result)
23:         {
24:             var activity = await result as Activity;
25:
26:             if (activity.Text.Trim() == "그만")
27:             {
28:                 context.Done("주문완료");
29:             }
30:             else
31:             {
32:                 await context.PostAsync("FAQ Dialog입니다.");
33:
34:                 context.Wait(MessageReceivedAsync);
35:             }
36:         }
37:     }
38: }
```

4.4 실행 결과 확인하기

지금까지 작성했으면 프로젝트를 빌드하고 챗봇 에뮬레이터로 결과를 확인해 보자.

다음 그림은 **인사**를 하고 1을 선택하여 주문을 시작하는 화면이다. **자장면**을 주문한 후 **그만**을 입력해 다시 **RootDialog**로 돌아오는 과정을 볼 수 있다.

▼ 그림 4-6 다중 Dialog를 적용한 결과

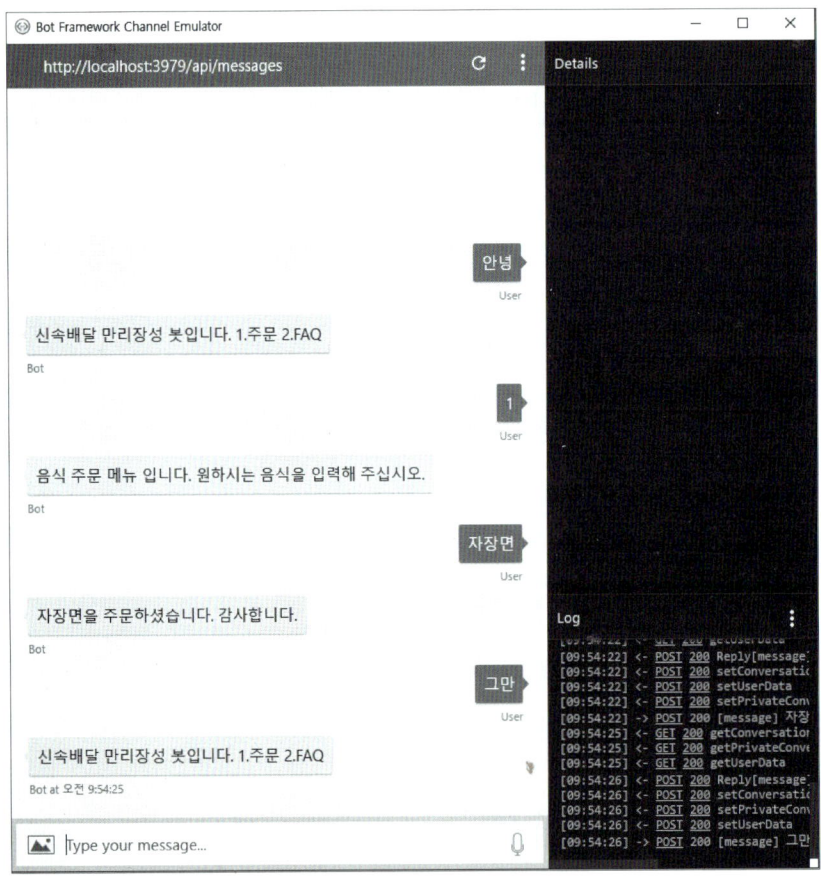

> ⚠️ **Error** | **빌드에 실패한 경우**
>
> 프로젝트를 빌드했을 때 OrderDialog나 FAQDialog를 찾을 수 없다는 오류가 발생할 수 있다.
>
> ```
> error CS0246: The type or namespace name 'OrderDialog' could not be found
> error CS0246: The type or namespace name 'FAQDialog' could not be found
> ```
>
> 클래스를 추가했을 때 기본 네임스페이스가 GreatWall.Dialogs로 되어 있어서 발생하는 오류다. GreatWall.Dialogs 네임스페이스를 GreatWall로 수정하면 해결된다.

> ⚠️ **Error** | **챗봇 에뮬레이터에서 오류 메시지가 표시되는 경우**
>
> 챗봇 에뮬레이터에서 1이나 2를 선택했을 때 자체 오류 메시지가 표시될 수 있다.
>
> ```
> Sorry, my bot code is having an issue.
> ```
>
> 이런 경우에는 OrderDialog 클래스와 FAQDialog 클래스 위에 [Serializable]이 선언되어 있는지 확인하자. 선언되어 있지 않다면 추가해 준다.

4장에서 본 것처럼 Dialog를 여러 개 활용할 수 있다. Bot Framework를 사용할 때 Dialog를 잘 구성하는 방법을 이해하는 것은 매우 단순하지만 중요한 과정이다. Bot Framework를 사용해서 챗봇을 개발할 때는 먼저 Dialog들을 어떻게 구성하고 배치할 것인지 충분히 고민하고 정리한 다음 개발하는 것이 좋다.

5장

챗봇에서 카드 활용하기

5.1 버튼 추가하기
5.2 주문 메뉴에 Hero Card 적용하기
5.3 CardHelper 클래스 제작하기

흔히 챗봇이라고 하면 텍스트 대화만 생각하기 쉬운데 사용자들은 매번 텍스트를 타이핑하는 게 불편할 수 있다. 예를 들어서 예와 아니오를 선택하는 방식이나 정해진 몇 가지 메뉴 중 하나를 선택하는 방식처럼 경우의 수가 정해진 경우라면 버튼이나 카드 목록 등을 제시해서 사용자가 더 편하게 선택할 수 있도록 하는 게 좋다.

다음 그림은 이미지, 버튼, 설명을 포함한 카드를 활용한 예다. 카드에는 이미지, 제목, 부제목, 내용은 물론 사용자가 편하게 입력할 수 있도록 버튼을 포함시킬 수 있다. 카드 한 장에는 이미지나 버튼을 여러 개 포함시킬 수 있어서 사용자가 더 다양하게 선택할 수 있다.

▼ 그림 5-1 챗봇에서 카드를 활용한 예

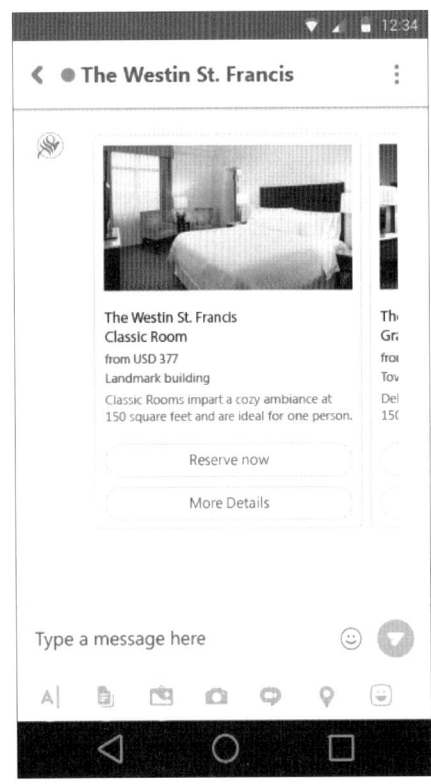

5.1 버튼 추가하기

버튼을 사용하면 입력하기가 좀 더 수월해진다. 정형화된 시나리오에서는 버튼을 사용하면 꽤 유용하다. 실제로 대부분의 챗봇은 버튼을 적절하게 잘 배치해서 사용자가 쉽게 선택하고 입력할 수 있도록 돕고 있다.

이 책에서 예제로 만드는 챗봇에서는 주문과 FAQ 등을 선택해야 하는데, 이 부분을 입력이 아닌 버튼으로 선택할 수 있도록 4장에서 완성한 최종 소스를 수정하려고 한다. 4장을 건너뛰고 바로 5장으로 넘어온 분이라면 별도로 제공하는 예제 소스를 내려받고 따라하길 권한다.

챗봇에서 버튼은 사용자가 메뉴를 쉽고 정확하게 선택할 수 있도록 돕는 도구이기도 하지만 동시에 특별한 동작을 지정하는 방법으로 쓰이기도 한다. Bot Framework에서 제공하는 버튼은 다양한 동작을 지정할 수 있다. 동작을 따로 지정하지 않으면 Value 속성에 지정된 텍스트를 입력해 주는 역할을 한다.

버튼의 동작은 Action Type으로 설정한다. 버튼의 Action Type을 지정하면 Value로 지정된 URL을 웹 브라우저로 열거나 전화를 걸고 오디오나 비디오를 재생하게 할 수 있으며 파일을 내려받거나 이미지를 표시하는 등 다양한 동작을 시킬 수 있다.

▼ 표 5-1 Action Type

openUrl	설정된 URL로 브라우저를 연다.
imBack	설정된 값을 입력한다. 입력한 내용은 대화 창에 나타나고 대화에 참여한 모든 사람이 메시지를 볼 수 있다. 기본값이다.
postBack	설정된 값을 입력한다. 입력한 내용을 본인의 대화 창에서는 보이지 않게 하는 개념이지만 그대로 보여 주는 메신저도 있다.
call	전화를 걸 수 있는 환경에서 전화를 걸어 준다. 이때 Value 속성에 tel:123123123123과 같이 전화번호를 입력해 준다.
playAudio	설정된 URL의 오디오를 재생한다.
playVideo	설정된 URL의 비디오를 재생한다.
showImage	설정된 URL의 이미지를 보여 준다.
downloadFile	설정된 URL의 파일을 내려받는다.
signin	로그인을 위한 URL이나 OAuth를 설정하면 로그인을 시작한다.

여기서는 카드에 버튼을 담아 출력해 보겠다. Bot Framework에서 제공하는 카드의 종류는 표 5-2와 같다.

❤ 표 5-2 Bot Framework에서 제공하는 카드의 종류

Adaptive Card	텍스트, 음성, 이미지, 버튼과 입력 필드를 조합해서 사용할 수 있다. 모든 메신저에서 지원하는 건 아니다. 지원하는 메신저 목록은 다음 URL에서 확인할 수 있다. 단축 URL https://goo.gl/Gucmjk URL https://docs.microsoft.com/ko-kr/adaptive-cards/getting-started/bots#channel-status
Animation Card	애니메이션 GIF나 짧은 동영상을 이용해서 동적인 반응을 보여 줄 때 사용한다.
Audio Card	오디오 파일을 재생할 때 사용한다.
Hero Card	일반적으로 큰 이미지 1개에 버튼과 텍스트를 1개 이상 포함하는 카드다.
Thumbnail Card	Hero Card와 비슷하지만 섬네일 이미지가 포함되어 있다.
Receipt Card	영수증을 제공하는 카드다. 영수증에는 항목, 총 비용, 부가세(VAT) 등을 표시할 수 있다.
SignIn Card	사용자 로그인을 요청할 수 있는 카드다. 텍스트와 로그인 과정을 시작할 수 있도록 버튼 등이 포함되어 있다.
Video Card	비디오를 보여 주고 재생할 수 있는 카드다.

버튼을 출력하려면 먼저 List 객체를 생성해서 버튼을 담아야 한다. 버튼이 여러 개 사용될 수 있기 때문이다. List 객체 안에 필요한 수만큼 추가하고 이 List 객체를 카드에 넣어 주는 방식으로 사용한다. Bot Framework에서는 버튼 클래스의 이름을 버튼이 아닌 CardAction이라는 이름으로 제공한다. 여기서는 주문과 FAQ 버튼을 추가해야 하므로 CardAction을 2개 추가한다.

보통은 CardAction을 추가할 때 CardAction 타입을 설정한다. 이전에는 따로 설정하지 않으면 기본 타입인 imBack 버튼이 추가되었지만, 최근에는 CardAction 타입을 반드시 설정하도록 바뀌었다. 여기서는 imBack 타입으로 설정한다. imBack 타입 버튼은 버튼을 클릭할 때마다 Value가 입력되면서 카드를 통해서 다음 동작으로 연결해 준다.

코드 5-1 CardAction의 추가

```
var actions = new List<CardAction>();

actions.Add(new CardAction() { Title = "1.주문", Value = "1", Type = ActionTypes.ImBack });
actions.Add(new CardAction() { Title = "2.FAQ", Value = "2", Type = ActionTypes.ImBack });
```

코드 5-1을 보면 `CardAction`을 2개 추가한다. 첫 번째는 1.주문에 해당하는 버튼으로 `Value`가 1이므로 이 버튼을 선택하면 1이 입력될 것이다. 두 번째는 2.FAQ에 해당하는 버튼으로 `Value`가 2이므로 선택하면 2가 입력될 것이다.

이제 버튼을 담을 카드를 만들어 볼 차례다. 여기서는 Hero Card를 만들고 여기에 만들어 둔 버튼을 추가할 것이다. Hero Card도 역시 Bot Framework에서 클래스로 제공한다.

▼ 표 5-3 Hero Card의 속성

Buttons	버튼을 추가한다. 버튼을 1번에 1개 이상 추가할 수 있다.
Images	이미지를 추가한다. 이미지도 여러 개 추가할 수 있다.
Subtitle	보조 제목을 달 수 있다. 제목을 설명하는 간단한 문장을 설정할 수 있다.
Tap	Tap 속성에 Card Action을 설정하면 버튼이 아닌 Hero Card 자체를 선택할 수 있다. 단, Tap 속성은 Card Action을 1개만 지정할 수 있다.
Text	카드 안에 내용을 담고 있다.
Title	카드 제목을 설정할 수 있다.

Hero Card는 생성할 때 속성을 지정하지 않으면 지정하지 않은 속성을 무시하는 특성이 있다. 즉, 이미지를 지정하지 않으면 이미지가 나타나지 않는 방식이다. 특별한 오류 메시지도 나타나지 않는다.

코드 5-2 Hero Card의 생성

```
new HeroCard
{
    Title = "원하는 기능을 선택하세요",
    Buttons = actions
}
```

코드 5-2와 같이 지정하면 제목만 원하는 기능을 선택하세요로 나타나고 버튼 2개가 추가된다. 이제 RootDialog.cs의 `MessageReceivedAsync()` 메서드 내용을 코드 5-3과 같이 변경한다.

코드 5-3 버튼 추가가 반영된 RootDialog의 MessageReceivedAsync() 메서드

```
1:        private async Task MessageReceivedAsync(IDialogContext context,
              IAwaitable<object> result)
2:        {
3:            await context.PostAsync(WelcomeMessage);
4:
```

```
 5:            var message = context.MakeMessage();
 6:
 7:            var actions = new List<CardAction>();
 8:
 9:            actions.Add(new CardAction() { Title = "1.주문", Value = "1" , Type =
                                              ActionTypes.ImBack });
10:            actions.Add(new CardAction() { Title = "2.FAQ", Value = "2" , Type =
                                              ActionTypes.ImBack });
11:
12:
13:            message.Attachments.Add(
14:                new HeroCard
15:                {
16:                    Title = "원하는 기능을 선택하세요",
17:                    Buttons = actions
18:                }.ToAttachment()
19:            );
20:
21:            await context.PostAsync(message);
22:
23:            context.Wait(SendWelcomeMessageAsync);
24: }
```

Hero Card가 반영된 코드를 코드 5-3에서 볼 수 있다. 먼저 이 코드를 반영하기 전에 아래 네임스페이스를 추가해야 한다.

> **RootDialog 클래스에 네임스페이스 추가**
>
> using System.Collections.Generic;

List 객체는 여러 객체를 담을 수 있는 배열과 같은 역할을 한다. 다만 배열은 초기화할 때 크기가 결정되므로 이후에 크기를 바꿀 수 없는 반면 List 객체는 언제라도 객체를 추가하거나 삭제할 수 있어 훨씬 유연하게 쓸 수 있다.

List 객체는 System.Collections.Generic에 포함되어 있지만 기본으로 추가되는 네임스페이스가 아니므로 사용하려면 반드시 해당 네임스페이스를 지정해 줘야 한다.

코드 5-3의 5번 줄에는 context.MakeMessage() 메서드를 이용해서 message를 생성하는 코드가 있다. 카드는 그 자체를 바로 출력할 수 없으므로 빈 message를 생성하고 message에 카드를 첨부한 다음 출력해야 한다. 7~10번 줄에서는 List 객체를 생성하고 CardAction을 통해서 버튼 2개를 List 객체에 채워 놓는다.

13~18번 줄에서는 Hero Card를 생성해서 message 객체에 첨부한다. 다만 모든 Card는 바로 첨부할 수 없다. 따라서 18번 줄처럼 ToAttachment() 메서드를 통해서 첨부할 수 있는 타입으로 변환해 준다.

이제 버튼 2개를 포함한 Hero Card가 첨부된 message가 준비되었다. 실제로 이를 출력하는 부분은 21번 줄이다. 여기까지 코드를 작성했다면 실행해 볼 차례다.

이제 각 버튼을 클릭할 때마다 1 또는 2가 입력되는 것을 볼 수 있다. 버튼을 클릭하지 않고 직접 1 또는 2를 입력해도 결과는 동일하다.

▼ 그림 5-2 버튼 관련 코드가 실행되는 모습

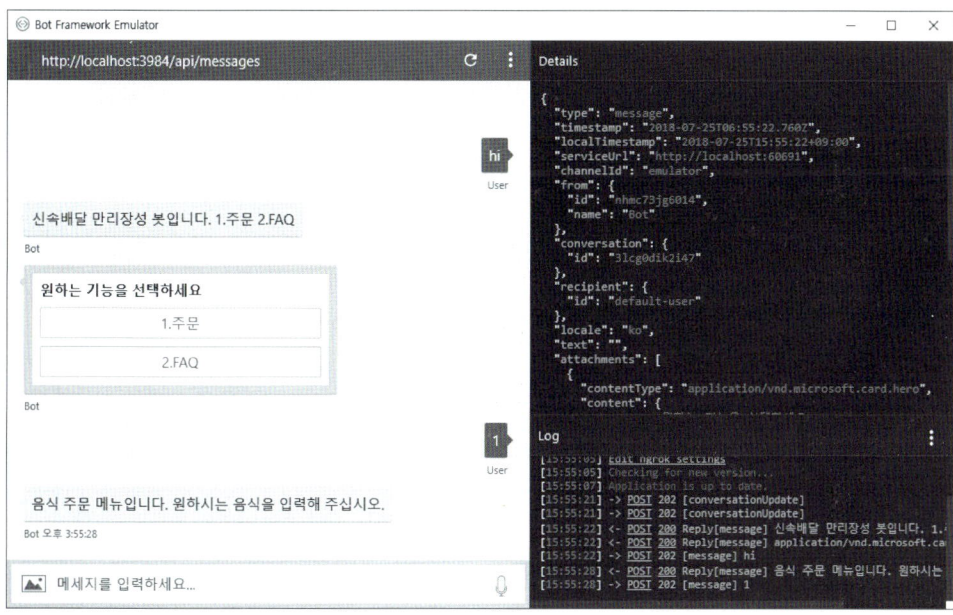

이제 1이 입력되면 주문을 담당하는 OrderDialog, 2가 입력되면 FAQDialog가 호출되는 코드를 추가해 보자.

코드 5-4 RootDialog의 SendWelcomeMessageAsync()의 반영

```
1:          private async Task SendWelcomeMessageAsync(IDialogContext context,
                IAwaitable<object> result)
2:          {
3:              var activity = await result as Activity;
4:              string selected = activity.Text.Trim();
5:
6:              if (selected == "1")
```

```
 7:        {
 8:            context.Call(new OrderDialog(), DialogResumeAfter);
 9:        }
10:        else if (selected == "2")
11:        {
12:            context.Call(new FAQDialog(), DialogResumeAfter);
13:
14:        }
15:        else
16:        {
17:            await context.PostAsync("잘못 선택하셨습니다. 다시 선택해 주십시오");
18:            context.Wait(SendWelcomeMessageAsync);
19:        }
20: }
```

코드 5-4는 달라진 부분이 거의 없다. 달라진 부분이라면 if 문으로 입력된 값이 1 또는 2인지 확인하고 이외의 값이 입력되면 잘못 선택했다는 메시지를 출력하는 정도다. 여기까지만 적용돼도 입력이 한결 수월해진 것을 발견할 수 있다.

5.2 주문 메뉴에 Hero Card 적용하기

지금까지 RootDialog에서 메뉴를 선택하는 작업을 했다면 다음은 주문을 담당하는 OrderDialog에서 직접 메뉴를 출력하는 방법을 살펴볼 차례다. 이번에도 역시 Hero Card를 이용해서 메뉴를 보여 주는 방법을 선택할 것이다.

먼저 OrderDialog의 StartAsync() 메서드를 수정해야 한다. 사용자에게 주문 기능으로 들어왔다는 사실을 알려야 하고 이어서 사용자가 메뉴를 선택하기 쉽도록 메뉴를 카드에 담아서 출력해야 하기 때문이다.

코드 5-5 OrderDialog의 StartAsync()의 수정

```
1:      public async Task StartAsync(IDialogContext context)
2:      {
3:          await context.PostAsync("음식 주문 메뉴입니다. 원하시는 음식을 입력해 주십시오.
            주문을 완료하려면 그만이라고 입력하세요.");
4:          await this.MessageReceivedAsync(context, null);
5:      }
```

우선 `OrderDialog`의 `StartAsync()`를 보면 기존에 사용한 코드에서 일부 수정된 부분을 볼 수 있다. 먼저 3번 줄에서 주문 메뉴로 들어왔음을 알리는 메시지를 출력하고 있다. 이때 메시지를 출력하기 위해 `context.PostAsync()`를 사용하는데 해당 메서드는 비동기형 메서드이므로 앞부분에 `await`가 사용되었다. 그런데 이런 비동기형 메서드를 사용하려면 비동기형 메서드를 호출하고 있는 `OrderDialog`의 `StartAsync()` 역시 비동기형으로 지정되어야 한다. 그래서 1번 줄을 보면 `public` 키워드 옆에 `async` 키워드를 추가해서 해당 메서드 안에서 비동기형 메서드가 사용되었다는 것을 명시적으로 표시했다.

4번 줄도 달라진 부분이다. `StartAsync()` 메서드에서 `MessageReceivedAsync()`를 호출하는 방법에는 2가지가 있다. 첫 번째는 `context.Wait(MessageReceivedAsync)`와 같이 호출하는 방법이다. `context.Wait()`는 해당 메서드로 넘기기 전에 사용자에게 입력을 받아서 함께 넘긴다. 그런데 지금은 사용자에게 값을 입력받지 않고 바로 카드를 제시할 것이므로 `context.Wait()`를 사용하면 불필요하게 사용자의 메시지를 대기하는 상태가 된다. 이럴 때는 `MessageReceivedAsync()` 메서드를 바로 호출하면 된다. 그래서 여기서는 `await this.MessageReceivedAsync()`를 호출하는 방법을 사용했다.

이제 Hero Card를 출력하는 코드를 다시 작성할 차례다. 이번에는 Hero Card에 자장면, 짬뽕, 탕수육과 같은 이미지를 바로 출력할 것이다. 이미지에는 일반적으로 사용되고 있는 JPG, GIF, PNG 등을 사용할 수 있다. 테스트를 하려면 URL을 호출해야 하는데 그러려면 이미지도 웹 서버에 올라가 있어야 한다. 여기서는 사용하고 있는 프로젝트에 이미지를 추가해서 같이 배포해 보겠다.

먼저 테스트에 사용할 이미지를 준비한다. 갖고 있는 적당한 음식 사진을 사용해도 좋고 예제 코드에 있는 이미지를 사용해도 좋다. 여기서는 이미지를 메뉴별로 자장면, 짬뽕, 탕수육으로 준비했다. 파일명은 각각 menu1.jpg, menu2.jpg, menu3.jpg다. 이미지를 별도로 준비했다면 파일명을 해당 파일명으로 수정한다.

▼ 그림 5-3 메뉴와 관련된 이미지

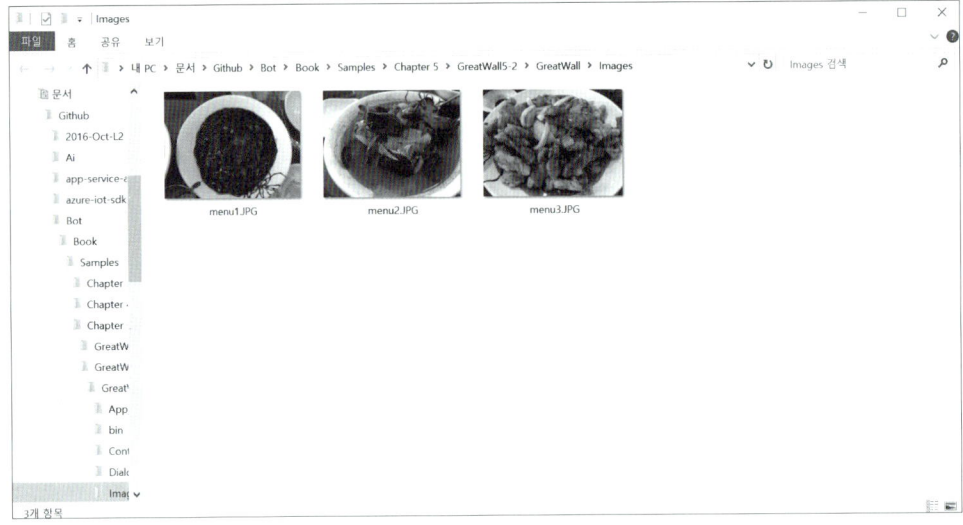

작업하고 있는 프로젝트에 이미지를 추가하는 방법은 간단하다. Visual Studio의 솔루션 탐색기에서 **프로젝트명**을 우클릭한 후 **추가**를 선택하고 **원하는 폴더**를 선택해서 새로운 폴더를 추가한다. 새 폴더 이름은 **Images**로 수정한다. 파일 탐색기에서 메뉴 파일을 한꺼번에 선택하고 방금 생성한 Images 폴더에 드래그 앤 드롭하면 된다.

▼ 그림 5-4 프로젝트에 메뉴 이미지를 추가한 모습

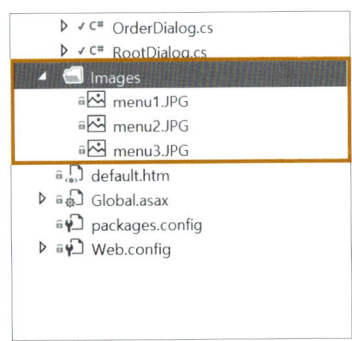

이미지를 추가했으면 어차피 자주 호출할 것이므로 이미지 경로를 지정하는 코드를 작성하는 것이 좋다. `OrderDialog` 클래스의 맴버 변수로 다음과 같이 한 줄을 추가한다.

```
string ServerUrl = "http://greatwallbot.azurewebsites.net/Images/";
```

책에서는 필자가 사용하고 있는 웹 서버를 지정했지만 여러분은 여러분이 사용하는 웹 서버 주소를 지정해야 한다. 웹 서버에 배포한 다음에 사용 중인 주소로 바꿔도 상관없다. 아직 웹 서버에는 배포하지 않고 로컬에서만 테스트하는 중이라면 다음과 같이 로컬 주소로 지정해도 된다.

```
string ServerUrl = "http://localhost:3984/images/";
```

URL의 포트 번호는 Bot Framework 버전에 따라 바뀔 수 있다. 2018년 11월 현재는 3984를 사용하고 있다.

이제 자장면 정보가 포함되어 있는 Hero Card를 만들어 보자. 여기서는 Hero Card로 메뉴를 만드는 기본 코드만 살펴보고 전체 코드는 다음에 소개하겠다. 코드를 살펴보면 이전에 작업한 내용과 크게 다르지 않다. 이미지와 설명이 추가된 것을 볼 수 있다.

코드 5-6 자장면이 포함된 Hero Card 생성

```
 1:         // 이미지 객체의 생성
 2:         List<CardImage> menu1images = new List<CardImage>();
 3:         menu1images.Add(new CardImage() { Url = this.ServerUrl + "menu1.JPG" });
 4:
 5:         // 버튼의 생성
 6:         List<CardAction> menu1Buttons = new List<CardAction>();
 7:         menu1Buttons.Add(new CardAction() { Title = "자장면", Value = "자장면",
                                               Type = ActionTypes.ImBack });
 8:
 9:         HeroCard menu1Card = new HeroCard()
10:         {
11:             Title = "자장면",
12:             Subtitle = "전통적인 자장면입니다.",
13:             Images = menu1images,
14:             Buttons = menu1Buttons
15:         };
```

코드 5-6의 2번 줄에서는 `CardImage`를 생성한다. 단순히 `CardImage`만 생성하는 게 아니라 `List<CardImage>`와 같이 List 형으로 생성한다. 카드 1장에 이미지가 여러 장 포함될 수 있기 때문이다. 또한 이미지를 생성하면서 URL을 함께 설정해야 하는데 기본 이미지 폴더의 URL + 이미지 이름과 같이 정의했다.

7번 줄에서는 버튼을 생성한다. 버튼도 이미지와 마찬가지로 여러 개가 포함될 수 있으므로 List 형으로 정의한다.

9번 줄부터는 Hero Card를 만든다. 제목과 부제목 등의 속성을 설정한다. 여기서는 각각 **자장면**과 **전통적인 자장면입니다.**를 설정했다. 그다음은 이미 만들어 둔 이미지와 버튼을 설정한다.

여기까지 하고 나면 Hero Card 1장이 완성된다. 짬뽕과 탕수육도 메뉴로 출력해야 하므로 여기서 같은 작업을 반복해야 한다.

코드 5-7 자장면, 짬뽕, 탕수육 메뉴에 Hero Card를 적용한 소스 코드

```csharp
 1: using System;
 2: using System.Collections.Generic;
 3: using System.Linq;
 4: using System.Web;
 5:
 6: using System.Threading.Tasks;
 7: using Microsoft.Bot.Connector;
 8: using Microsoft.Bot.Builder.Dialogs;
 9:
10: using System.Net.Http;
11:
12: namespace GreatWall
13: {
14:     [Serializable]
15:     public class OrderDialog : IDialog<string>
16:     {
17:         string ServerUrl = "http://localhost:3984/Images/";
18:
19:         public async Task StartAsync(IDialogContext context)
20:         {
21:             await context.PostAsync("음식 주문 메뉴입니다. 원하시는 음식을 입력해 주십시오.
                         주문을 완료하려면 그만이라고 입력하세요.");
22:             await this.MessageReceivedAsync(context, null);
23:         }
24:
25:         private async Task MessageReceivedAsync(IDialogContext context,
                IAwaitable<object> result)
26:         {
27:             if (result != null)
28:             {
29:                 var activity = await result as Activity;
30:                 await context.PostAsync(activity.Text + "를 주문하셨습니다.");
31:             }
32:             else
```

```
33:                    await context.PostAsync("메뉴를 선택해 주십시오");
34:
35:            // 자장면 출력
36:
37:            // 이미지 객체의 생성
38:            List<CardImage> menu1images = new List<CardImage>();
39:            menu1images.Add(new CardImage() { Url = this.ServerUrl + "menu1.JPG" });
40:
41:            // 버튼의 생성
42:            List<CardAction> menu1Buttons = new List<CardAction>();
43:            menu1Buttons.Add(new CardAction() { Title = "자장면", Value = "자장면",
                                                   Type = ActionTypes.ImBack });
44:
45:            HeroCard menu1Card = new HeroCard()
46:            {
47:                Title = "자장면",
48:                Subtitle = "전통적인 자장면입니다.",
49:                Images = menu1images,
50:                Buttons = menu1Buttons
51:            };
52:
53:            // 짬뽕 출력
54:
55:            // 이미지 객체의 생성
56:            List<CardImage> menu2images = new List<CardImage>();
57:            menu2images.Add(new CardImage() { Url = this.ServerUrl + "menu2.JPG" });
58:
59:            // 버튼의 생성
60:            List<CardAction> menu2Buttons = new List<CardAction>();
61:            menu2Buttons.Add(new CardAction() { Title = "짬뽕", Value = "짬뽕", Type
                                                   = ActionTypes.ImBack });
62:
63:            HeroCard menu2Card = new HeroCard()
64:            {
65:                Title = "짬뽕",
66:                Subtitle = "시원한 국물의 짬뽕입니다.",
67:                Images = menu2images,
68:                Buttons = menu2Buttons
69:            };
70:
71:            // 탕수육 출력
72:
```

```
73:            // 이미지 객체의 생성
74:            List<CardImage> menu3images = new List<CardImage>();
75:            menu3images.Add(new CardImage() { Url = this.ServerUrl + "menu3.JPG" });
76:
77:            // 버튼의 생성
78:            List<CardAction> menu3Buttons = new List<CardAction>();
79:            menu3Buttons.Add(new CardAction() { Title = "탕수육", Value = "탕수육",
                                                    Type = ActionTypes.ImBack });
80:
81:            HeroCard menu3Card = new HeroCard()
82:            {
83:                Title = "탕수육",
84:                Subtitle = "부먹, 찍먹 모두 맛있는 탕수육입니다.",
85:                Images = menu3images,
86:                Buttons = menu3Buttons
87:            };
88:
89:            var message = context.MakeMessage();
90:            message.Attachments.Add(menu1Card.ToAttachment());
91:            message.Attachments.Add(menu2Card.ToAttachment());
92:            message.Attachments.Add(menu3Card.ToAttachment());
93:
94:            await context.PostAsync(message);
95:
96:            context.Wait(this.MessageReceivedAsync);
97:        }
98:    }
99: }
```

코드 5-7을 보면 자장면, 짬뽕, 탕수육 등 Hero Card를 반복해서 만드는 것을 볼 수 있다. 만들어진 Hero Card를 출력하기 위한 코드가 89번 줄부터 시작된다.

먼저 89번 줄에서는 사용자에게 전송할 메시지를 생성한다. 90~92번 줄에서는 생성한 카드를 메시지에 첨부한다. 이 과정까지 마치면 메시지에 Hero Card가 3장 추가된다.

마지막으로 화면에 출력만 하면 된다. 실제 카드를 출력하는 코드는 94번 줄이다.

▼ 그림 5-5 Hero Card로 메뉴를 표시하는 챗봇

5.3 CardHelper 클래스 제작하기

카드를 사용할 일은 생각보다 많다. 매번 이렇게 생성하려면 번거롭고 코드를 유지 보수하기에도 적절치 않다. 이런 경우에는 관련된 기능을 별도의 클래스로 생성하는 게 낫다. 보통 자주 사용하는 기능을 하나씩 만들 때는 ****Helper와 같은 방식으로 이름을 짓는다. 관행일 뿐 실행하는 데

영향을 끼치는 부분이 아니므로 따로 사용하는 네이밍 규칙이 있으면 그대로 사용해도 된다.

먼저 Visual Studio의 솔루션 탐색기에서 **프로젝트 이름**을 우클릭하고 **추가** > **폴더**를 차례로 선택해서 **Helpers** 폴더를 추가한다. 이 폴더에는 앞으로 클래스를 몇 개 더 추가할 예정이다. **Helpers** 폴더를 우클릭하고 **추가** > **클래스**를 차례로 선택해서 새로운 클래스를 추가한다. 클래스의 이름은 **CardHelper**로 정했다.

▼ 그림 5-6 솔루션 탐색기에서 Helpers 폴더와 CardHelper 클래스를 생성한다

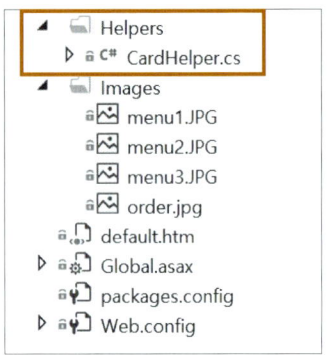

코드 5-8 Helpers\CardHelper.cs의 전체 코드

```
 1: using System;
 2: using System.Collections.Generic;
 3: using System.Linq;
 4: using System.Web;
 5:
 6: using Microsoft.Bot.Builder;
 7: using Microsoft.Bot.Connector;
 8:
 9: namespace GreatWall.Helpers
10: {
11:     public static class CardHelper
12:     {
13:         public static Attachment GetHeroCard(string title, string subTitle, string
                    image, string buttonText, string buttonValue)
14:         {
15:             // 이미지 객체의 생성
16:             List<CardImage> images = new List<CardImage>();
17:             images.Add(new CardImage() { Url = image });
18:
19:             // 버튼의 생성
```

```
20:            List<CardAction> buttons = new List<CardAction>();
21:            buttons.Add(new CardAction() { Title = buttonText, Value = buttonValue,
                                             Type = ActionTypes.ImBack });
22:
23:            HeroCard card = new HeroCard()
24:            {
25:                Title = title,
26:                Subtitle = subTitle,
27:                Images = images,
28:                Buttons = buttons
29:            };
30:
31:            return card.ToAttachment();
32:        }
33:
34:        public static Attachment GetThumbnailCard(string title, string subTitle,
                    string image, string buttonText, string buttonValue)
35:        {
36:            // 이미지 객체의 생성
37:            List<CardImage> images = new List<CardImage>();
38:            images.Add(new CardImage() { Url = image });
39:
40:            // 버튼의 생성
41:            List<CardAction> buttons = new List<CardAction>();
42:            buttons.Add(new CardAction() { Title = buttonText, Value = buttonValue,
                                             Type = ActionTypes.ImBack });
43:
44:            ThumbnailCard card = new ThumbnailCard()
45:            {
46:                Title = title,
47:                Subtitle = subTitle,
48:                Images = images,
49:                Buttons = buttons
50:            };
51:
52:            return card.ToAttachment();
53:        }
54:    }
55: }
```

CardHelper 클래스에는 메서드가 2개 포함되어 있다. GetHeroCard()는 Hero Card를 생성해서 돌려주는 메서드고, GetThumbnailCard()는 Thumbnail Card를 생성해서 돌려주는 메서드다. 각 메서드의 내용은 앞에서 작성한 코드와 거의 같으므로 쉽게 이해할 수 있을 것이다.

단, CardHelper 클래스를 static으로 정의해 놓은 점은 눈여겨보기 바란다. Dialog 등에서 카드를 출력할 때마다 매번 CardHelper cardHelper = new CardHelper()와 같이 클래스를 정의하지 않아도 되도록 static으로 미리 정의해 놓았다고 보면 된다.

CardHelper 클래스를 사용하면 결과적으로 카드를 보여 주는 OrderDialog 안의 코드가 매우 단순해진다.

코드 5-9 CardHelper 클래스를 사용한 OrderDialog 클래스(Dialogs\OrderDialog.cs)

```
 1: using System;
 2: using System.Collections.Generic;
 3: using System.Linq;
 4: using System.Web;
 5:
 6: using System.Threading.Tasks;
 7: using Microsoft.Bot.Connector;
 8: using Microsoft.Bot.Builder.Dialogs;
 9: using GreatWall.Helpers;
10:
11: namespace GreatWall
12: {
13:     [Serializable]
14:     public class OrderDialog : IDialog<string>
15:     {
16:         string ServerUrl = "http://localhost:3984/Images/";
17:         // string ServerUrl = "http://greatwallweb.azurewebsites.net/Images/";
                // 배포용 주소
18:         public async Task StartAsync(IDialogContext context)
19:         {
20:             await this.MessageReceivedAsync(context, null);
21:         }
22:
23:         private async Task MessageReceivedAsync(IDialogContext context,
                IAwaitable<object> result)
24:         {
25:             if (result != null)
26:             {
27:                 var activity = await result as Activity;
28:
```

```
29:                if(activity.Text == "주문")
30:                {
31:                    await context.PostAsync("주문이 완료되었습니다. 감사합니다.");
32:                    context.Done("");
33:                    return;
34:                }
35:                else
36:                    await context.PostAsync(activity.Text + "를 주문하셨습니다.");
37:            }
38:            else
39:                await context.PostAsync("메뉴를 선택해 주십시오");
40:
41:            // 메뉴 출력
42:            var message = context.MakeMessage();
43:            message.Attachments.Add(CardHelper.GetHeroCard("지금 주문",
                   "지금 주문합니다.", this.ServerUrl + "order.jpg", "바로 주문", "주문"));
44:            message.Attachments.Add(CardHelper.GetHeroCard("자장면 \\2,500",
                   "전통적인 자장면입니다.", this.ServerUrl + "menu1.JPG", "자장면", "자장면"));
45:            message.Attachments.Add(CardHelper.GetHeroCard("짬뽕 \\3,000",
                   "시원한 국물의 짬뽕입니다.", this.ServerUrl + "menu2.JPG", "짬뽕", "짬뽕"));
46:            message.Attachments.Add(CardHelper.GetHeroCard("탕수육 \\5,000", "부먹, 찍먹
                   모두 맛있는 탕수육입니다.", this.ServerUrl + "menu3.JPG", "탕수육", "탕수육"));
47:
48:            message.AttachmentLayout = "carousel";
49:
50:            await context.PostAsync(message);
51:
52:            context.Wait(this.MessageReceivedAsync);
53:        }
54:    }
55: }
```

코드 5-9에서 43번 줄을 확인해 보면 이전과 많이 달라진 것을 볼 수 있다. 매번 카드를 생성하고 버튼을 생성하고 이미지를 List 형으로 만들어서 Hero Card를 추가했던 부분이 단 한 줄로 줄어들었다.

카드 4장을 단 4줄로 추가한 것이다. 다시 확인해 보면 자장면, 짬뽕, 탕수육 이외에도 맨 먼저 **지금 주문**(Order now)이라는 카드가 추가된 것을 볼 수 있다. '지금 주문' 카드는 사용자가 주문을 완료할 때 사용할 수 있도록 맨 앞에 출력되는 카드로 **지금 주문** 카드에 있는 버튼을 클릭하면 '주문'이라는 단어가 입력되도록 값이 설정되어 있다.

29번 줄의 조건문을 보면 **주문**이 입력되면 주문이 완료되었다는 메시지와 함께 OrderDialog를 종료하기 위해서 context.Done() 메서드를 호출하는 부분을 볼 수 있다.

지금까지는 카드를 세로로만 출력했는데 카드가 많아지면 한참 스크롤을 해야 해서 불편할 수 있다. 이럴 때는 카드를 가로로 출력해서 좌우로 스크롤하도록 할 수 있는데, 가로 출력을 할 수 있도록 하는 속성이 AttachmentLayout이다. 메시지에서 AttachmentLayout 속성을 지정하지 않으면 기본적으로 첨부된 내용이 세로로 출력된다. 카드를 가로로 출력하려면 다음과 같이 AttachmentLayout을 지정하면 된다.

```
message.AttachmentLayout = "carousel";
```

carousel(캐러셀)은 회전목마, 수하물 컨베이어 벨트라는 뜻을 가진 단어다. 단어의 뜻을 알고 보면 가로로 스크롤하는 것이 회전목마처럼 보이기도 한다. 48번 줄에서 AttachmentLayout을 가로로 지정한 것을 볼 수 있다.

실행해 보면 메뉴가 가로로 출력된다.

▼ 그림 5-7 카드를 실행한 결과

> Note ≡ **알아 두면 좋아요**
>
> 실제 사용자는 챗봇에서 텍스트를 입력하는 것보단 버튼을 선택하는 것을 선호한다. 시나리오를 생각해서 카드 플로를 설계하면 좋다.

6장

챗봇과 데이터베이스 연동하기

6.1 Azure SQL Database 만들기
6.2 Visual Studio에서 데이터베이스 이용하기
6.3 주문할 메뉴 가져오기
6.4 SQLHelper 클래스 추가하기
6.5 주문 내역을 저장하고 영수증 출력하기

5장까지는 챗봇에 필요한 기본적인 기능을 살펴보았다. 6장에서는 실제로 서비스 운영에 필요한 데이터베이스와 연동하는 방법을 살펴보자.

데이터베이스는 여러 종류가 있지만 이 책에서는 클라우드 환경에서 원활히 동작할 수 있어야 하고, 챗봇과 원활하게 연동될 수 있어야 하므로 Microsoft의 Azure에서 제공하는 SQL Database를 활용하기로 결정했다. SQL Database는 기존의 윈도 서버에서 실행되던 Microsoft SQL Server와 거의 동일하기 때문에 기존 코드를 쉽게 참조할 수 있다는 점도 선택한 이유 중 하나였다.

6.1 Azure SQL Database 만들기

Microsoft의 클라우드 서비스인 Azure를 사용하려면 적절한 계정이 필요하고 여기에는 일정한 비용이 청구된다. 하지만 1개월 체험판을 제공하고 있고 스타트업 기업에게는 BizSpark라는 프로그램을 통해 무료로 사용할 수 있도록 하고 있다. 여기서는 Azure를 사용할 수 있는 계정이 있다고 가정하고 진행하겠다.

이 책에서는 Azure SQL Database를 사용하지만 여러분이 원하는 다른 데이터베이스가 있다면 사용해도 무방하다. 다만 이 책은 Azure SQL Database를 기반으로 내용이 작성되어 있으므로 다른 데이터베이스를 사용하려면 제공되는 예제를 적절히 수정해서 사용해야 한다.

먼저 데이터베이스를 생성하기 위해 Resource Group을 생성한다. 서비스 하나를 만들려면 웹 서버와 데이터베이스와 같은 여러 서버를 함께 사용해서 개발하게 되는데, 이럴 때는 서버들을 논리적으로 묶어 놓아야 관리하기가 수월하다. 이러한 용도로 사용하는 것이 Resource Group인데 2장에서 언급한 적이 있다. 챗봇을 개발할 때도 챗봇을 위한 웹 서버와 데이터베이스 등을 Resource Group으로 묶어 두면 관리하기가 훨씬 수월해진다. Resource Group을 새로 생성해도 되고, 2장에서 만들어 둔 Resource Group을 그대로 사용해도 된다.

다음 그림에서는 리소스 그룹을 생성하는 방법을 볼 수 있다. Azure 포털에 접속한 다음 **Resource groups**를 선택하고 **+Add**를 선택하면 Resource Group을 생성할 때 필요한 정보를 선택할 수 있다.

▼ 그림 6-1 Azure Resource Group을 생성한다

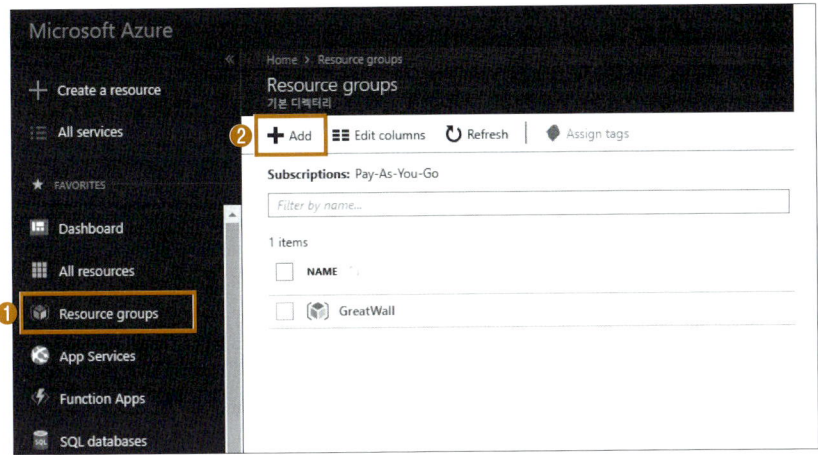

먼저 리소스 그룹 이름을 정한다. 여기서는 이름을 **GreatWall**로 지정했다. 두 번째로 Azure 계정의 구독을 선택한다. Azure 계정의 구독은 체험판이나 기타 다양한 방법으로 생성할 수 있는데 여기서는 자신이 사용할 구독 방식을 선택하면 된다. 마지막으로 Resource Group의 위치를 선택한다. Azure는 한국에도 데이터센터가 2군데 있으므로 국내를 대상으로 할 경우라면 **대한민국**으로 시작하는 데이터센터를 선택하는 게 좋다.

리소스 그룹을 만들고 나면 여기에 새로운 서비스를 추가해야 한다. 다시 Azure 포털에서 **Resource Group**에 접속해 보면 다음 그림과 같이 새로운 GreatWall 그룹이 생성되어 있는 것을 볼 수 있다. **+Add**를 선택한 후 GreatWall Resource Group에 새로운 서비스를 추가할 수 있다.

▼ 그림 6-2 리소스 그룹에 새로운 서비스를 추가한다

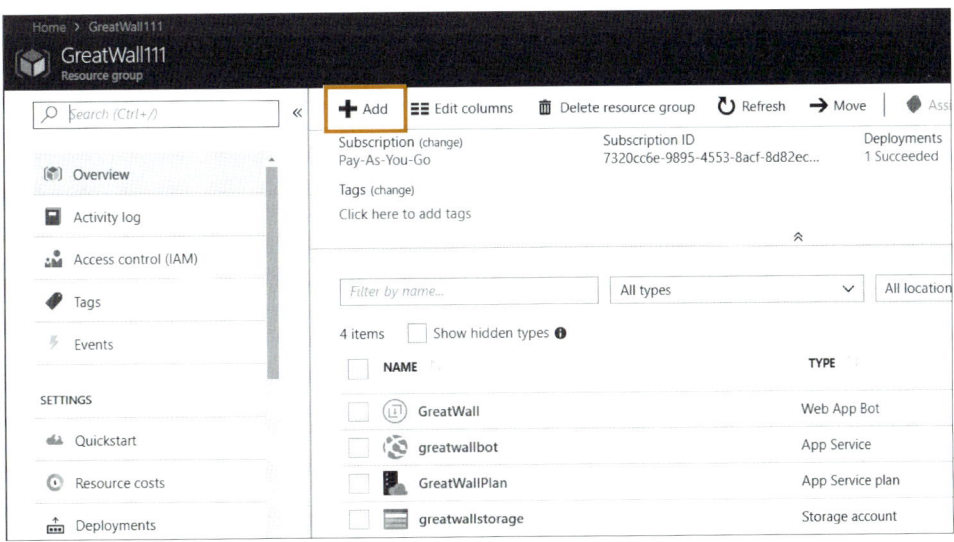

다음 그림과 같은 화면이 나타나면 **SQL Database**를 검색해서 선택한다(화면은 조금씩 다를 수 있다).

▼ 그림 6-3 Resource Group에 SQL Database를 추가한다

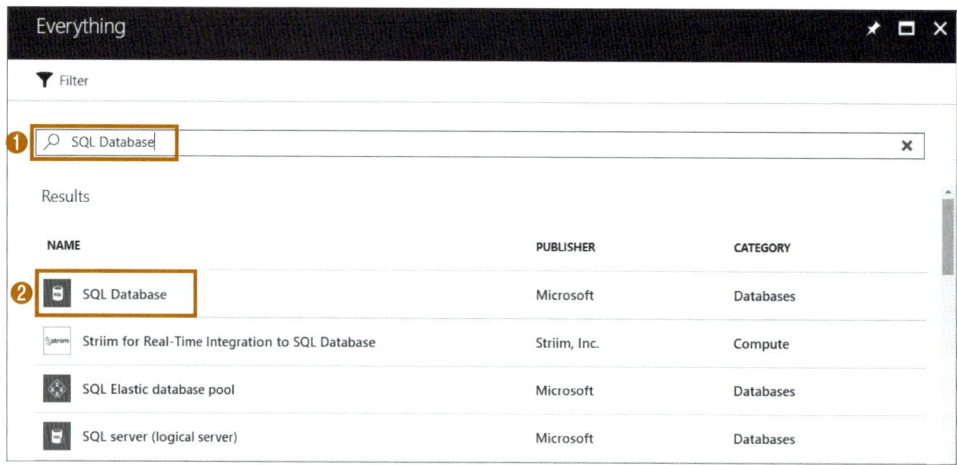

다음 그림과 같이 SQL Database 화면이 나타나면 **Create** 버튼을 클릭한다.

▼ 그림 6-4 SQL Database를 생성한다

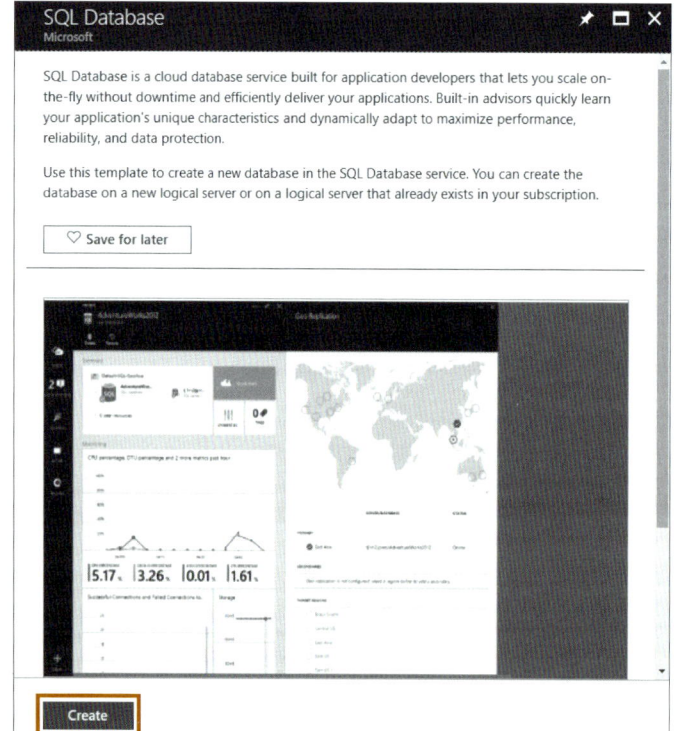

SQL Database를 선택하고 나면 다음 그림과 같이 설정에 필요한 정보를 입력해야 한다. 한 가지를 먼저 이해해야 하는데 SQL Database는 말 그대로 데이터베이스고, 데이터베이스를 사용하려면 서버가 필요하다. 따라서 데이터베이스를 만드는 과정에서 서버도 함께 만들게 된다.

먼저 Database name(데이터베이스 이름)을 **GreatWallDB**라고 지었다. Resource group(리소스 그룹)은 **Use existing**을 선택해서 앞서 생성한 리소스 그룹을 선택한다. 책에서는 **GreatWall** 리소스 그룹을 선택했지만 여러분이 생성한 리소스 이름을 선택하면 된다. Select source(소스 선택)에서는 예제 데이터베이스를 선택할 수도 있지만 여기서는 **Blank database**(빈 데이터베이스)를 선택했다.

Server(서버)는 필수 설정 사항이므로 반드시 선택해야 한다. Azure를 사용 중이어서 이미 데이터베이스 서버를 만들었다면 기존에 만든 서버를 선택하면 된다. 그게 아니라면 지금처럼 데이터베이스 서버를 만들어야 한다.

▼ 그림 6-5 SQL Database를 설정한다

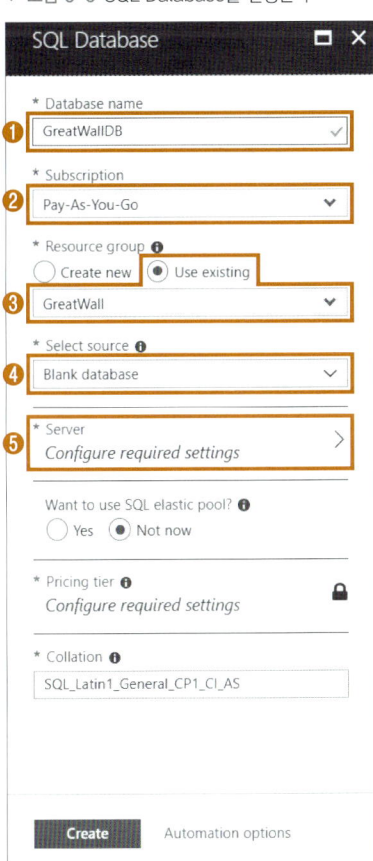

서버는 그림 6-5에서 보는 바와 같이 필수 설정 사항이다. Server(서버) 항목을 선택해서 서버를 생성해 보자.

다음 그림을 보면 서버 이름부터 설정해야 한다. Server name(서버 이름)은 〈서버 이름〉.database. windows.net 형태로 주소가 부여되므로 소문자로 입력하되 다른 사람이 사용하지 않은 유일한 이름으로 지정해야 한다. 이후에는 서버의 관리자 로그인 아이디와 암호를 설정한다. 아이디와 암호는 잊어버리면 찾기 어려우므로 꼭 기억해 두기 바란다.

마지막으로 Location(서버 위치)을 정해야 한다. 책에서는 **Japan West**(일본 서부)를 선택했다. Azure Pass나 시험판 등 무료로 제공되는 Azure 계정을 사용하는 경우에는 서비스를 생성할 때 지역마다 제약이 있을 수 있다. 즉, 무료 계정에서는 사용량이 많은 데이터센터에 서비스를 생성할 수 없도록 제한하기도 하는데 이럴 때는 유료 계정으로 전환해야 원하는 곳에서 서비스를 생성할 수 있다. 유료 계정일 때는 Korea Central이나 Korea South에서 서비스를 생성할 수 있다. 서버 위치는 정책에 따라 바뀔 수 있다. **Select** 버튼을 클릭하면 데이터베이스 서버가 생성된다.

▼ 그림 6-6 데이터베이스 서버를 설정한다

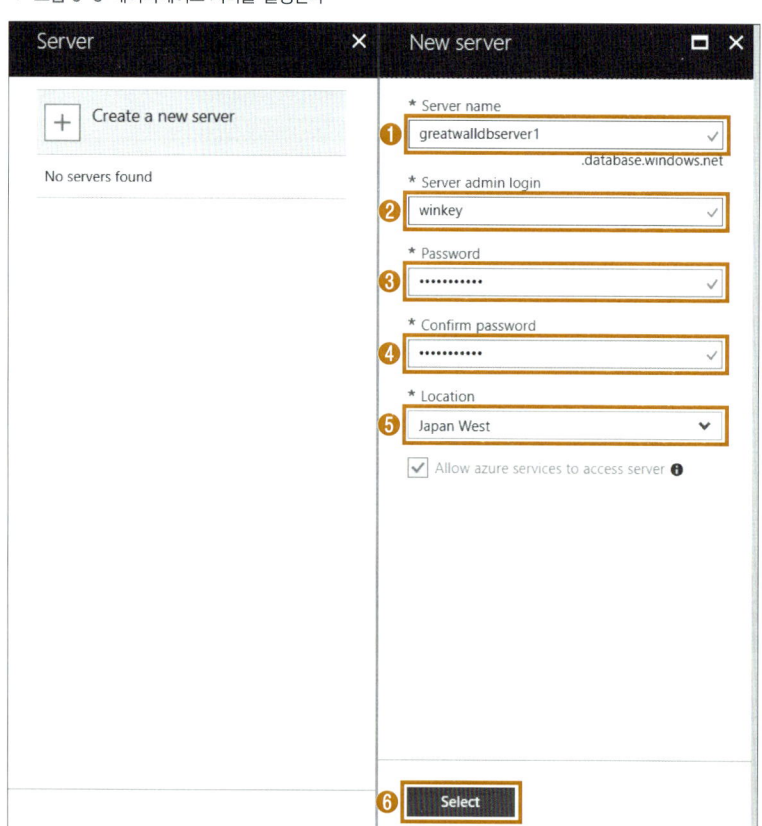

챗봇을 배포하기 위해 웹 앱은 한국에 배포하고 데이터베이스는 일본에 배포하면 불필요한 트래픽이 발생할 뿐만 아니라 성능에도 좋지 않은 영향을 끼친다. 상용으로 서비스하려면 반드시 같은 데이터센터를 사용해야 한다. 여기까지 입력하고 나면 마지막으로 Pricing tier(가격 정책)를 선택할 차례다. 가격 정책은 용량과 성능에 따라 차이가 큰 편이다.

Pricing tier는 기본적으로 Basic, Standard, Premium으로 나눠져 있다. 여기서는 개발 및 테스트 용도로도 사용할 것이므로 **Basic**을 선택하고 **Apply** 버튼을 클릭한다. 가격은 지역과 정책에 따라서 조금씩 차이가 나지만 Basic으로 사용하면 저렴한 편이다.

▼ 그림 6-7 가격 정책은 Basic으로 선택한다

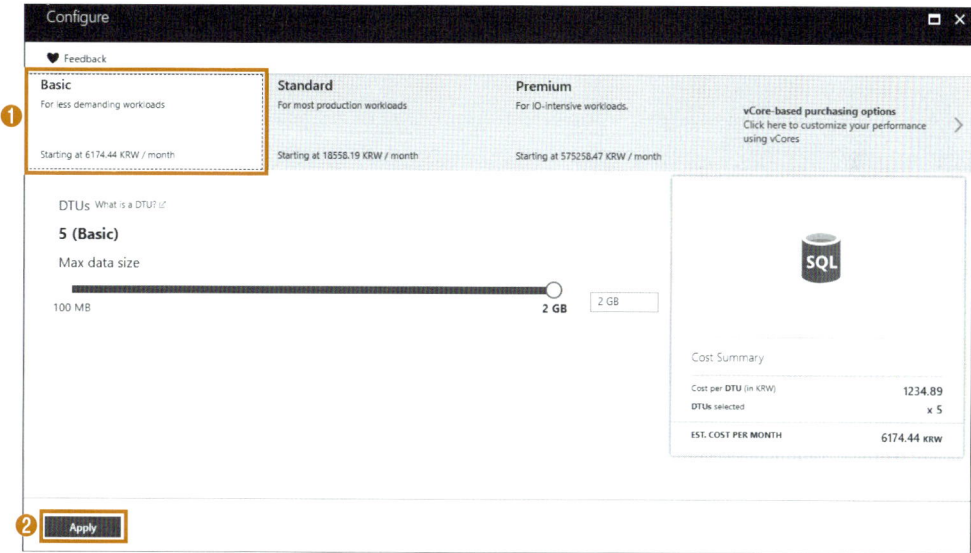

마지막으로 SQL elastic pool을 **Not now**(사용하지 않음), Collation을 기본값으로 설정하고 **Create** 버튼을 클릭하면 Database와 Database Server가 함께 생성된다.

Tip ☆ Collation은 데이터베이스에서 데이터를 정렬하는 순서를 말한다. 여기서는 기본 설정으로 사용한다.

여기까지가 SQL Database를 생성하는 과정이었다. 데이터베이스를 구성하는 과정에서 데이터베이스 서버를 만들었고 가격 정책을 선택했다. 여기까지 문제없이 잘 구성했으면 마지막으로 **Create** 버튼을 클릭해서 데이터베이스를 생성한다.

▼ 그림 6-8 데이터베이스 설정이 끝난 모습

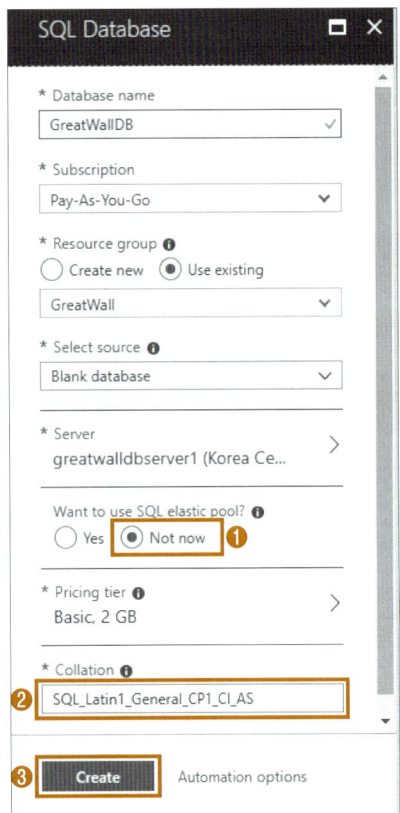

기존에 만들어진 데이터베이스 서버를 사용할 경우라면 데이터베이스 서버를 만들어야 하므로 시간이 더 걸릴 수 있다. 작업이 완료되면 오른쪽 상단의 종 모양 아이콘에 알림이 표시된다. 알림을 클릭하면 다음 그림처럼 데이터베이스가 성공적으로 생성되었다는 메시지를 볼 수 있다.

▼ 그림 6-9 데이터베이스 생성에 성공한 모습

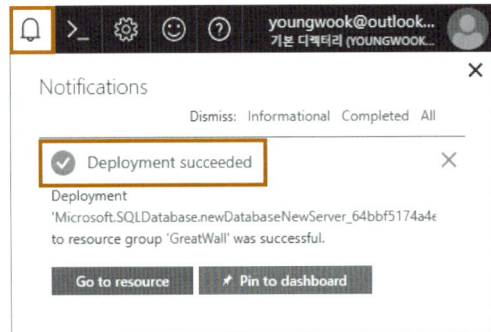

데이터베이스가 잘 생성되었으므로 당장 접속해서 작업하고 싶겠지만, 지금은 접속이 불가능하다. SQL Server를 Azure에서 생성하면 기본값으로 같은 데이터센터 안에서 다른 서비스를 통해서 접속하는 것은 허용하지만, 외부에서 접속하는 것은 모두 막아 두기 때문이다. 개발을 위해 데이터베이스에 접속하려면 지금 사용하는 개발자 PC의 IP 주소를 방화벽에 등록하는 과정을 거쳐야 한다.

방화벽을 설정하려면 다음 그림과 같이 Resource groups에서 GreatWall을 선택하고 다시 **greatwalldbserver**를 선택한 후 **SQL Server**를 선택한다. 리소스 이름과 서버 이름은 독자에 따라 다르므로 적절한 것을 선택하면 된다.

▼ 그림 6-10 SQL Server를 선택한다

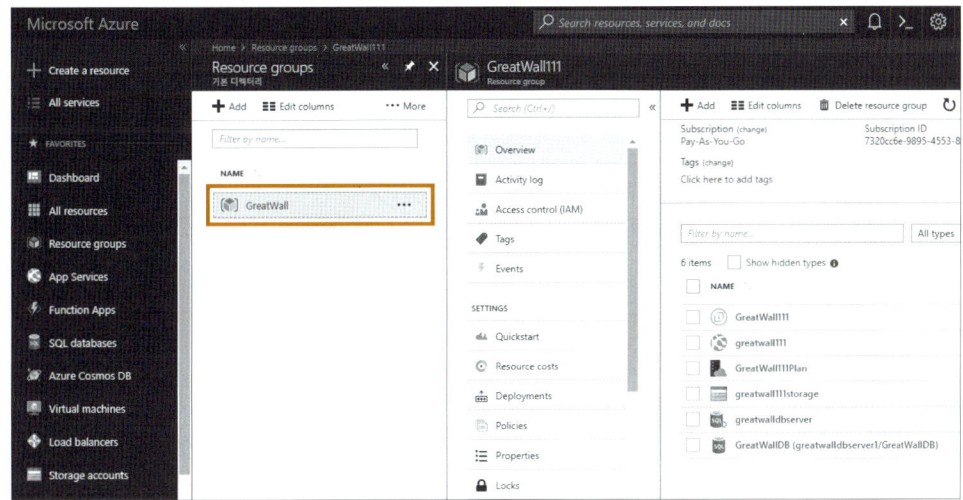

이렇게 차례대로 선택하고 나면 다음 그림과 같이 방화벽 설정 표시를 선택할 수 있다. 기본적으로 방화벽 설정에서는 지금 접속한 PC의 IP 주소가 출력된다. 대부분의 사용자는 고정된 IP 주소보다는 동적으로 할당받는 IP 주소를 사용하므로 현재 사용하고 있는 IP 주소나 해당 IP 대역의 서브넷 마스크를 입력하는 것도 괜찮은 방법이다.

▼ 그림 6-11 방화벽 설정 표시

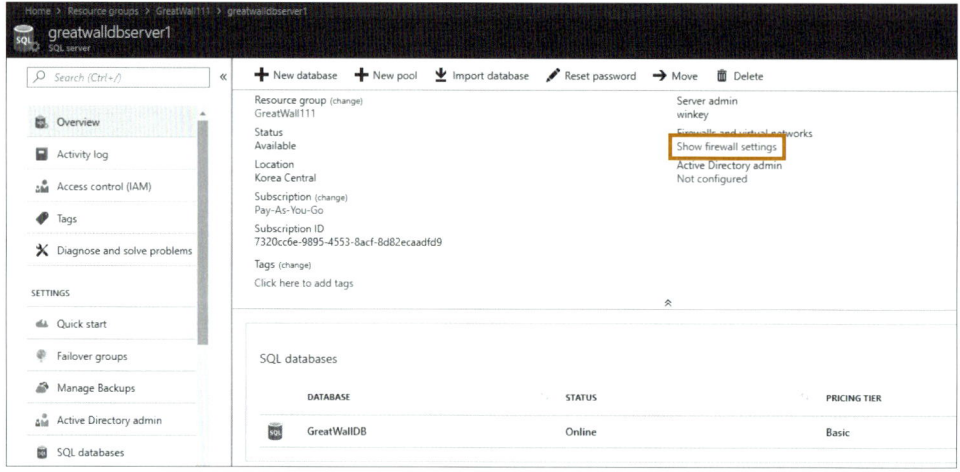

여기서는 예제 작업을 위해서 규칙 이름을 편의상 All로 정하고 시작 IP를 0.0.0.0, 종료 IP를 255.255.255.255로 선택했다. 이러한 설정은 모든 인터넷 주소를 전부 허용하는 꼴이므로 결코 좋은 방법이 아니다. 책에서는 편의상 이렇게 설정했지만 나중에 실제 운영되는 데이터베이스 서버에서는 결코 해서는 안 되는 설정이므로 주의해야 한다. 현재 접속 중인 클라이언트의 IP 주소가 Client IP address 항목에 표시된다. 이 주소를 START IP와 END IP에 입력해서 이 클라이언트가 접속되도록 설정하는 것을 권장한다.

마지막으로 **Save** 버튼을 클릭하면 방화벽 설정이 마무리된다. 이로서 데이터베이스 생성과 설정이 끝났다.

▼ 그림 6-12 방화벽에 접속을 허용할 IP 주소를 입력한다

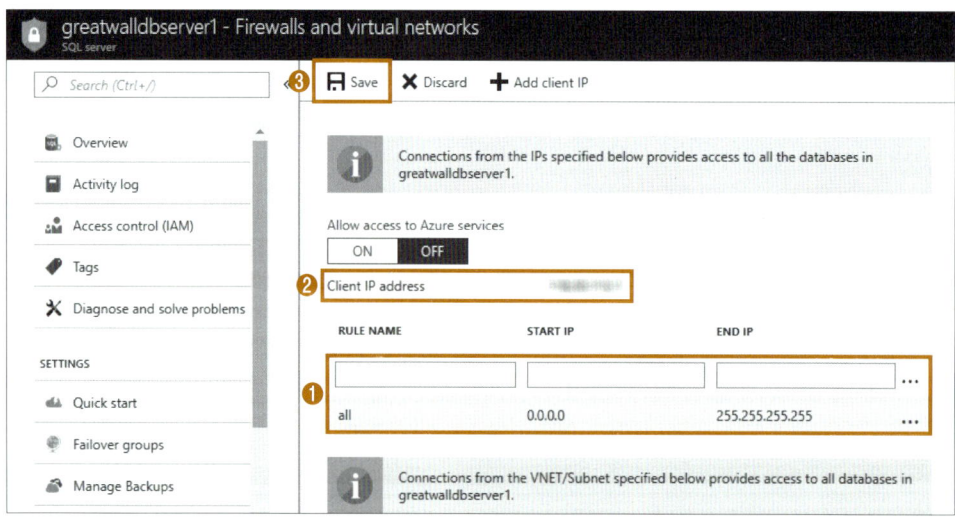

6.2 Visual Studio에서 데이터베이스 이용하기

Visual Studio는 IDE(Integrated Development Environment), 즉 통합 개발 환경이라는 이름답게 코드를 작성하는 일뿐만 아니라 개발과 관련된 다양한 기능을 제공한다. 그중 하나가 SQL Server에 연결해서 작업할 수 있는 기능이다.

먼저 Visual Studio에서 **보기 > 서버 탐색기**를 선택하면 Visual Studio에 서버 탐색기가 나타난다.

▼ 그림 6-13 Visual Studio의 서버 탐색기를 나타나게 한다

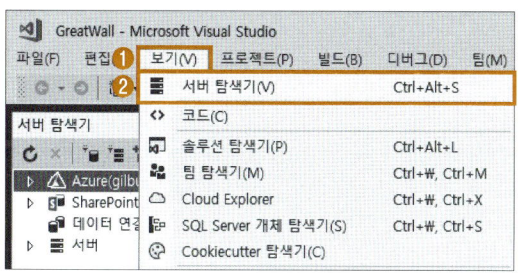

Note ≡ 보기에 서버 탐색기 메뉴가 없는 경우

보기 메뉴에 서버 탐색기가 보이지 않으면 단축키 Ctrl + Alt + S 로 서버 탐색기를 열 수 있다. 보기 메뉴에 서버 탐색기를 추가하려면 다음 과정을 따른다.

1. Visual Studio를 실행한다.
2. 메뉴에서 **도구 > 사용자 지정**을 선택한다.
3. **명령** 탭을 선택하고 메뉴 모음에서 **보기**를 선택한 후 **명령 추가** 버튼을 클릭한다.

▼ 그림 6-14 도구 > 사용자 지정을 선택하고 명령 탭을 선택한다

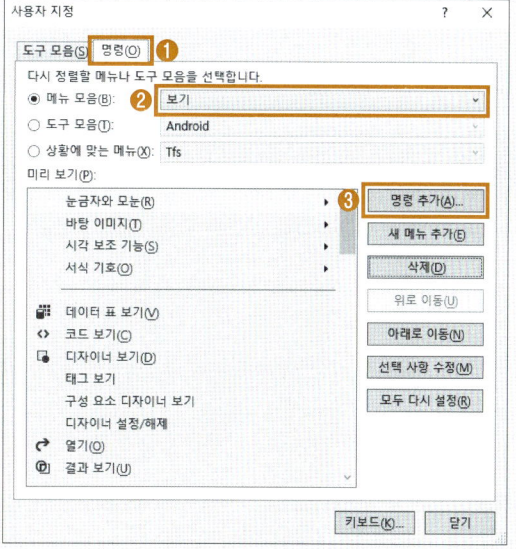

○ 계속

4 범주에서 **보기**를 선택하고 명령의 스크롤바를 내려 **서버 탐색기**를 찾아 선택한 후 **확인** 버튼을 클릭해서 명령을 추가한다.

▼ 그림 6-15 명령 추가 창에서 보기 > 서버 탐색기를 선택한다

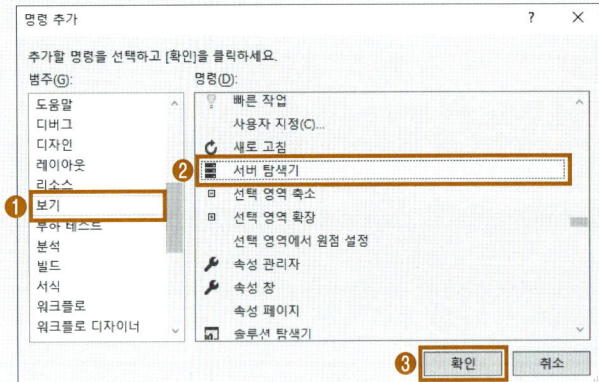

5 미리 보기에 서버 탐색기가 추가된 것을 확인했다면 **닫기** 버튼을 클릭한다.

▼ 그림 6-16 서버 탐색기 명령이 보이면 닫기 버튼을 클릭한다

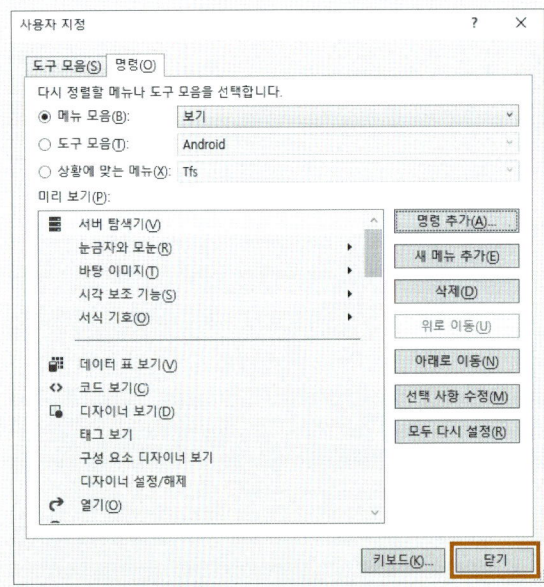

서버 탐색기를 보면 Azure라는 항목이 있는데 처음에는 이 항목을 선택해도 아무것도 나타나지 않는다. 이럴 때는 Azure 항목에 자신의 Azure 계정을 연결하는 작업이 필요하다. 다음 그림과 같이 **Azure** 항목을 우클릭한 후 **Microsoft Azure 구독에 연결**을 선택한다.

▼ 그림 6-17 Azure 구독에 연결을 선택한다

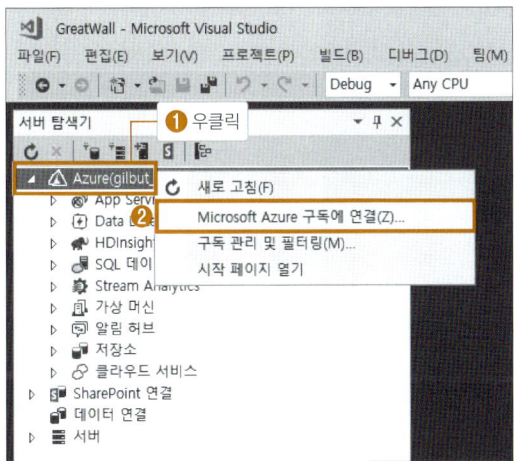

다음 그림과 같이 Azure 계정으로 로그인할 수 있는 화면이 나타난다. Azure 계정으로 로그인하면 Visual Studio에서도 Azure와 관련된 서비스를 만들고 확인하고 수정하는 작업을 모두 할 수 있다.

▼ 그림 6-18 Azure 계정으로 로그인한다

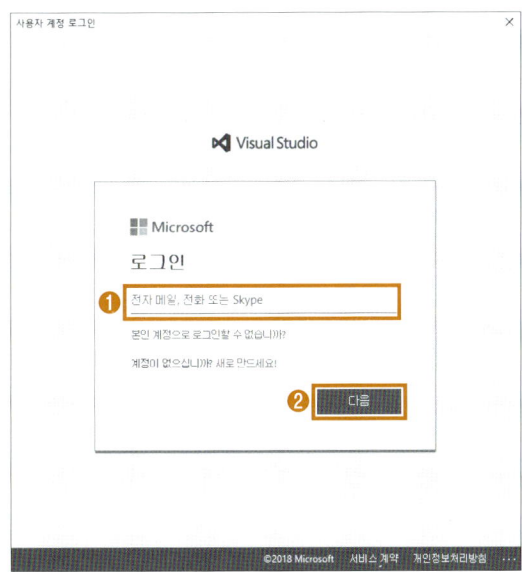

로그인이 끝나면 Azure 아래에 SQL 데이터베이스가 나타난다. 여기에는 미리 만들어 둔 GreatWallDB가 들어 있다. **GreatWallDB**를 우클릭한 후 **SQL Server 개체 탐색기에서 열기**를 선택한다.

▼ 그림 6-19 GreatWallDB를 SQL Server 개체 탐색기에서 연다

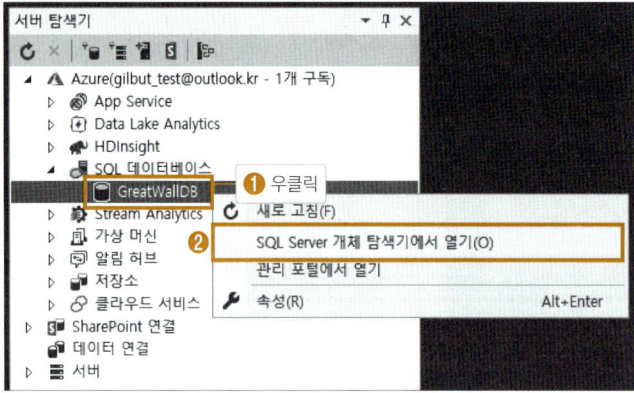

SQL Server 개체 탐색기는 SQL Server와 관련된 작업을 할 수 있게 해 주는 기능이다. 데이터베이스 안에 있는 데이터베이스, 테이블, 칼럼 등 스키마들을 확인하고 쿼리를 실행하고 데이터를 확인하는 등 거의 모든 작업을 할 수 있게 해 주는 강력한 기능을 제공한다.

SQL Server 개체 탐색기를 연결하려면 관련 정보를 입력해야 한다.

▼ 그림 6-20 SQL Server 개체 탐색기를 연결한다

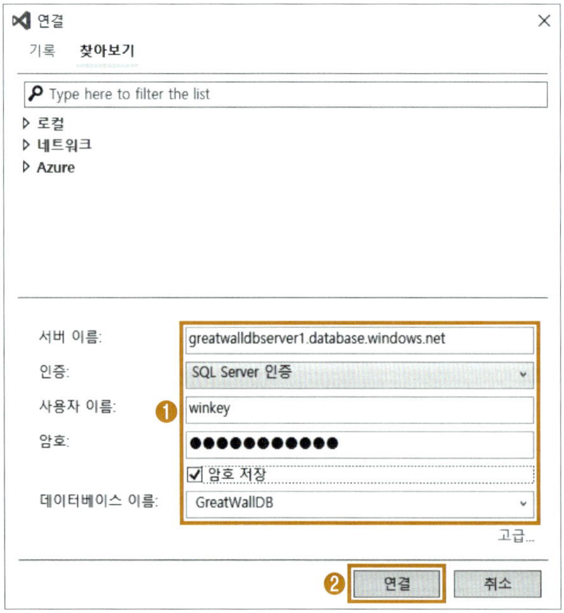

그림 6-20과 같이 서버 이름은 미리 입력되어 있지만 설정에 따라 서버 이름이 다를 수는 있다. 서버 이름이 입력되어 있지 않다면 따로 입력해 주기 바란다. 인증 방식은 SQL Server 인증이나 Windows 인증 중 하나를 사용할 수 있다. 여기서는 **SQL Server** 인증을 사용한다.

다음으로 **사용자 이름**과 **암호**를 입력한다. 자주 사용할 기능이므로 암호 저장 항목을 체크한다. 사용자 이름과 암호가 맞다면 이용할 수 있는 데이터베이스 목록이 나타나는데 여기서 **GreatWallDB**를 선택할 수 있다. **연결** 버튼을 클릭하면 데이터베이스와 연결이 완료된다.

연결이 완료되면 greatwalldbserver에 연결되고 바로 아래에 GreatWallDB가 있는 것을 볼 수 있다. 이제 GreatWallDB에 앞으로 사용하게 될 테이블을 추가하는 작업을 할 차례다. 다음 그림처럼 **테이블** 항목을 우클릭하고 **새 테이블 추가**를 선택한다.

▼ 그림 6-21 SQL Server 개체 탐색기에서 테이블 > 새 테이블 추가를 선택한다

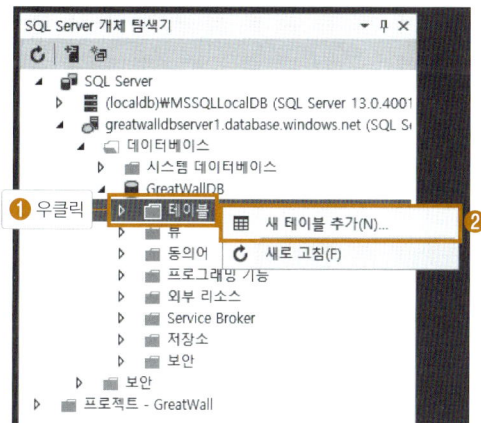

음식 메뉴를 저장할 메뉴 테이블을 생성해야 한다. Menus 테이블에는 자장면, 탕수육, 짬뽕 등 메뉴에 대한 정보를 입력할 예정이다.

▼ 표 6-1 Menus 테이블의 구성

칼럼명	데이터 형	설명
MenuID	Int	메뉴의 고유 번호
Title	Nvarchar(50)	주 제목
SubTitle	Nvarchar(200)	부 제목
Images	Nvarchar(255)	이미지 파일명
Price	Smallmoney	가격
RegiDate	Smalldate	등록일자

Visual Studio를 이용해서 테이블을 생성할 때는 다음 그림처럼 디자인 영역에 입력해서 완성해 가는 방법도 있고, T-SQL 영역에서 직접 SQL 쿼리를 입력하는 방법도 있다. 테이블 디자이너에서 기본 정보를 입력하고 필요한 부분은 쿼리에서 직접 수정하는 방법을 권한다.

여기서는 테이블 이름을 **Menus**로 바꾼다. MenuID 필드를 자동 증가값으로 설정하기 위해서 IDENTITY(1,1)로 설정하는 부분이 있다. IDENTITY(1, 1)은 1부터 시작해서 새로운 데이터가 들어올 때마다 자동으로 1씩 증가시켜 고유값으로 사용할 때 주로 사용하는 T-SQL 함수다. 쿼리 수정이 끝났으면 상단의 **업데이트**를 클릭해서 테이블을 생성한다.

▼ 그림 6-22 Menus 테이블의 생성(chap06₩create_menus_table.sql)

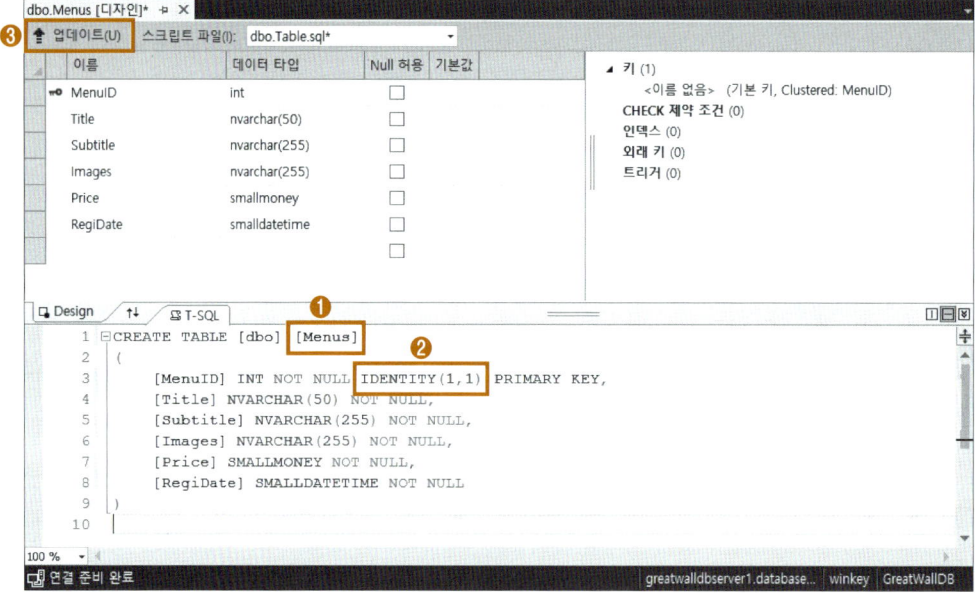

데이터베이스 업데이트 미리 보기 창이 뜨면 **데이터베이스 업데이트** 버튼을 클릭한다.

▼ 그림 6-23 데이터베이스 업데이트 미리 보기 창

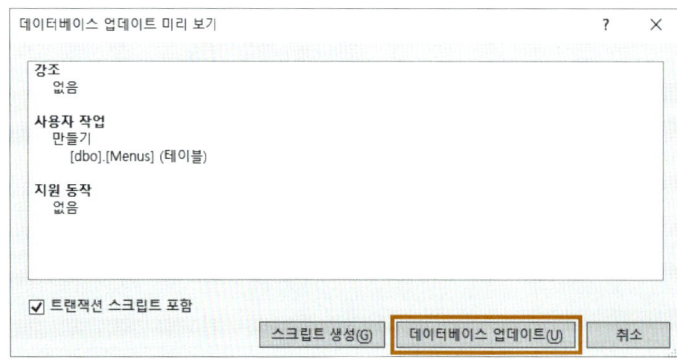

테이블이 생성되었으므로 메뉴 데이터를 입력할 차례다. 데이터를 입력할 수 있는 새 쿼리 창이 열리면 SQL Server 개체 탐색기에서 GreatWallDB를 우클릭한 후 **새 쿼리**를 선택한다.

▼ 그림 6-24 GreatWallDB를 우클릭해서 새 쿼리를 선택한다

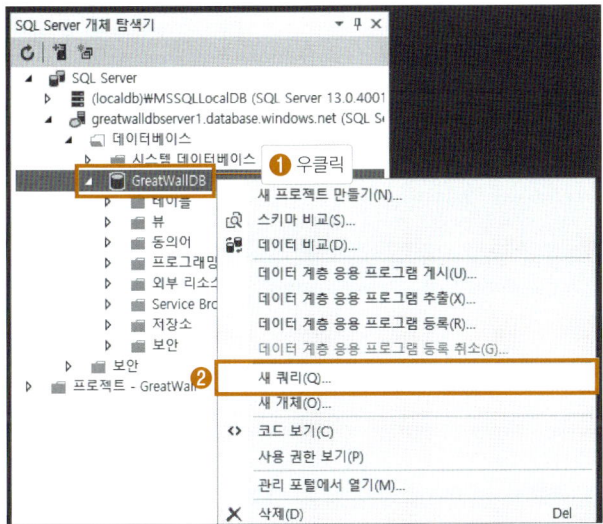

새 쿼리 창이 나타나면 다음과 같이 메뉴를 위한 쿼리를 입력한다.

chap06_menu.sql

```
INSERT INTO Menus(Title, Subtitle, Images, Price, RegiDate)
    VALUES (N'자장면', N'전통적인 자장면입니다', 'menu1.JPG', 2500, GETDATE())
INSERT INTO Menus(Title, Subtitle, Images, Price, RegiDate)
    VALUES (N'짬뽕', N'시원한 국물의 짬뽕입니다', 'menu2.JPG', 3000, GETDATE())
INSERT INTO Menus(Title, Subtitle, Images, Price, RegiDate)
    VALUES (N'탕수육', N'부먹, 찍먹, 모두 맛있는 탕수육입니다', 'menu3.JPG', 2500, GETDATE())
```

각각 자장면, 짬뽕, 탕수육에 해당하는 데이터다. 마지막에 나오는 `GETDATE()`는 현재 시간을 가져오는 T-SQL 함수다. 쿼리는 직접 작성해도 되고 예제 소스에서 chap06_menu.sql 파일을 열어서 실행해도 된다.

문자열이 유니코드로 인식되지 않으면 한글이 제대로 보이지 않을 수 있다. 이럴 때는 한글 입력 값 앞에 N을 붙여서 입력 값이 유니코드라는 점을 명시적으로 알려 주면 문제가 해결된다. 한글을 사용할 때는 가급적이면 명시적으로 유니코드 값이라는 것을 지정해 주는 것이 좋다.

쿼리 작성을 끝냈으면 왼쪽 상단의 녹색 실행 아이콘을 클릭해서 쿼리를 실행하자. 메시지 창에서 실행 결과를 볼 수 있다. 1 row(s) affected 메시지가 3번 출력되는지 확인하자. INSERT INTO 쿼리가 3개이므로 결과 메시지도 3개여야 한다.

▼ 그림 6-25 INSERT INTO 쿼리를 실행한다

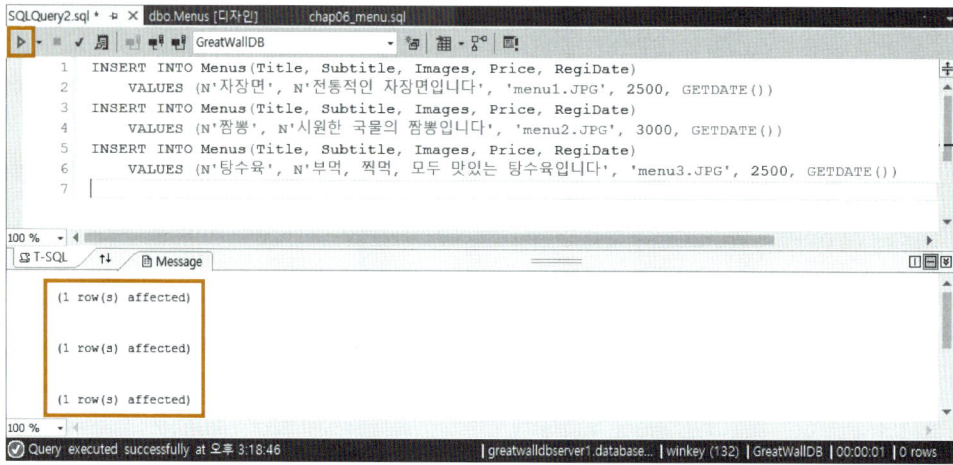

그림 실제로 데이터가 잘 입력되었는지 확인해 보자. SELECT * FROM Menus와 같이 쿼리를 작성해서 확인해도 되고 SQL Server 개체 탐색기에서 바로 확인해도 된다. 여기서는 SQL Server 개체 탐색기로 확인해 보자.

SQL Server 개체 탐색기에서 데이터를 바로 확인하려면 앞서 생성한 Menus 테이블인 **dbo.Menus**를 우클릭한 후 **데이터 보기**를 선택한다.

▼ 그림 6-26 데이터 보기를 선택한다

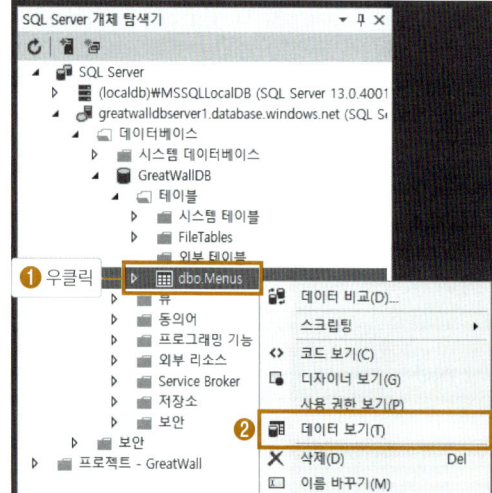

방금 입력한 데이터를 확인할 수도 있지만 데이터를 변경할 수도 있다.

▼ 그림 6-27 입력된 데이터를 확인한다

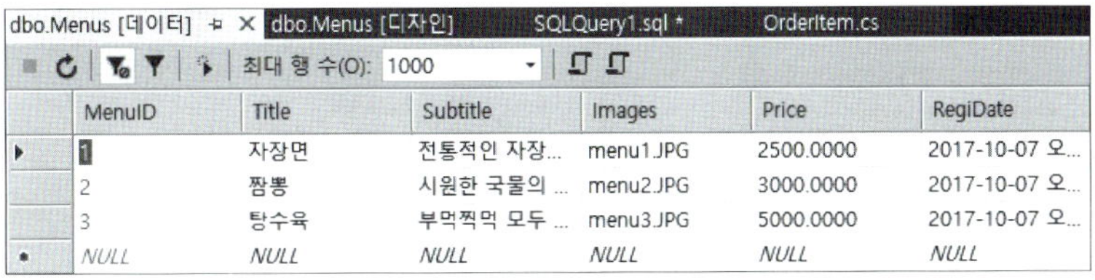

MenuID	Title	Subtitle	Images	Price	RegiDate
1	자장면	전통적인 자장...	menu1.JPG	2500.0000	2017-10-07 오...
2	짬뽕	시원한 국물의...	menu2.JPG	3000.0000	2017-10-07 오...
3	탕수육	부먹찍먹 모두...	menu3.JPG	5000.0000	2017-10-07 오...
NULL	NULL	NULL	NULL	NULL	NULL

Tip ☆ 한글이 제대로 표시되지 않는다면 문자열 앞에 N이 붙었는지 확인해 보자.

이제 주문을 저장할 Orders 테이블을 만들어 볼 차례다. Order 테이블을 만드는 과정은 Menus 테이블을 만드는 과정과 비슷하다. SQL Server 개체 탐색기에서 **GreatWallDB** > **테이블**을 우클릭하고 **새 테이블 추가**를 선택해서 Orders 테이블을 추가하자. NULL 값은 모두 허용하지 않는다.

▼ 그림 6-28 Orders 테이블의 생성(chap06₩create_orders_table.sql)

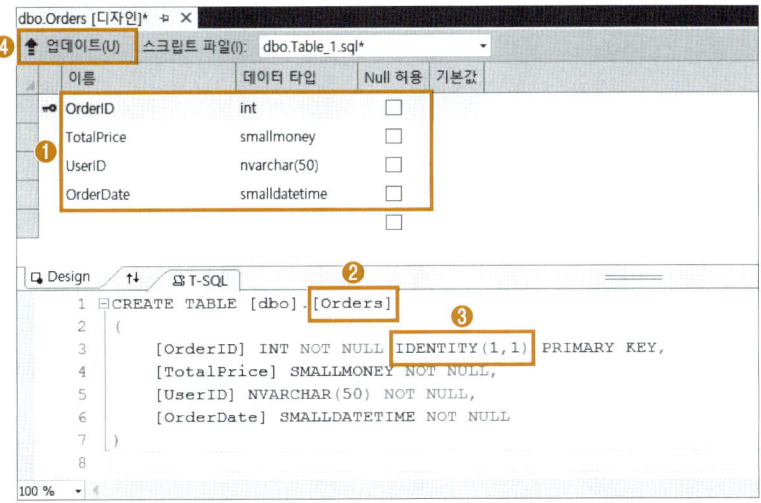

마지막으로 주문한 상세 내역이 저장되는 Items 테이블을 생성한다.

▼ 그림 6-29 Items 테이블의 생성(chap06₩create_items_table.sql)

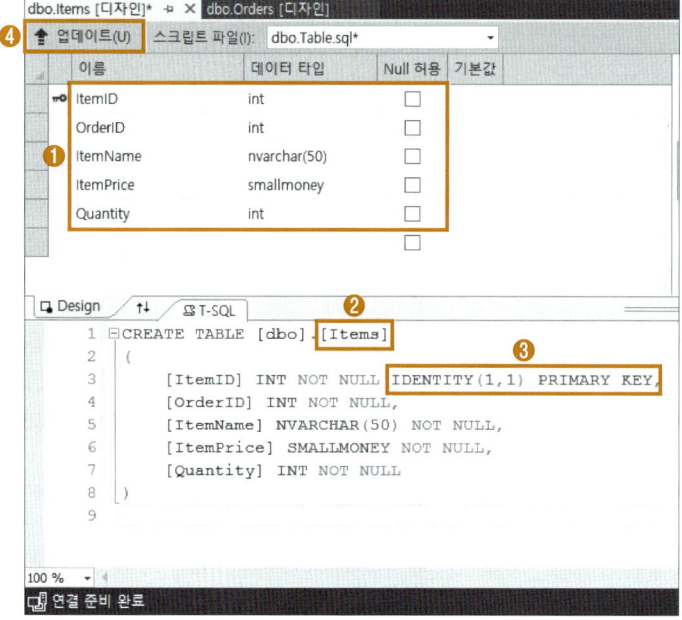

6.3 주문할 메뉴 가져오기

데이터베이스와 테이블을 준비했고 데이터도 입력했으므로 챗봇에서 코드를 입력해 보자. SQL Server와 관련된 코드를 작성하려면 기본적으로 ADO.NET에 대한 이해가 필요하다.

.NET에서 데이터베이스를 다룰 때 사용할 수 있도록 제공하는 것이 ADO.NET이다. ADO.NET은 거의 모든 데이터베이스에 적용할 수 있다. SQL Server나 Oracle 등 많이 사용하는 데이터베이스를 위해 각 데이터베이스에 맞는 .NET Data Provider를 제공하므로 쉽게 연결할 수 있다.

▼ 그림 6-30 ADO.NET의 구조

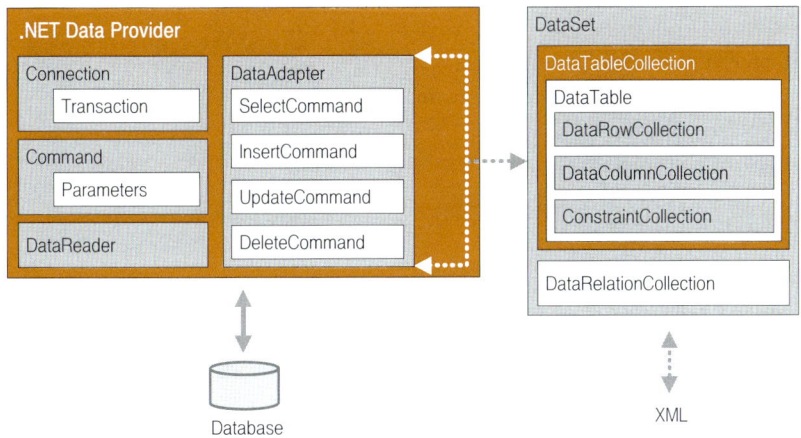

.NET Data Provider는 Connector, Command, DataReader, DataAdapter 등으로 구성되어 있고 데이터를 담기 위한 구조로 DataSet를 제공한다.

▼ 표 6-2 ADO.NET 객체에 대한 소개

Connector	데이터베이스를 연결할 때 사용하는 객체다. 연결 문자열을 이용해서 데이터베이스에 접속하고 SQL Server는 별다른 지정을 하지 않아도 풀링이 지원된다.
Command	쿼리를 직접 실행하는 객체다. Connector 객체를 이용해서 데이터베이스에 연결한다.
DataReader	쿼리를 실행하고 결과를 Stream 타입으로 받는 객체다. 속도가 빠른 대신 유연함이 떨어지므로 데이터를 가져오는 속도가 중요한 부분에 주로 사용된다.
DataAdapter	데이터를 가져와서 데이터를 담을 수 있는 객체인 DataSet에 담는 역할을 한다. 내부적으로 Command 객체를 가지고 있다.
DataSet	데이터베이스에서 가져온 데이터를 담기 위한 객체로 기능이 매우 많다. 기능이 많은 만큼 꽤 무거운 객체지만 꼭 필요한 기능이 많기 때문에 매우 자주 사용된다.

가장 먼저 데이터베이스에 있는 주문 가능한 메뉴 목록을 가져와서 HeroCard로 보여 줘야 한다. OrderDialog.cs 파일을 열어서 소스 코드에 네임스페이스 2개를 추가한다.

```
using System.Data;
using System.Data.SqlClient;
```

여기서 `System.Data`는 데이터를 다룰 때 필요한 `DataSet` 객체가 포함되어 있는 네임스페이스다. `System.Data.SqlClient`는 SQL Server를 다룰 때 사용되는 `SqlConnection`, `SqlCommand`, `SqlDataAdapter` 등이 포함되어 있는 네임스페이스다.

코드 6-1 주문 가능한 메뉴 목록 가져오기(Dialogs\OrderDialog.cs)

```
1:   // 메뉴 출력
2:   SqlConnection con = new SqlConnection(
       @"Server=tcp:greatwalldbserver.database.windows.net,1433;
         Initial Catalog=greatwalldb;
         Persist Security Info=False;
         User ID=winkey;Password=!greatwall1004;
         MultipleActiveResultSets=False;
         Encrypt=True;TrustServerCertificate=False;
         Connection Timeout=30;");
3:   SqlCommand cmd = new SqlCommand("SELECT * FROM Menus", con);
4:   SqlDataAdapter adapter = new SqlDataAdapter(cmd);
5:
6:   DataSet ds = new DataSet();
7:   adapter.Fill(ds);
```

코드 6-1의 2번 줄을 보면 SqlConnection 객체를 이용해서 데이터베이스에 연결하는 방법을 볼 수 있다. new SqlConnection("연결 문자열")과 같은 형태로 사용되는데 연결하는 주소, 아이디, 암호, 다른 몇 가지 정보가 기술된 것을 볼 수 있다.

이걸 보는 순간 연결 문자열(Connection String)을 어떻게 작성해야 할지 걱정이 들 수도 있지만 친절하게 연결 문자열을 제공받을 수 있다.

연결 문자열을 확인하는 가장 확실한 방법 중 하나는 Azure 포털에 들어가서 Resource groups > GreatWall > GreatWallDB 순서로 데이터베이스 항목을 선택하는 것이다. 항목을 선택하면 다음 그림과 같은 화면이 나타난다(리소스 그룹이나 DB 이름은 독자마다 다를 수 있다).

여기서 Connection strings(연결 문자열) 항목을 보면 Show database connection strings(데이터베이스 연결 문자열 표시)라는 항목이 보인다.

▼ 그림 6-31 연결 문자열을 확인하는 방법

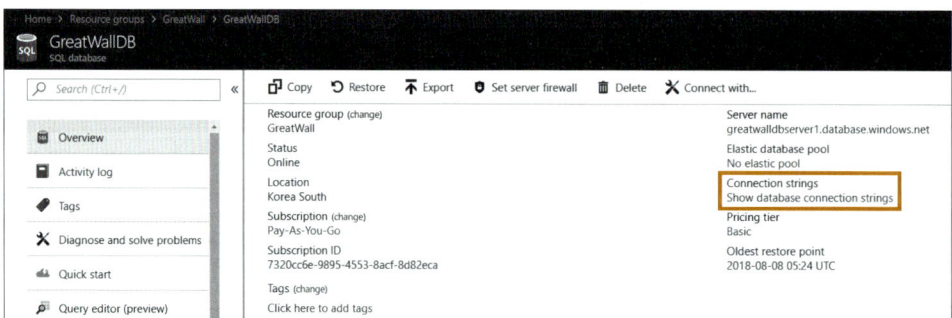

이 항목을 선택하면 다음 그림처럼 연결 문자열을 확인할 수 있다. ADO.NET 이외에도 자바를 위한 JDBC와 ODBC와 PHP를 위한 연결 문자열도 함께 제공된다.

▼ 그림 6-32 연결 문자열을 확인한다

계속해서 코드 6-1의 3번 줄을 보면 `SqlCommand` 객체를 사용하는 부분이 보인다. `SqlCommand` 객체를 사용하려면 2가지를 설정해야 한다. 첫 번째는 데이터를 가져오기 위한 쿼리고, 두 번째는 연결에 필요한 `SqlConnection` 객체다. 여기서는 앞에서 정의한 con을 `SqlCommand` 객체에 설정했다.

4번 줄에서는 쿼리를 실행하고 결과를 `DataSet`에 담기 위해 `SqlDataAdapter`를 제공하고 있다. `SqlDataAdapter`를 생성할 때 미리 설정해 둔 `SqlCommand` 객체를 지정했다. 이렇게 해 두면 `SqlDataAdapter`는 `SqlCommand`를 사용해서 명령을 실행하고 그 결과를 `DataSet`에 담게 된다.

6번 줄에서는 `DataSet` 객체를 ds라는 이름으로 생성했고, 7번 줄에서는 `SqlDataAdapter` 객체의 `Fill()` 메서드를 실행해 데이터를 가져온 후 `DataSet` 객체인 ds에 채우는 작업을 한다.

`DataSet`의 구조는 그 자체로 하나의 데이터베이스라고 할 수 있을 만큼 잘 구성되어 있다. `DataSet`만 잘 다룰 수 있어도 복잡한 문제를 대부분 해결할 수 있다. 하지만 `DataSet`를 다루는 내용은 분량이 너무 많기 때문에 여기서는 문제 해결에 꼭 필요한 정도만 설명하려고 한다. 자세한 내용이 궁금하다면 꽤 오래 된 책이지만 Julian Skinner가 쓴 《Professional ADO.NET Programming》을 추천한다.

`DataSet`의 구조는 다음 그림과 같다. `DataSet`는 내부에 `DataTable`을 여러 개 가질 수 있다. 지금은 쿼리를 1개만 실행했기 때문에 그 결과로 `DataTable`이 1개만 생성되지만 쿼리를 여러 개 동시에 실행하면 `DataSet` 안에 `DataTable`이 여러 개 생성된다.

▼ 그림 6-33 DataSet의 구조

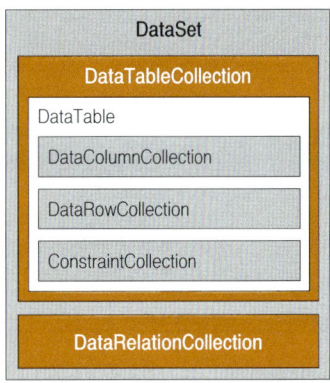

DataTable은 데이터베이스의 테이블과 거의 동일하게 구성되어 있다. 행과 열로 구성되는데 DataTable 안에도 행과 열은 DataRow와 DataColumn으로 구성되어 있다.

코드 6-2 데이터를 가져와서 Hero Card로 출력하는 소스(Dialogs₩OrderDialog.cs)

```
1:   var message = context.MakeMessage();
2:   message.Attachments.Add(
         CardHelper.GetHeroCard("지금 주문", "지금 주문합니다.",
                            this.ServerUrl + "order.jpg", "바로 주문", "주문"));
3:
4:   foreach(DataRow row in ds.Tables[0].Rows)
5:   {
6:       message.Attachments.Add(
             CardHelper.GetHeroCard(row["Title"].ToString(),
                 row["Subtitle"].ToString(), this.ServerUrl + row["Images"].ToString(),
                 row["Title"].ToString(), row["MenuID"].ToString()));
7:   }
8:
9:   message.AttachmentLayout = "carousel";
10:
11:  await context.PostAsync(message);
```

코드 6-2를 보면 DataSet의 내용을 어떻게 표현하는지 알 수 있다. 4번 줄의 foreach 문을 보면 ds.Tables[0]이 보인다. 앞에서 이야기한 것처럼 DataSet 내부에는 DataTable이 여러 개 있을 수 있는데 그중에 첫 번째 DataTable을 지정할 때는 ds.Tables[0]과 같이 인덱스 번호를 이용해서 지정할 수 있다.

그림 DataTable 안에 있는 열을 지정하는 방법을 알아볼 차례다. DataRow는 DataTable 안에 Rows라는 이름으로 가져올 수 있다. 첫 번째 열을 가져오고 싶다면 ds.Tables[0].Rows[0]과 같은 형식으로 가져올 수 있다. 여기서는 C#에서 제공하고 있는 foreach 문을 사용해서 전체 열의 개수만큼 반복하고 있다. 즉 전체 열의 개수만큼 매번 row라는 이름으로 가져오고 있다. Hero Card를 추가하는 6번 줄에서는 가져온 row에서 필요한 열의 값을 가져온다. row에서 열을 지정할 때는 row[index] 또는 row[열이름]과 같은 형식으로 가져올 수 있다.

코드 6-3 데이터베이스에서 가져온 내용으로 Hero Card 출력하기가 적용된 전체 소스(Dialogs₩OrderDialog.cs)

```
 1: using System;
 2: using System.Collections.Generic;
 3: using System.Linq;
 4: using System.Web;
 5:
 6: using System.Threading.Tasks;
 7: using Microsoft.Bot.Connector;
 8: using Microsoft.Bot.Builder.Dialogs;
 9: using GreatWall.Helpers;
10: using System.Data;
11: using System.Data.SqlClient;
12:
13: namespace GreatWall
14: {
15:     [Serializable]
16:     public class OrderDialog : IDialog<string>
17:     {
18:         string ServerUrl = "http://greatwallweb.azurewebsites.net/Images/";
19:
20:         public async Task StartAsync(IDialogContext context)
21:         {
22:             await this.MessageReceivedAsync(context, null);
23:         }
24:
25:         private async Task MessageReceivedAsync(IDialogContext context,
                 IAwaitable<object> result)
26:         {
27:             if (result != null)
28:             {
29:                 var activity = await result as Activity;
30:
31:                 if(activity.Text == "주문")
```

```
32:                {
33:                    await context.PostAsync("주문이 완료되었습니다. 감사합니다.");
34:                    context.Done("");
35:                    return;
36:                }
37:                else
38:                    await context.PostAsync(activity.Text + "를 주문하셨습니다.");
39:            }
40:            else
41:                await context.PostAsync("메뉴를 선택해 주십시오");
42:
43:            // 메뉴 출력
44:            SqlConnection con = new SqlConnection(
                    @"Server=tcp:greatwalldbserver.database.windows.net,1433;
                      Initial Catalog=greatwalldb;Persist Security Info=False;
                      User ID=winkey;Password=!greatwall1004;MultipleActiveResultSets=False;
                      Encrypt=True;TrustServerCertificate=False;Connection Timeout=30;");
45:            SqlCommand cmd = new SqlCommand("SELECT * FROM Menus", con);
46:            SqlDataAdapter adapter = new SqlDataAdapter(cmd);
47:
48:            DataSet ds = new DataSet();
49:            adapter.Fill(ds);
50:
51:            var message = context.MakeMessage();
52:            message.Attachments.Add(CardHelper.GetHeroCard(
                    "지금 주문", "지금 주문합니다.", this.ServerUrl + "order.jpg", "바로 주문", "주문"));
53:
54:            foreach(DataRow row in ds.Tables[0].Rows)
55:            {
56:                message.Attachments.Add(CardHelper.GetHeroCard(row["Title"].ToString(),
                        row["Subtitle"].ToString(), this.ServerUrl + row["Images"].ToString(),
                        row["Title"].ToString(), row["MenuID"].ToString()));
57:            }
58:
59:            message.AttachmentLayout = "carousel";
60:
61:            await context.PostAsync(message);
62:
63:            context.Wait(this.MessageReceivedAsync);
64:        }
65:    }
66: }
```

6.4 SQLHelper 클래스 추가하기

데이터베이스와 관련된 작업은 매우 빈번하게 일어나므로 코드 6-3과 같이 매번 데이터베이스와 관련된 코드를 작성하는 것보다 별도의 유틸리티 클래스로 작성해 두는 것이 좋다.

여기서는 데이터베이스와 관련된 클래스를 추가해 보겠다. Visual Studio의 솔루션 탐색기에서 **Helpers** 폴더를 우클릭한 후 **추가 > 클래스**를 선택한다. 이름에 **SQLHelper**를 입력하고 **추가** 버튼을 클릭한다.

▼ 그림 6-34 SQLHelper 클래스를 추가한다

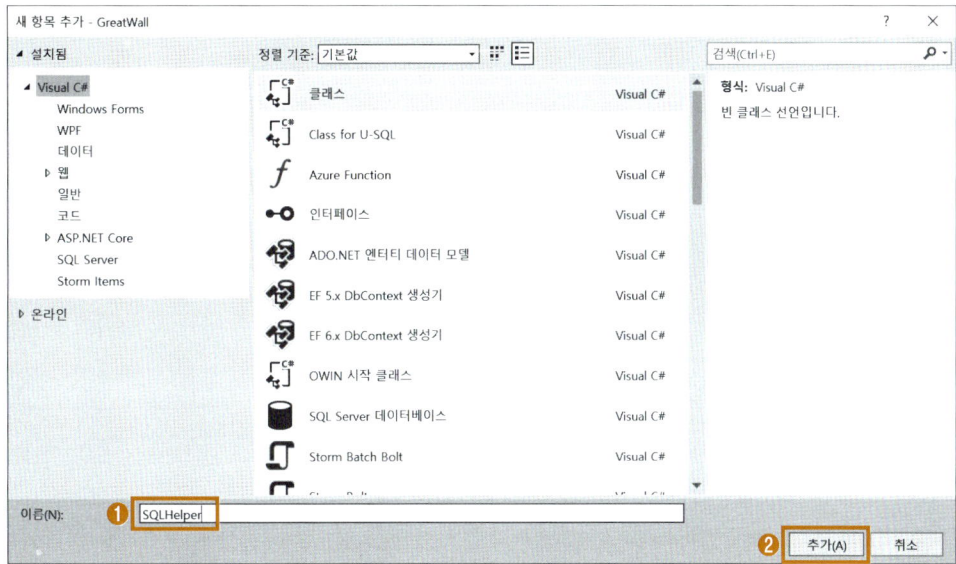

추가된 클래스에 입력되는 내용은 `OrderDialog` 클래스의 내용과 거의 같다.

코드 6-4 SQLHelper 클래스의 전체 코드(Helpers₩SQLHelper.cs)

```
1: using System;
2: using System.Collections.Generic;
3: using System.Linq;
4: using System.Web;
5:
6: using System.Data;
7: using System.Data.SqlClient;
8:
```

```
 9: namespace GreatWall.Helpers
10: {
11:     public static class SQLHelper
12:     {
13:         private const string ConnectString = "Server=tcp:greatwalldbserver.
                database.windows.net,1433;Initial Catalog = greatwalldb; Persist Security
                Info=False;User ID = winkey; Password=!greatwall1004;MultipleActiveResultSe
                ts=False;Encrypt=True;TrustServerCertificate=False;Connection Timeout = 30;";
14:
15:         public static DataSet RunSQL(string query)
16:         {
17:             DataSet ds = new DataSet();
18:
19:             SqlConnection con = new SqlConnection(ConnectString);
20:             SqlCommand cmd = new SqlCommand(query, con);
21:             SqlDataAdapter adapter = new SqlDataAdapter(cmd);
22:
23:             adapter.Fill(ds);
24:
25:             return ds;
26:         }
27:     }
28: }
```

코드 6-4를 보면 SQLHelper 클래스가 추가된 것을 볼 수 있다. 13번 줄에서는 데이터베이스 연결에 필요한 연결 문자열을 볼 수 있다. 데이터베이스 연결에 필요한 인증 정보는 자신에게 맞게 수정해야 한다. 현재 SQLHelper 클래스에 있는 유일한 메서드인 RunSQL()은 15번 줄부터 시작된다. RunSQL() 메서드는 파라미터로 string query를 받아서 해당 쿼리를 실행하고 그 결과를 DataSet에 담아서 되돌려주는 구조로 되어 있다.

이제 다시 OrderDialog 클래스에서 SQLHelper를 사용할 수 있도록 코드를 수정할 차례다.

코드 6-5 SQLHelper 클래스가 적용된 MessageReceivedAsync() 메서드

```
1: private async Task MessageReceivedAsync(IDialogContext context, IAwaitable<object> result)
2: {
3:     if (result != null)
4:     {
5:         var activity = await result as Activity;
6:
7:         // 주문 완료를 선택하면 주문을 완료한다.
```

```
 8:            if (activity.Text == "주문")
 9:            {
10:                await context.PostAsync("주문이 완료되었습니다. 감사합니다.");
11:                context.Done("");
12:                return;
13:            }
14:            else // 메뉴를 선택하면 해당 메뉴를 리스트에 추가한다.
15:            {
16:                // 넘겨받은 메뉴 코드로 메뉴 정보를 조회하는 코드
17:                DataSet sds = SQLHelper.RunSQL("SELECT * FROM Menus WHERE MenuID=" +
                       activity.Text);
18:
19:                DataRow row = sds.Tables[0].Rows[0];
20:
21:                await context.PostAsync(orderMenus);
22:            }
23:        }
24:        else
25:            await context.PostAsync("메뉴를 선택해 주십시오");
26:
27:        // 메뉴 출력
28:
29:        // SQLHelper를 사용하는 것으로 수정된 부분.
30:        DataSet ds = SQLHelper.RunSQL("SELECT * FROM Menus");
31:
32:        var message = context.MakeMessage();
33:        message.Attachments.Add(CardHelper.GetHeroCard("지금 주문",
              "지금 주문합니다.", this.ServerUrl + "order.jpg", "바로 주문", "주문"));
34:
35:        foreach(DataRow row in ds.Tables[0].Rows)
36:        {
37:            message.Attachments.Add(CardHelper.GetHeroCard(row["Title"].ToString(),
                  row["Subtitle"].ToString(), this.ServerUrl + row["Images"].ToString(),
                  row["Title"].ToString(), row["MenuID"].ToString()));
38:        }
39:
40:        message.AttachmentLayout = "carousel";
41:
42:        await context.PostAsync(message);
43:
44:        context.Wait(this.MessageReceivedAsync);
45:    }
```

17번 줄과 30번 줄을 보면 SQLHelper.RunSQL("SELECT * FROM Menus WHERE MenuID=" + activity.Text);과 같이 단 1줄의 코드로 간단하게 데이터를 가져오는 부분을 볼 수 있다.

6.5 주문 내역을 저장하고 영수증 출력하기

주문 내역을 데이터베이스에 저장하고 영수증을 출력하는 기능을 작성하면서 이번 장을 마무리하려고 한다. 주문 내역을 데이터베이스에 저장하기 전에 멤버 변수에 주문 목록을 저장하는 기능을 구현해야 한다.

사용자가 주문 목록을 저장할 때 해당 메뉴의 고유 번호, 제목, 수량, 가격 등을 저장해 두려면 데이터를 저장하기 위한 엔티티 클래스를 하나 생성해야 한다.

솔루션 탐색기에서 GreatWall 프로젝트를 우클릭한 후 **추가 > 새 폴더**를 선택해서 Model 폴더를 추가한다.

솔루션 탐색기에서 Model 폴더를 우클릭한 후 **추가 > 클래스**를 선택해서 OrderItem 클래스를 추가한다. OrderItem 클래스가 엔티티 클래스의 역할을 할 것이다.

OrderItem 클래스에 필요한 속성들을 추가한다. 엔티티 클래스의 내용은 코드 6-6과 같이 작성한다. 주문 메뉴의 고유 ID, 제목, 수량, 가격 등의 항목을 저장할 수 있도록 준비했다.

코드 6-6 OrderItem 클래스(Model₩OrderItem.cs)

```
 1: using System;
 2: using System.Collections.Generic;
 3: using System.Linq;
 4: using System.Web;
 5:
 6: namespace GreatWall.Model
 7: {
 8:     [Serializable]
 9:     public class OrderItem
10:     {
11:         public int ItemID { get; set; }
12:         public string Title { get; set; }
13:         public int Quantity { get; set; }
```

```
14:        public Decimal Price { get; set; }
15:    }
16: }
```

다음으로 주문 내역을 처리할 수 있도록 `OrderDialog` 클래스에 `OrderItem` 클래스가 정의된 네임스페이스를 추가하고, List 형의 `OrderItem`을 멤버 변수로 하는 `MenuItems`를 추가하자.

OrderDialog 클래스에 MenuItems 멤버 변수를 추가(Dialogs₩OrderDialog.cs)

```
...
using GreatWall.Model;   // OrderItem 클래스 사용

namespace GreatWall.Dialogs
{
    [Serializable]
    public class OrderDialog : IDialog<string>
    {
        string ServerUrl = "http://localhost:3984/Images/";
        //string ServerUrl = "http://greatwallweb.azurewebsites.net/Images/";   // 배포용 주소
        List<OrderItem> MenuItems = new List<OrderItem>();
...
```

`OrderDialog` 클래스에 `MenuItems` 멤버 변수를 지정해 놓으면 해당 Dialog를 벗어나기 전까지는 상태가 유지되므로 사용자가 선택한 항목들을 임시로 저장할 수 있다.

주문 내역을 방금 만든 `OrderItem`에 저장하기 위한 코드는 코드 6-7과 같다. 방금 선택한 항목에 대한 정보를 데이터베이스에서 조회한 뒤 그 정보를 `MenuItems` 리스트에 추가하고, 지금까지 추가된 내역을 출력하고 있다. 이러한 처리는 `MessageReceivedAsync()` 메서드에서 하며 전체 코드는 끝에 제공한다.

코드 6-7 주문 내역을 멤버 변수에 저장하는 코드

```
1: DataSet sds = SQLHelper.RunSQL("SELECT * FROM Menus WHERE MenuID=" + activity.Text);
2:
3: DataRow row = sds.Tables[0].Rows[0];
4:
5: // 조회가 끝나면 관련 내용을 가져와서 리스트에 추가한다.
6: MenuItems.Add(new OrderItem
7: {
8:     ItemID = (int)row["MenuID"],
9:     Title = row["Title"].ToString(),
```

```
10:    Price = (Decimal)row["Price"],
11:    Quantity = 1
12: });
13:
14: // 현재까지 추가된 내용을 보여 준다.
15: string orderMenus = "";
16: foreach(OrderItem orderItem in MenuItems)
17: {
18:    orderMenus += orderItem.Title
            + "/" + orderItem.Price.ToString("########") + "\n\n";
19: }
20: await context.PostAsync(orderMenus);
```

1번 줄에서는 SQLHelper 클래스를 이용해서 사용자가 선택한 MenuID를 데이터베이스에서 조회하고 그 결과를 DataSet sds에 저장한다. 3번 줄에서는 가져온 메뉴 정보가 들어 있는 첫 번째 레코드를 row라는 DataRow로 가져온다.

6~12번 줄에서는 해당 row에 들어 있는 항목으로 MenuItems에 OrderItem을 새로 추가한다. 15번 줄에서는 지금까지 주문한 내용을 출력할 수 있도록 현재 MenuItems에 들어 있는 내용을 foreach 문으로 차례대로 가져와서 orderMenus라는 변수에 저장한다. 20번 줄에서는 orderMenus에 있는 내용을 출력한다. 여기까지 하면 선택한 메뉴를 일단 메모리에 담는 데까지는 성공이다.

이제 데이터베이스에 저장하기 전에 SQLHelper 클래스를 조금 더 수정해 볼 차례다. 지금 SQLHelper 클래스에서는 쿼리를 실행할 때 파라미터를 사용할 수 없게 되어 있으므로 좀 더 복잡한 파라미터를 잘 활용할 수 있도록 메서드를 하나 더 추가해야 한다.

코드 6-8 파라미터가 가능한 메서드의 추가(Helper₩SQLHelper.cs)

```
1: public static void ExecuteNonQuery(string query, SqlParameter[] para)
2: {
3:    DataSet ds = new DataSet();
4:
5:    SqlConnection con = new SqlConnection(ConnectString);
6:    SqlCommand cmd = new SqlCommand(query, con);
7:
8:    // 파라미터의 반영
9:    cmd.Parameters.Clear();
10:   foreach(SqlParameter p in para)
11:   {
```

```
12:        cmd.Parameters.Add(p);
13:    }
14:
15:    con.Open();
16:    cmd.ExecuteNonQuery();
17:    con.Close();
18: }
```

코드 6-8을 보면 파라미터가 가능한 코드로 바뀌었다. 앞서 추가한 RunSQL 메서드와 거의 같지만 `SqlParameter[]`를 배열로 넘겨받는 점이 다르다. `SqlParameter`는 글자 그대로 SQL 쿼리를 실행할 때 파라미터를 나타내는 객체다. 10번 줄에서는 `foreach` 문을 사용해서 넘겨받은 파라미터를 `SqlCommand` 객체에 하나씩 추가한다. 사용자가 메뉴를 하나씩 선택하면 코드 6-7에 따라 `MenuItems` 리스트에 주문 내역이 차곡차곡 쌓이게 된다.

마지막으로 사용자가 주문을 선택한 후 '주문'이라는 단어를 입력하면 주문과 상세 내역이 SQL Server에 저장되어야 한다. 코드 6-9는 완성된 `MessageReceivedAsync()` 메서드다. 8번 줄에서 '주문'이라는 단어가 입력되는지 확인하고 있다. 사용자가 직접 '주문'을 입력하거나 카드에서 '주문'을 선택하면 이 부분이 실행된다.

코드 6-9 완성된 MessageReceivedAsync() 메서드(Dialogs₩OrderDialog.cs)

```
1: private async Task MessageReceivedAsync(IDialogContext context, IAwaitable<object> result)
2: {
3:     if (result != null)
4:     {
5:         var activity = await result as Activity;
6:
7:         // 주문 완료를 선택하면 주문을 완료한다.
8:         if (activity.Text == "주문")
9:         {
10:            List<ReceiptItem> receiptItems = new List<ReceiptItem>();
11:
12:            Decimal totalPrice = 0;
13:
14:            foreach(OrderItem orderItem in MenuItems)
15:            {
16:                receiptItems.Add(new ReceiptItem()
17:                {
18:                    Title = orderItem.Title,
19:                    Price = orderItem.Price.ToString("##########"),
```

```
20:                Quantity = orderItem.Quantity.ToString(),
21:            });
22:
23:            totalPrice += orderItem.Price;
24:        }
25:
26:        // 주문 내역을 데이터베이스에 입력한다.
27:        SqlParameter[] para =
28:        {
29:            new SqlParameter("@TotalPrice", SqlDbType.SmallMoney),
30:            new SqlParameter("@UserID", SqlDbType.NVarChar, 50)
31:        };
32:
33:        para[0].Value = totalPrice;
34:        para[1].Value = activity.Id;
35:
36:        SQLHelper.ExecuteNonQuery(
                "INSERT INTO Orders(TotalPrice, UserID, OrderDate) VALUES(@TotalPrice,
                @UserID, GETDATE())", para);
37:
38:        DataSet orderNumber =
                SQLHelper.RunSQL("SELECT MAX(OrderID) FROM Orders WHERE UserID = '" +
                activity.Id + "'");
39:
40:        DataRow row = orderNumber.Tables[0].Rows[0];
41:        int orderID = (int)row[0];
42:
43:        foreach (OrderItem orderItem in MenuItems)
44:        {
45:            SqlParameter[] para2 =
46:            {
47:                new SqlParameter("@OrderID", SqlDbType.Int),
48:                new SqlParameter("@ItemName", SqlDbType.NVarChar),
49:                new SqlParameter("@ItemPrice", SqlDbType.SmallMoney),
50:                new SqlParameter("@Quantity", SqlDbType.Int)
51:            };
52:
53:            para2[0].Value = orderID;
54:            para2[1].Value = orderItem.Title;
55:            para2[2].Value = orderItem.Price;
56:            para2[3].Value = orderItem.Quantity;
```

```
57:
58:            SQLHelper.ExecuteNonQuery(
                   "INSERT INTO Items(OrderID, ItemName, ItemPrice, Quantity) VALUES(@
                   OrderID, @ItemName, @ItemPrice, @Quantity)", para2);
59:        }
60:
61:        var cardMessage = context.MakeMessage();
62:        cardMessage.Attachments.Add(
               CardHelper.GetReceiptCard("주문내역", receiptItems, totalPrice.
               ToString(), "2%", "10%"));
63:
64:        MenuItems.Clear();
65:
66:        await context.PostAsync(cardMessage);
67:        context.Done("");
68:        return;
69:    }
70:    else // 메뉴를 선택하면 해당 메뉴를 리스트에 추가한다.
71:    {
72:        // 넘겨받은 메뉴 코드로 메뉴 정보를 조회하는 코드
73:        DataSet sds = SQLHelper.RunSQL("SELECT * FROM Menus WHERE MenuID=" +
                                            activity.Text);
74:
75:        DataRow row = sds.Tables[0].Rows[0];
76:
77:        // 조회가 끝나면 관련 내용을 가져와서 리스트에 추가한다.
78:        MenuItems.Add(new OrderItem
79:        {
80:           ItemID = (int)row["MenuID"],
81:           Title = row["Title"].ToString(),
82:           Price = (Decimal)row["Price"],
83:           Quantity = 1
84:        });
85:
86:        // 현재까지 추가된 내용을 보여 준다.
87:        string orderMenus = "";
88:        foreach(OrderItem orderItem in MenuItems)
89:        {
90:           orderMenus += orderItem.Title + "/" + orderItem.Price.
                       ToString("#######") + "\n\n";
91:        }
```

```
 92:
 93:            await context.PostAsync(orderMenus);
 94:        }
 95:    }
 96:    else
 97:        await context.PostAsync("메뉴를 선택해 주십시오");
 98:
 99:    // 메뉴 출력
100:
101:    // SQLHelper를 사용하는 것으로 수정된 부분.
102:    DataSet ds = SQLHelper.RunSQL("SELECT * FROM Menus");
103:
104:    var message = context.MakeMessage();
105:    message.Attachments.Add(
            CardHelper.GetHeroCard("지금 주문", "지금 주문합니다.",
            this.ServerUrl + "order.jpg", "바로 주문", "주문"));
106:
107:    foreach(DataRow row in ds.Tables[0].Rows)
108:    {
109:        message.Attachments.Add(CardHelper.GetHeroCard(row["Title"].ToString(),
                row["Subtitle"].ToString(), this.ServerUrl + row["Images"].ToString(),
                row["Title"].ToString(), row["MenuID"].ToString()));
110:    }
111:
112:    message.AttachmentLayout = "carousel";
113:
114:    await context.PostAsync(message);
115:
116:    context.Wait(this.MessageReceivedAsync);
117:}
```

출력 내용은 지난 시간에는 사용하지 않은 Receipt Card를 사용할 예정이다. Receipt Card는 영수증을 보여 주기 위해 제공되는 카드로 개별 항목, 부가세(VAT), 총 금액 등의 정보를 보여 줄 수 있다. Receipt Card에서 개별 항목을 위해 제공되는 객체가 ReceiptItem이다. 이러한 이유로 10번 줄에서 ReceiptItem을 List 형으로 정의하고 있다. 아직 Receipt Card와 관련된 부분을 구현하지 않았으므로 빌드되지는 않는다. 12번 줄에서는 총액을 구하기 위해 totalPrice를 변수로 정의한다.

14번 줄부터 시작되는 코드에서는 foreach 문으로 전체 MenuItems의 개수만큼 ReceiptItem 객체를 생성해서 미리 ReceiptItem의 리스트로 정의해 둔 receiptItems에 추가한다. 23번 줄에서는 총액을 구할 수 있도록 totalPrice에 값을 누적한다.

데이터를 저장하는 부분은 주문 내역을 저장하는 부분과 주문의 상세 내역을 저장하는 부분으로 나눠져 있다. 26번 줄부터 시작하는 부분이 주문 내역을 저장하기 위한 코드다. 주문 내역은 총액과 사용자 아이디를 저장하기 위해 27번 줄에서 파라미터를 생성한다. 33번과 34번 줄에서는 생성된 파라미터에 값을 설정하고, 36번 줄에서는 실제 쿼리를 실행하며 SQLHelper 클래스를 사용한다.

38번 줄에서는 SQL 쿼리의 MAX()를 이용해서 방금 입력한 주문 내역의 ID를 확인한다. 실제 상세 내역을 입력하기 위한 부분은 43번 줄과 59번 줄 사이에 있는 코드다. 이 중 58번 줄은 위에서 설정된 파라미터와 값을 가지고 주문한 메뉴 수만큼 INSERT 쿼리를 실행시켜서 데이터베이스에 값을 저장하는 코드다.

이제 영수증을 발행할 차례다. 영수증을 발행할 수 있도록 Receipt Card를 사용하는데 카드는 반복해서 사용될 확률이 높으므로 CardHelper 클래스에 Receipt Card를 위한 메서드를 추가한다.

코드 6-10 Receipt Card 출력을 위해서 CardHelper 클래스에 추가된 메서드(Helper\CardHelper.cs)

```
 1:    public static Attachment GetReceiptCard(string title, List<ReceiptItem> items,
           string total, string tax, string vat)
 2:    {
 3:        ReceiptCard card = new ReceiptCard
 4:        {
 5:            Title = title,
 6:            Items = items,
 7:            Tax = tax,
 8:            Total = total,
 9:            Vat = vat,
10:        };
11:
12:        return card.ToAttachment();
13:    }
```

코드 6-9의 62번 줄을 다시 보면 CardHelper 클래스를 이용해서 메시지를 출력하는 것을 볼 수 있다. 실제로 주문해 보면 다음 그림과 같이 영수증이 출력된다.

▼ 그림 6-35 최종 결과

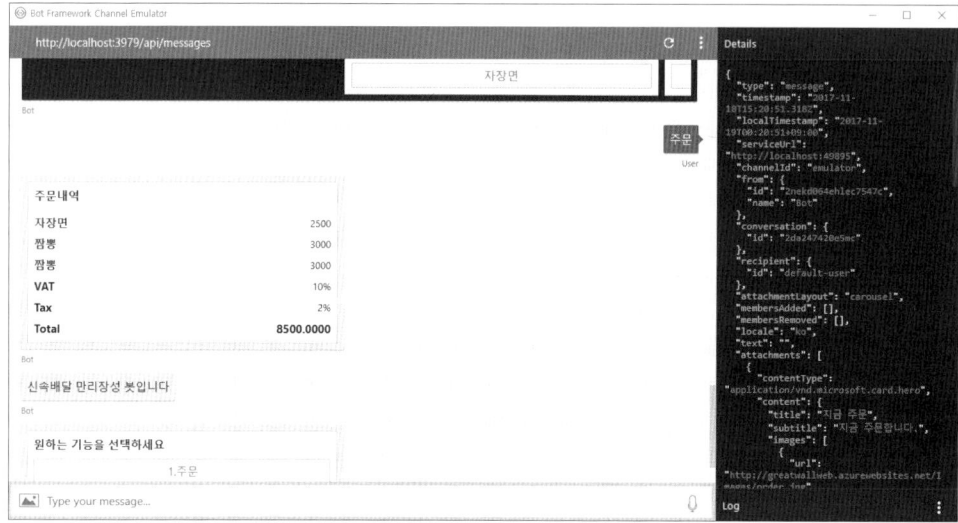

데이터베이스를 다루는 부분은 내용이 생각보다 길고 정리할 부분도 많았다. C#과 .NET 환경이 익숙한 사람이라면 어렵지 않았겠지만 익숙하지 않은 사람이라면 익숙해지는 데 어느 정도 시간이 필요할 것이다. 데이터베이스는 어떤 소프트웨어를 작성해도 대부분 필요한 부분이므로 꼭 잘 익혀 두길 바란다.

7장

QnA Maker를 이용해 FAQ 기능 개발하기

7.1 QnA Maker로 학습하고 서비스 배포하기
7.2 QnA Maker를 이용하는 챗봇 만들기

챗봇을 이용하는 시나리오 중에서 가장 많이 사용되는 시나리오는 고객센터 시나리오다. 고객센터에서는 많은 사람이 전화 상담 업무를 수행한다. 이 업무에는 생각보다 많은 비용과 인력이 들어가기 때문에 챗봇이 가장 적극적으로 도입되는 추세다.

고객센터에서 처리하는 질문은 단순한 질문이 80% 가량 된다고 알려져 있다. 이 말은 챗봇이 잘 서비스되어 단순한 질문만 처리해도 큰 도움이 될 수 있다는 뜻이다. 이 장에서는 고객센터를 만드는 데 필요한 텍스트 마이닝(Text Mining) 서비스를 사용하는 방법과 관련된 코드를 살펴볼 예정이다.

텍스트 마이닝은 쌓여 있는 데이터 중에서 필요한 정보를 뽑아내기 위해 사용하는 기술이다. 주로 다양한 형태의 데이터에서 필요한 정보를 찾아내기 위해 사용된다. 예전에는 이런 용도로 데이터베이스를 주로 사용했다. 하지만 최근에는 데이터가 문서나 파일 형태 등 비정형 데이터인 경우가 많고 모바일 환경에서 사용자들이 입력한 데이터에 오탈자가 포함된 경우가 많아졌다. 이런 경우라면 데이터베이스보다 딥러닝 기반의 서비스를 사용하는 편이 유리하다. 실제로 최근에는 딥러닝 기반의 서비스를 사용하는 것이 보편화되고 있다.

여기서는 Microsoft가 딥러닝 기반으로 텍스트 마이닝 기능을 제공하는 서비스인 QnA Maker 서비스의 사용 방법을 살펴보려고 한다.

7.1 QnA Maker로 학습하고 서비스 배포하기

QnA Maker는 http://qnamaker.ai에서 제공하는 텍스트 마이닝 서비스다. 챗봇과 함께 사용할 수도 있지만 다른 용도로 활용하기에도 좋은 서비스다. 사용하는 방법도 매우 간단하기 때문에 활용도가 높은 서비스다. QnA Maker는 사이트가 별도로 있어서 전혀 다른 사이트처럼 보이지만 Azure에서 제공하는 서비스 중 하나다.

QnA Maker를 사용하기 위해서는 다음 4단계를 거친다.

1 학습 데이터의 수집 및 학습
2 학습 데이터의 테스트
3 서비스 배포
4 챗봇과 연동

QnA Maker가 잘 응답하도록 만들려면 가장 먼저 데이터 학습 과정을 거쳐야 한다. QnA Maker에 필요한 데이터를 제공하는 방식에는 2가지가 있다. 첫 번째는 FAQ가 존재하는 웹 페이지 주소를 입력해 주는 방식이다. QnA Maker는 웹 사이트의 URL이 입력되면 해당 웹 사이트에 가서 웹 사이트 내용을 크롤링하고 그 안에서 질문과 답변을 분류해서 이해하기 시작한다. 이때 QnA Maker는 웹 사이트의 특정한 키워드나 태그를 인식하는 것이 아니라 패턴을 통해서 질문과 답변을 이해한다.

두 번째는 텍스트, 워드, 엑셀 같은 파일에서 FAQ를 가져오는 방식이다. 가져오는 파일이 텍스트나 워드 파일이라면 질문과 답변 사이를 탭으로 구분해 둬야 하고, 엑셀 파일이라면 질문과 답변을 두 칼럼에 나눠서 입력해 둬야 한다.

QnA Maker는 가져온 데이터를 딥러닝을 통해서 학습했다가 질문을 던지면 가장 높은 점수(Score)가 나오는 항목을 돌려주는 것으로 대답을 한다.

여기서는 Microsoft 홈페이지에서 제공하는 윈도 FAQ를 크롤링하는 것으로 진행하겠다. 먼저 http://www.microsoft.com/ko-kr/software-download/faq 페이지에 접속해 보자.

▼ 그림 7-1 Windows 질문과 대답(https://bit.ly/2nYG2bv)

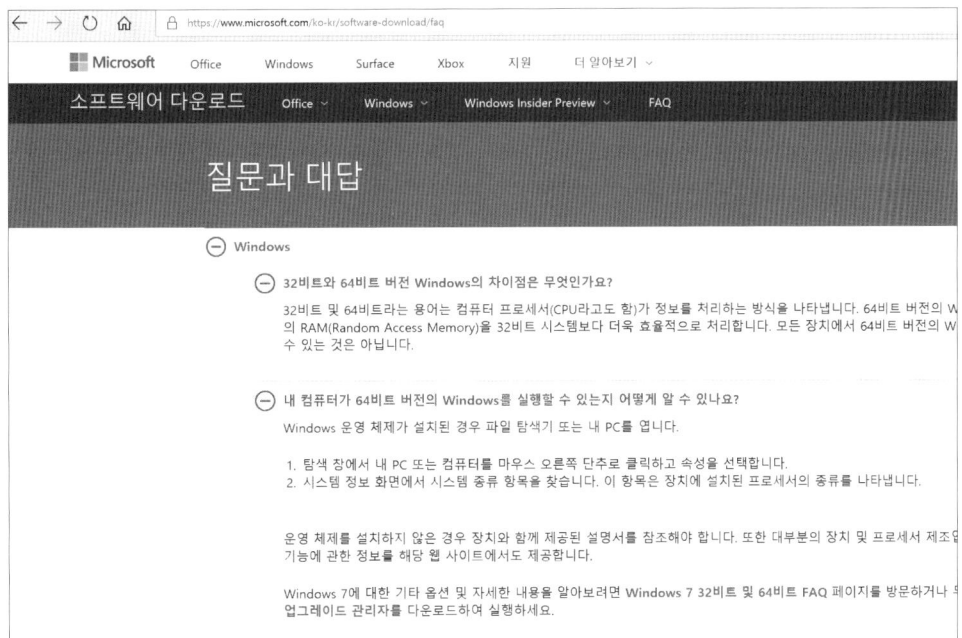

윈도 FAQ 사이트에 접속해 보면 질문과 답변이 잘 정리되어 있다.

FAQ를 확인했다면 QnA Maker 웹 사이트(http://qnamaker.ai)를 방문해 보자. QnA Maker 사이트는 Microsoft 계정(또는 Azure 계정)으로 **로그인**하면 된다. QnA Maker 웹페이지에 접속하면 새로운 지식 기반을 생성해야 하므로 상단에 있는 **Create a knowledge base**를 선택한다.

▼ 그림 7-2 Create a knowledge base를 선택해 새로운 지식 기반을 생성한다

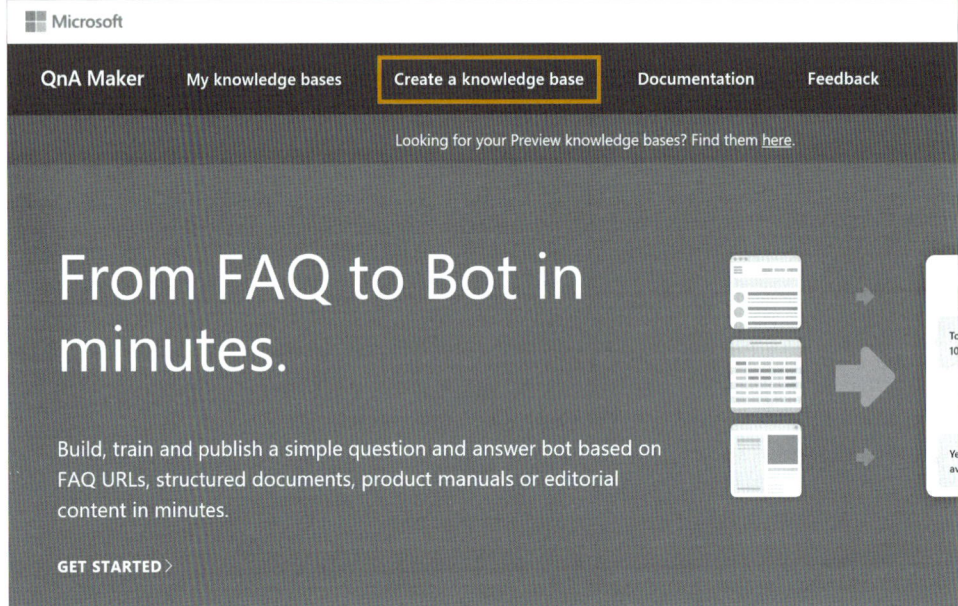

로그인을 하지 않으면 이 과정에서 로그인을 요청하는 페이지가 나타날 수 있다. 정상으로 로그인했다면 다음과 같은 화면이 나타난다. QnA Maker가 프리뷰 서비스일 때는 http://qnamaker.ai 사이트에서 바로 작업을 시작할 수 있었지만, 정식 서비스에서는 Azure 포털에서 QnA Maker 서비스를 먼저 생성하고 난 다음 사용할 수 있도록 바뀌었다. 따라서 **Create a QnA service** 버튼을 클릭해서 Azure 포털에 접속한 후 서비스부터 생성해야 한다.

▼ 그림 7-3 새로운 지식 베이스를 생성한다

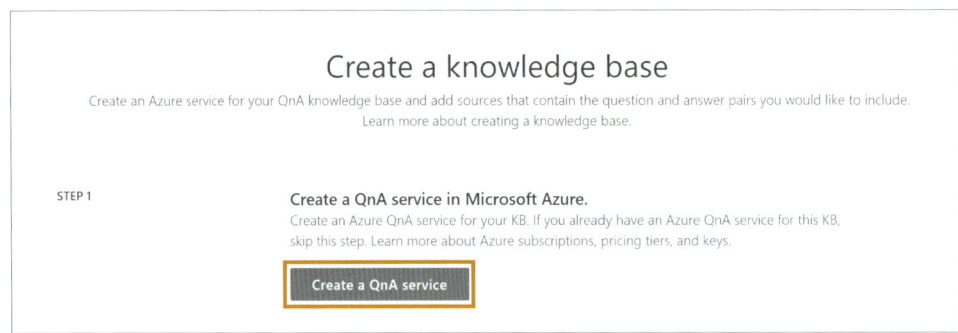

서비스를 생성할 때는 다음과 같은 요소를 결정해야 한다.

▼ 그림 7-4 QnA 서비스 생성

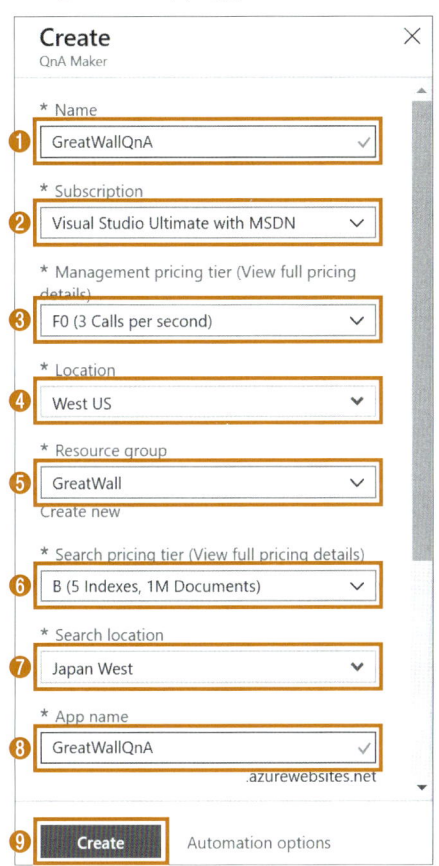

- **Name** QnA Service 이름을 지정한다. 여기서는 **GreatWallQnA**로 입력한다.

- **Subscription** 지금 사용하고 있는 Azure 구독 계정으로 무료 체험 또는 Pay-As-You-Go(유료 결제)를 선택할 수 있다.

- **Management pricing tier** 생성할 QnA Service의 데이터를 저장하고 관리하는 방식으로 F0와 S0 중에서 선택할 수 있다. F0는 무료인 대신 문서의 크기와 개수에 제약이 있다. S0는 유료인 대신 현재 문서의 개수와 크기에 제약이 없다. 여기서는 **F0**를 선택한다.

- **Location** 데이터 저장 위치를 지정한다. 현재 West US를 기준으로 점차 선택할 수 있는 지역이 넓어지고 있다.

- **Resource group** 생성하려고 하는 리소스 그룹을 지정한다. 여기서는 **GreatWall**을 선택한다. 리소스 그룹 이름은 중복으로 생성되지 않으므로 여러분이 만든 리소스 그룹을 선택하면 된다.
- **Search pricing tier** 검색과 관련된 서비스의 용량을 결정한다. 검색에 걸리는 부하에 따라 적절히 선택한다.
- **Search location** 검색 서비스의 위치를 결정한다. 2018년 11월 현재 한국에서는 서비스되지 않으므로 한국에서 가장 가까운 **Japan West**를 선택한다.
- **App name** QnA Service 생성은 QnA를 담당하는 웹 서비스 1개를 여는 것과 같으므로 App Name은 결과적으로 xxx.azurewebsites.net과 같은 URL을 결정하는 것과 같다. 즉, 이 책과 같은 이름인 GreatWallQnA를 지정할 수 없으므로 여러분이 사용할 이름을 지정해야 한다.
- **Website location** QnA Service를 실제로 제공할 위치를 결정한다. 여기서는 **Korea South**를 선택한다.

마지막으로 **Create** 버튼을 클릭해서 서비스를 생성하면 Azure 포털에서 할 일은 끝난다.

다시 QnA Maker 웹 사이트로 돌아와서 다음 과정을 따른다. 그런데 방금 Azure 포털에서 생성한 QnA Service가 바로 반영되지는 않을 것이다. **새로 고침**을 눌러 Azure 포털의 변경 사항이 반영되도록 만들자.

웹 페이지를 새로 고침하면 다음 그림과 같이 3가지 항목을 선택할 수 있다(선택되지 않는 항목이 있다면 Azure 배포가 완료되지 않은 것이므로 다시 새로 고침해 보자).

▼ 그림 7-5 Azure에서 생성한 GreatWallQnA 서비스를 선택한다

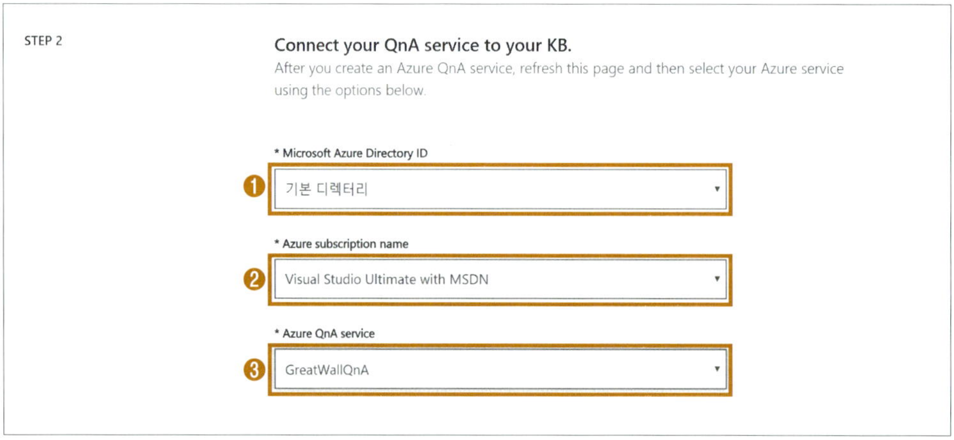

- **Microsoft Azure Directory ID** 한 사람이 여러 개의 Subscription에 접근할 권한이 있을 때 Directory ID로 구별한다. 여기서는 **기본 디렉터리**를 선택한다.
- **Azure subscription name** Azure를 구독하는 방식을 선택하는 부분이므로 본인의 구독 방식을 선택한다.
- **Azure QnA service** 위의 2가지 요소를 잘 선택했다면 이 부분에서 Azure 포털에서 생성해 놓은 QnA Service 이름을 찾아서 선택할 수 있다. 앞서 만든 **GreatWallQnA**를 선택한다. 선택할 수 있는 서비스가 없다면 페이지를 새로 고침해 보자.

QnA Service에서 남은 과정은 이름을 정하고 데이터를 지정하는 과정이다. 이름은 Windows FAQ로 정했다. 데이터를 지정하는 방식은 앞에서 이야기한 대로 웹 사이트의 URL을 지정하거나 각종 파일을 업로드하는 방식을 사용할 수 있다. URL이나 파일은 1개 이상을 지정해도 되고 2가지 방식을 함께 사용해도 된다. 여기서는 앞서 확인한 윈도 FAQ의 주소인 http://www.microsoft.com/ko-kr/software-download/faq를 입력한다.

▼ 그림 7-6 KB 이름과 데이터를 지정한다

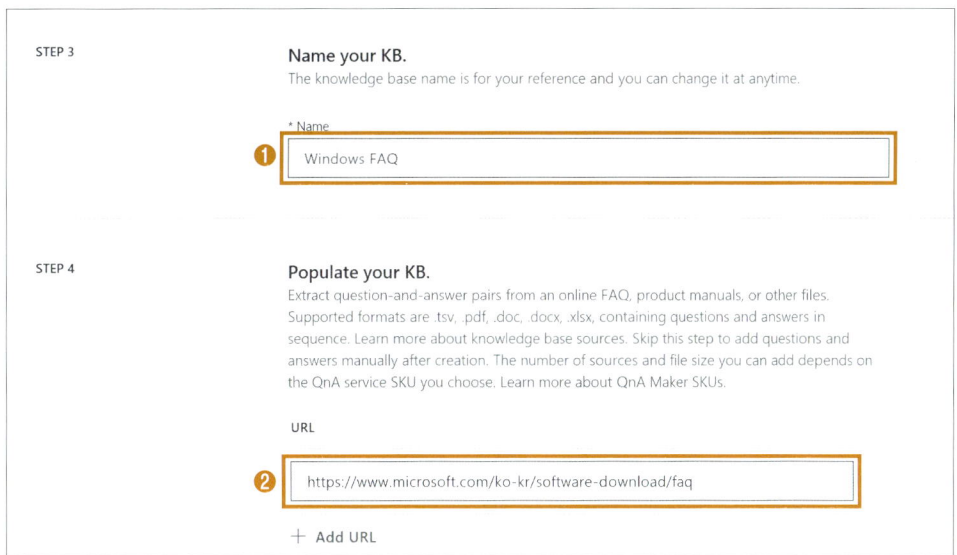

URL 밑에 있는 File name 항목은 웹 페이지를 가져오는 방식이 아니라 파일을 업로드해서 학습할 때 사용하는 방식이다. 웹 페이지가 없거나 웹 페이지가 제대로 인식되지 않으면 파일을 만들어서 업로드해야 한다. 이때 업로드하는 파일 용량은 최대 5MB를 넘지 않아야 한다. 대개 5MB로도 충분하지만 양이 많을 때는 엑셀 파일을 사용하는 편이 유리하다. 기본적으로 오피스 파일은 zip 방식의 압축 파일이므로 텍스트 양이 같아도 용량이 더 작다.

마지막으로 Create your KB 버튼을 클릭한다.

▼ 그림 7-7 Create your KB 버튼을 클릭해서 KB를 생성한다

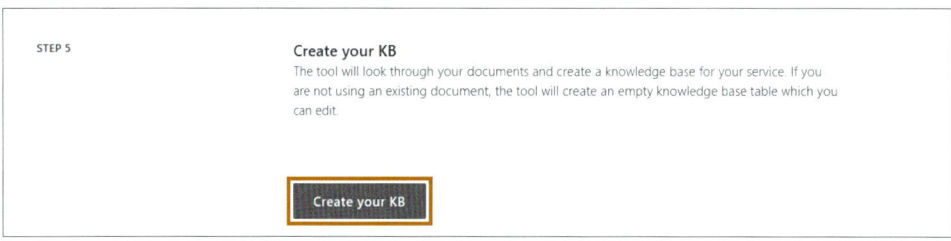

다음 그림처럼 QnA Service에서 데이터를 크롤링하면서 웹 사이트에 있는 데이터를 분석해서 가져오고 학습까지 진행한다.

▼ 그림 7-8 웹 사이트를 크롤링하면서 데이터를 학습한다

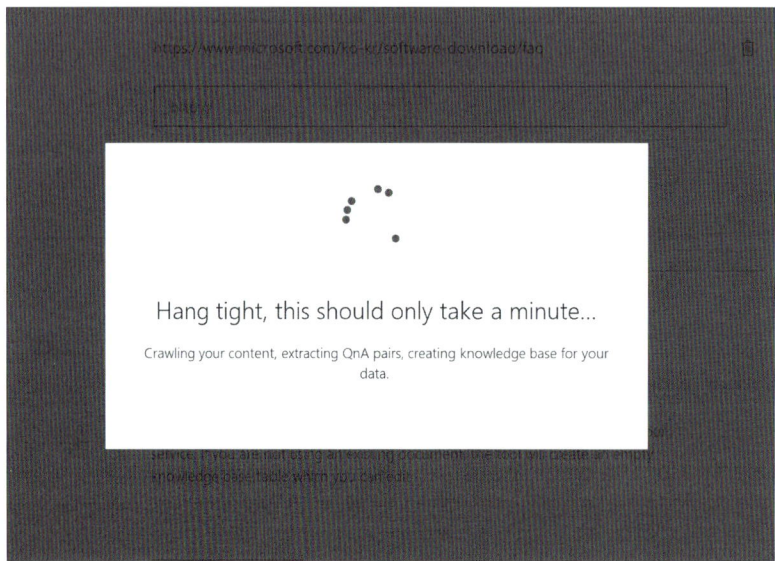

학습이 끝나면 바로 학습된 내용을 확인할 수 있다. 학습된 내용은 질문과 답변으로 구분되어 있는 것을 볼 수 있다.

▼ 그림 7-9 Windows FAQ를 학습한 결과

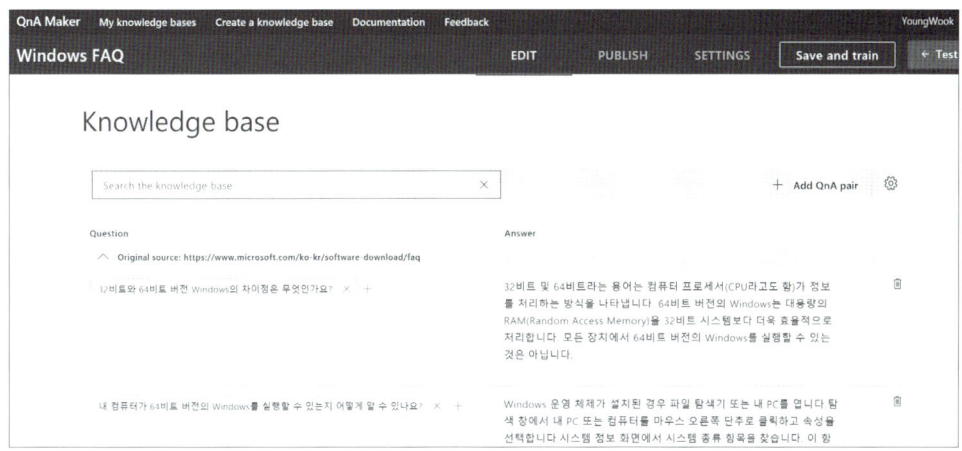

제대로 학습되었는지 테스트할 수 있는 기능도 제공된다. 오른쪽 상단에 있는 → Test를 선택한 후 '64비트'라는 단어를 입력해 보면 64비트에 적합한 답변을 찾아서 보여 준다.

▼ 그림 7-10 → Test를 선택해 테스트할 수 있다

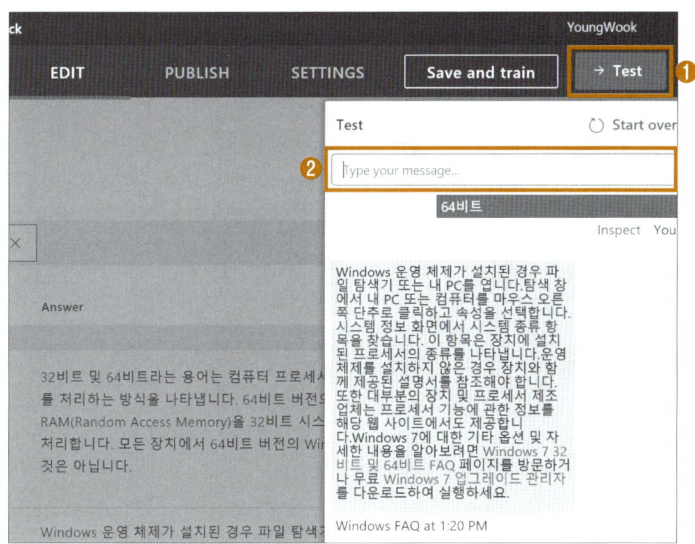

사용자가 64비트 대신에 '64바트'라고 잘못 입력하면 어떻게 될까? 실행해 보면 64비트건 64바트건 동일한 결과가 나온다. QnA Maker는 모든 문장과 단어를 문자가 아닌 수치로 변환해서 비교하는 벡터 기반 서비스이기 때문이다. 즉, 수치적으로 높은 유사성을 가지면 동일하게 인정한다. 그래서 오탈자가 있어도 최대한 유사한 내용을 찾아서 결과로 보여 준다. 챗봇 사용자가 대부분 모바일 단말기를 사용한다고 가정할 때 오탈자를 보정하는 부분은 큰 장점이다.

테스트 결과가 이상 없이 나오면 오른쪽 상단의 **Publish**를 선택해서 Windows FAQ KB를 배포한다.

▼ 그림 7-11 Windows FAQ KB를 배포한다

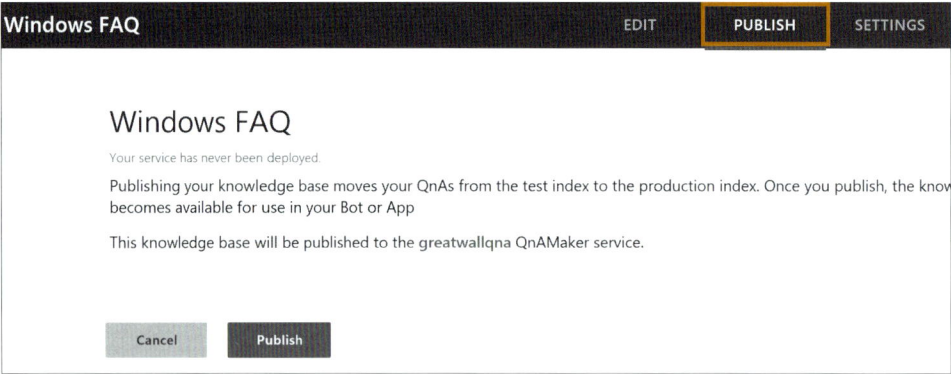

배포가 끝나면 다음 그림과 같은 결과가 나타난다. 이 결과에서 중요한 정보 3가지, 즉 Knowledgebase 키, Endpoint 키, 접속에 필요한 Host 주소를 확인할 수 있다. 이 정보는 나중에 코드를 작성할 때 필요하므로 복사해 두길 바란다.

▼ 그림 7-12 KB 배포가 성공한 화면

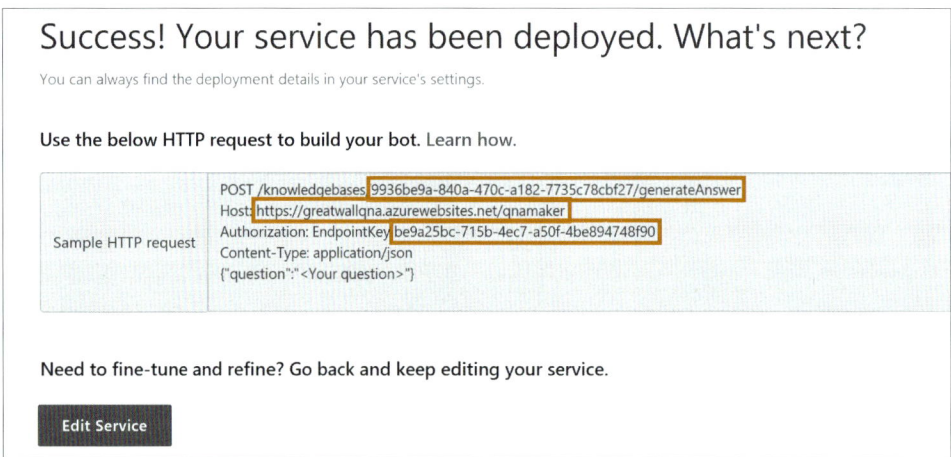

여기서 Knowledgebase 키는 9936be9a-840a-470c-a182-7735c78cbf27, Endpoint 키는 be9a25bc-715b-4ec7-a50f-4be894748f90, Host 주소는 https://greatwallqna.azurewebsites.net/qnamaker다. Host 주소는 사용자마다 다르므로 여러분의 고유한 값을 확인해 둬야 한다.

여기까지 하면 FAQ에 필요한 서비스 준비가 끝난다.

7.2 QnA Maker를 이용하는 챗봇 만들기

QnA Maker는 배포를 하면 기본적으로 Web API 형태로 노출되기 때문에 웹 개발이 가능한 어떤 개발 언어에서도 호출해서 사용할 수 있다. C# 기반의 챗봇에서 QnA Maker를 사용하려면 일반적인 웹 프로그래밍을 통해서 개발할 수 있다. 하지만 좀 더 쉬운 방법이 있다. 이미 만들어져 있는 NuGet 패키지를 이용하는 방법이다.

NuGet은 Visual Studio에서 패키지를 관리하는 도구다. 내가 만들고 싶은 건 남도 만들고 싶기 때문에 NuGet을 잘 찾아보면 웬만한 것은 이미 누군가 패키지로 잘 만들어서 올려 두었다. NuGet을 호출하려면 Visual Studio의 솔루션 탐색기에서 **프로젝트 이름**을 우클릭하고 **NuGet 패키지 관리**를 선택한다.

▼ 그림 7-13 솔루션 탐색기에서 프로젝트 이름을 우클릭하고 NuGet 패키지 관리를 선택한다

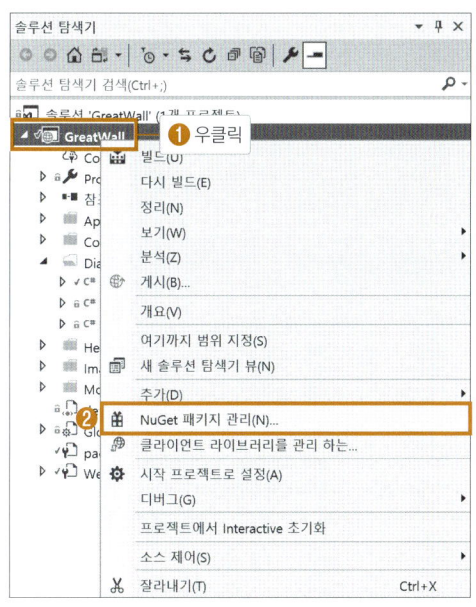

NuGet 패키지를 검색하고 설치할 수 있는 화면이 나타나면 **찾아보기** 탭에서 **QnAMaker**를 입력하고 Enter 키를 누른다. QnAMaker와 관련된 패키지 목록이 나타나는데 여기서는 Gary Pretty가 만든 **QnaMakerDialog** 패키지를 선택한다. 오른쪽에 있는 **설치** 버튼을 클릭하면 NuGet 패키지가 설치된다.

▼ 그림 7-14 Gary Pretty가 만든 QnAMakerDialog 패키지를 설치한다

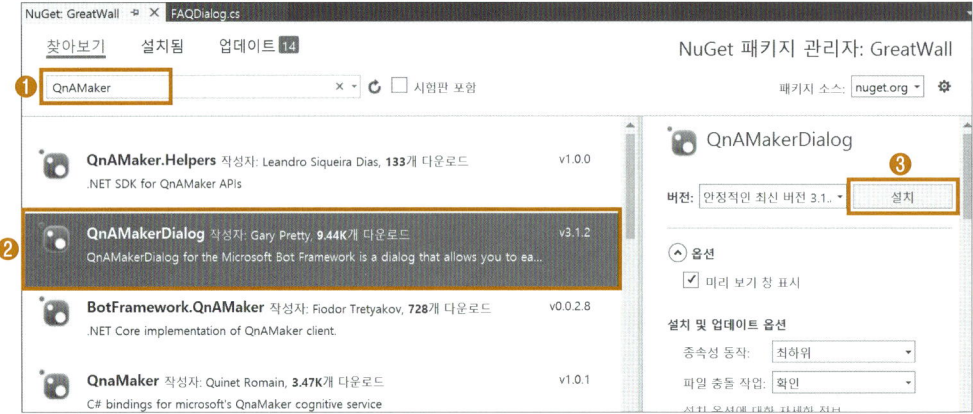

NuGet 패키지가 설치되면 관련된 클래스가 함께 설치되므로 바로 불러서 사용할 수 있다.

NuGet 패키지에는 Microsoft 같은 업체가 제공하는 패키지도 있지만 개인이 올려 놓은 패키지도 많다. 개인이 올려 둔 NuGet 패키지를 사용할 때는 클래스의 명세나 사용법 같은 정보가 담긴 문서를 참조해야 한다. 이러한 NuGet 패키지는 대부분 올려 놓은 사람이 관련된 Github 계정을 운영하거나 홈페이지 등을 통해서 문서와 샘플 코드 등을 제공하는 경우가 많다. 여기서 사용할 QnAMakerDialog도 Gary Pretty가 Github 페이지를 운영하고 있기 때문에 참조할 수 있다.

▼ 그림 7-15 Gary Pretty의 Github 페이지(https://github.com/garypretty/botframework)

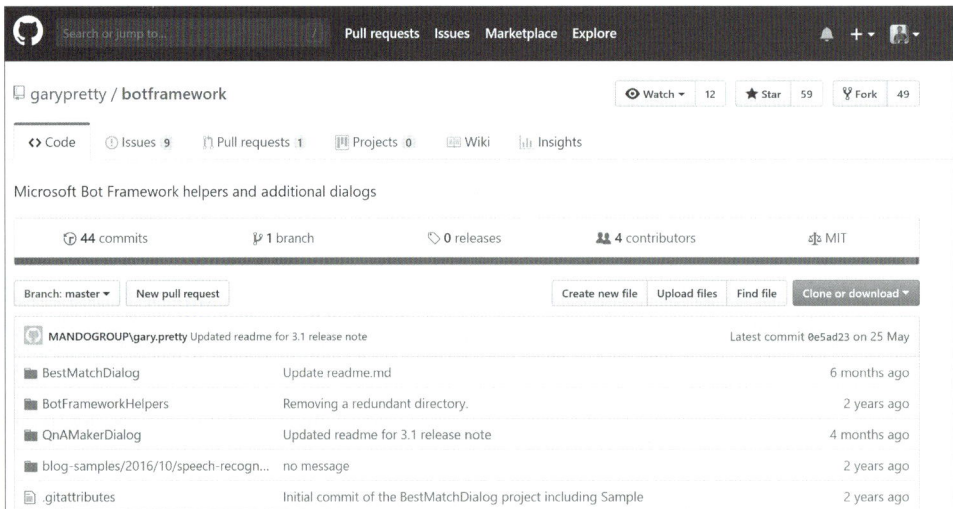

많은 부분이 NuGet 패키지 안에 구현되어 있으므로 불러와 사용하는 코드는 매우 단순하다. 먼저 FAQDialog.cs 파일을 다음과 같이 수정한다.

> **코드 7-1** QnaMaker가 적용된 FAQDialog.cs

```
 1: using System;
 2: using System.Collections.Generic;
 3: using System.Linq;
 4: using System.Web;
 5:
 6: using System.Threading.Tasks;
 7: using Microsoft.Bot.Connector;
 8: using Microsoft.Bot.Builder.Dialogs;
 9: using System.Threading;
10: using QnAMakerDialog.Models;
11: using QnAMakerDialog;
12:
13:
14: namespace GreatWall.Dialogs
15: {
16:     [Serializable]
17:     [QnAMakerService("https://greatwallqna.azurewebsites.net/qnamaker", "be9a25bc-
        715b-4ec7-a50f-4be894748f90", "9936be9a-840a-470c-a182-7735c78cbf27", MaxAnswers = 5)]
18:     public class FAQDialog : QnAMakerDialog<string>
19:     {
20:         public override async Task NoMatchHandler(IDialogContext context, string
                originalQueryText)
21:         {
22:             await context.PostAsync($"Sorry, I couldn't find an answer for
                    '{originalQueryText}'.");
23:             context.Wait(MessageReceived);
24:         }
25:
26:         public override async Task DefaultMatchHandler(IDialogContext context,
                string originalQueryText, QnAMakerResult result)
27:         {
28:             if (originalQueryText == "그만")
29:             {
30:                 context.Done("");
31:                 return;
32:             }
33:
34:             await context.PostAsync(result.Answers.First().Answer);
```

```
35:
36:            context.Wait(MessageReceived);
37:        }
38:
39:        [QnAMakerResponseHandler(0.5)]
40:        public async Task LowScoreHandler(IDialogContext context, string
                    originalQueryText, QnAMakerResult result)
41:        {
42:            var messageActivity = ProcessResultAndCreateMessageActivity(context,
                        ref result);
43:            messageActivity.Text = $"I found an answer that might help...{result.
                        Answers.First().Answer}.";
44:            await context.PostAsync(messageActivity);
45:
46:            context.Wait(MessageReceived);
47:        }
48:    }
49: }
```

코드 7-1에서 10~11번 줄을 보면 using 문이 2개 보인다. 두 using 문이 참조하는 네임스페이스는 모두 QnAMakerDialog 패키지에서 지정한 클래스를 참조하기 위해 추가한 부분이다.

17번 줄에서는 QnAMakerService라는 클래스 속성을 지원하는 코드를 볼 수 있다. 속성을 지정하는 방법은 아래와 같다.

```
[QnAMakerService( {Host 주소}, {Endpoint Key}, {Knowledgebase}, MaxAnswers = n)
```

Host 주소, Endpoint Key, Knowledgebase는 140쪽에서 만든 본인의 값을 입력하면 된다. 마지막 변수인 MaxAnswers는 결과를 몇 개까지 돌려줄지 판단하는 속성이다. 여기서는 5로 설정했는데 이것은 질문에 해당되는 결과를 최대 5개까지 출력한다는 뜻이다.

클래스 속성을 설정하는 것만으로 이미 해당 코드는 QnA Maker와 연결되었다고 볼 수 있다.

QnA Maker와 연결된 다음 사용할 수 있는 메서드는 다음 3가지다.

- NoMatchHandler() 질문에 대한 결과가 없을 때 자동으로 호출되는 메서드
- DefaultMatchHandler() 결과가 있을 때 자동으로 호출되는 메서드
- LowScoreHandler() 낮은 순위의 결과가 있을 때 호출되어 처리할 수 있는 메서드

먼저 20번 줄에 NoMatchHandler() 메서드가 보인다. QnAMakerDialog 클래스를 상속받아 클래스를 만들 경우 해당 클래스는 자동으로 사용자 입력을 기다린다. 사용자가 질문을 입력하면 해당 질문을 연결된 QnA Maker 서비스에 문의한다. 답변이 왔을 때 일치하는 결과가 없으면 자동으로 NoMatchHandler()가 호출되고 결과가 있으면 DefaultMatchHandler() 또는 LowScoreHandler()가 호출되는 방식으로 동작한다.

NoMatchHandler()의 경우에는 22번 줄에 있는 내용이 전부다. 글자 그대로 일치하는 결과가 없다는 메시지를 출력하는 역할을 한다. 23번 줄은 사용자의 입력을 다시 한 번 기다리는 코드다. 일치하는 결과가 있을 때 호출되는 코드는 26번 줄에 있는 DefaultMatchHandler()다.

28번 줄에서는 사용자가 "그만"이라는 단어를 입력했을 때 context.Done()을 호출해서 현재 실행 중인 FAQDialog를 종료하고 다시 RootDialog로 돌아갈 수 있게 했다. "그만"이라는 키워드가 동작하지 않는다면 QnA Maker에 "그만"을 별도로 추가해서 DefaultMatchHandler()가 호출될 수 있도록 해야 한다.

34번 줄에서는 결과 중에서 첫 번째 결과를 PostAsync()를 이용해서 출력한다. 답변은 result.Answers 객체로 돌려받게 되는데 그중에서 First()를 사용해서 첫 번째 항목의 결과를 가져온다. 필요하다면 더 많은 결과를 노출할 수도 있다.

마지막으로 질문에 대해서 일정 점수(Score) 이하의 답변을 출력하는 코드는 39번 줄부터 시작하는 LowScoreHandler()다. 39번 줄은 LowScoreHandler() 메서드의 속성을 지정하는 부분으로 점수가 50점 이하의 답변을 받은 요소를 처리할 수 있게 지정한다. 거의 대부분 딥러닝 또는 머신러닝 분야에서는 결과를 확률로 대답하는 경우가 많은데 여기서 1은 100%를 나타낸다. 따라서 0.5를 지정하면 50%, 즉 50점이 된다.

마지막으로 42~44번 줄은 사용자에게 메시지를 돌려주기 위한 코드다.

코드를 완성했으면 실제로 잘 동작하는지 테스트해 볼 차례다. 완성된 코드를 실행한 다음 에뮬레이터에서 질문을 입력해 보면 다음 그림과 같이 잘 실행될 것이다. QnA Maker와 NuGet 패키지를 적절히 조합하면 이처럼 빠르고 정확하게 대답하는 챗봇을 손쉽게 만들수 있다.

▼ 그림 7-16 FAQ 기능을 실행한 모습

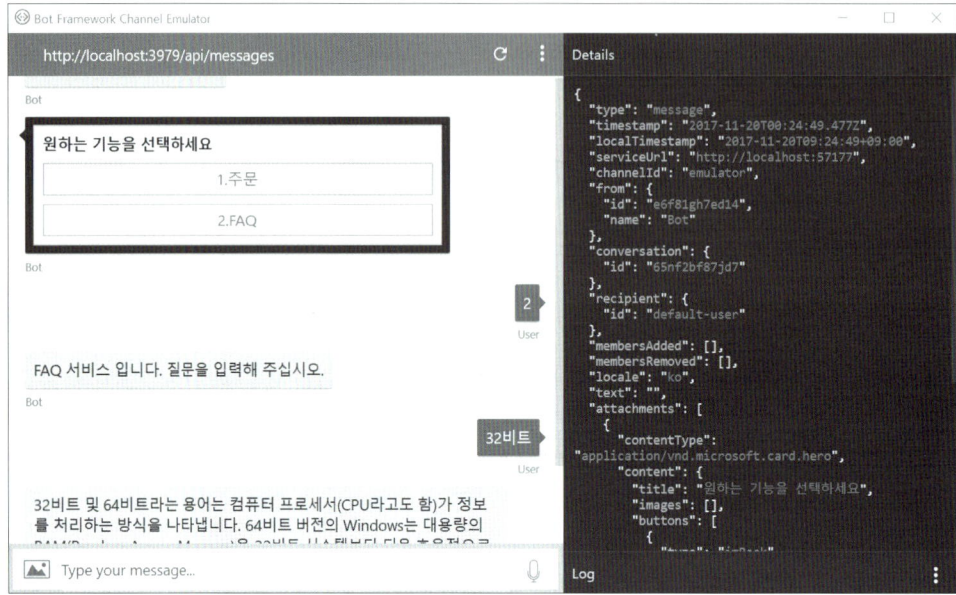

Note ≡ **알아 두면 좋아요**

사용자는 대체로 스마트폰에서 텍스트를 입력하는 것을 불편하게 여긴다. 실제로 사용자는 텍스트 입력보다 버튼 형식을 선호한다. 버튼 형식과 텍스트 형식 모두 잘 개발해 두는 게 좋다.

FAQ 서비스는 고객의 사용 빈도가 꽤 높다. 잘 준비된 FAQ가 있으면 콜센터로 들어오는 상담을 크게 줄일 수 있다.

8장

자연어 처리를 위해 LUIS 활용하기

8.1 Microsoft Cognitive Services

8.2 LUIS 소개

8.3 LUIS로 학습하기

8.4 LUIS 훈련과 테스트하기

8.5 챗봇과 LUIS 연결하기

7장까지 구현된 내용을 보면 채팅으로 하는 자동응답기(ARS)처럼 보인다. 최근 챗봇에 대한 사람들의 기대치는 '이야기하는 인공지능' 정도다. 당연히 자동응답기 수준에 머무른 챗봇은 사람들의 기대치에 한참 못 미친다. 사람과 이야기하듯이 자연스러운 대화를 진행할 때 꼭 필요한 것이 바로 이 장의 주제인 자연어 처리다.

▼ 그림 8-1 자연어 처리 엔진이 적용된 Apple의 Siri(source: https://www.apple.com/kr/ios/siri/)

자연어 처리란 선택할 수 있는 요소를 나열한 후 사용자에게 선택을 요청하는 방식이 아닌 사용자가 사용하는 자연어를 바로 인식할 수 있게 하는 방식을 말한다. 즉, 지금처럼 '1. 자장면 2. 짬뽕 3. 탕수육'을 제시하고 선택하게 하는 방식이 아니라 사용자가 사람에게 말하듯이 '자장면 한 그릇 보내 줘'라고 하면 바로 알아듣는 방식이다.

자연어 처리가 가능해지면 사용자들이 원하는 것을 수행하는 데 거치는 단계를 줄일 수 있고 친근한 인터페이스를 제공할 수 있다.

자연어를 분석하는 가장 무식한 방법은 특정 단어를 검색해서 처리하는 방법인데 이 방식은 지나치게 낮은 수준이라 논외로 한다. 다음으로 문법적인 접근으로 형태소를 이해하고 분석하는 방식을 들 수 있다. 이 방식은 모바일 환경이나 음성 인식을 사용할 때 자주 발생하는 오탈자나 띄어쓰기 오류 등에 매우 취약하다. 여기에 더해 신조어에 대한 대응도 느린 편이다.

최근에는 딥러닝 기반의 자연어 처리 엔진을 많이 사용한다. 딥러닝 기반 엔진은 여러 문장을 수치로 변환해서 미리 학습해 둔 다음 사용자가 입력한 문장의 의도를 파악하는 방식이다. 이 장에서 설명할 Microsoft의 LUIS 이외에도 대부분의 자연어 처리 기술이 이 방식을 사용한다.

최근에는 자연어 처리 기술이 매우 적극적으로 사용되고 있다. 실제로 Apple의 Siri, Google의 Google Assistant, Microsoft의 Cortana, 삼성의 빅스비는 자연어 처리 기술을 기반으로 서비스되고 있다. 이외에도 자연어 처리 기술을 사용하는 곳은 매우 많다. 국내에서도 네이버나 카카오의 인공지능 스피커에서 자연어 처리를 적극적으로 사용하고 있다.

단, 음성을 텍스트로 바꿔 주는 STT(Speech to Text)와는 구별해서 이해해야 한다. STT는 단순히 음성을 텍스트로 전환해 주는 음성 인식 기법인데 반해 자연어 처리는 이미 변환된 텍스트 기반의 내용에서 사용자의 의도를 알아채서 처리하는 엔진이라고 이해할 수 있다.

8.1 Microsoft Cognitive Services

Microsoft는 딥러닝 기반의 다양한 인지(Cognitive) 서비스를 만들어서 클라우드 기반으로 서비스하고 있다. 딥러닝 분야는 Microsoft뿐만 아니라 Google이나 IBM에서도 열심히 개발하고 서비스하는 분야인 만큼 경쟁이 매우 치열하다. 단, 이 책에서는 Microsoft Bot Framework를 사용하기 때문에 Microsoft가 제공하고 있는 Cognitive Services를 설명한다.

Microsoft Cognitive Services(마이크로소프트 인지 서비스)는 다음 URL에 접속하거나 Microsoft Cognitive로 검색해 보면 쉽게 찾을 수 있다.

> **URL** https://azure.microsoft.com/en-us/services/cognitive-services/
> **단축 URL** http://bit.ly/ms_cog

Microsoft Cognitive Services는 Vision, Speech, Knowledge, Search, Language로 영역을 5개로 나눠 서비스한다. 최근에는 Vision쪽 API를 활용한 사례도 쉽게 찾아볼 수 있다. 이 책에서 소개하는 자연어 처리 서비스는 언어 쪽에 포함되어 LUIS라는 이름으로 서비스되고 있다.

❖ 그림 8-2 Microsoft Cognitive Services

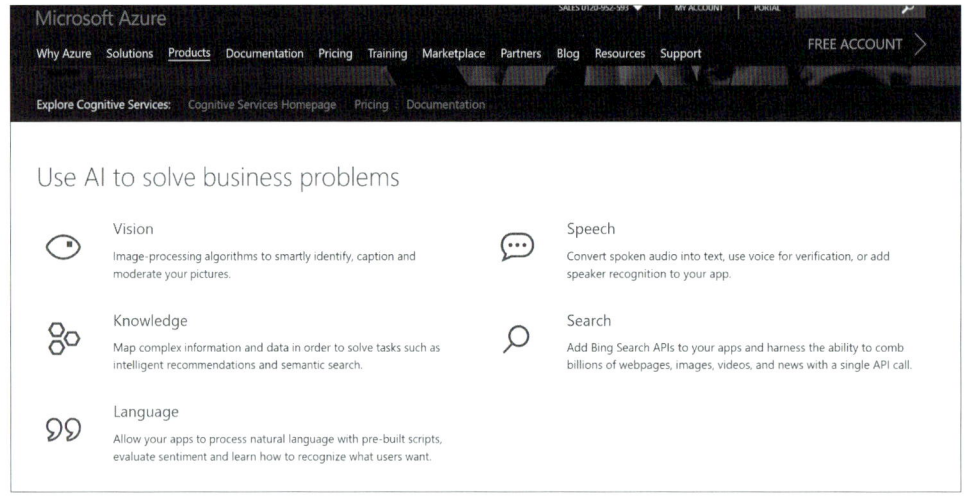

8.2 LUIS 소개

CHATBOT

LUIS(Language Understanding Intelligent Service)는 Microsoft가 제공하는 자연어 처리 엔진이다. 최근에 가장 많이 볼 수 있는 딥러닝 기반 엔진인데 사전에 제시된 문장을 기반으로 학습하고 학습된 결과로 사용자의 의도를 파악하는 방식이다.

LUIS를 사용할 때는 2가지 개념을 이해해야 한다. 첫 번째는 Intent고 두 번째는 Entity다. Intent는 사용자의 의도를 나타내고 Entity는 사용자가 입력한 문장 중에서 의미 있는 요소를 나타낸다. 사용자가 다음과 같은 문장을 입력했다고 가정해 보자.

- 자장면 빨리 보내 줘
- 탕수육 작은 걸로 하나 보내 줘
- 주문한 음식은 언제 와?

첫 번째와 두 번째 문장은 메뉴를 주문하려는 의도가 분명해 보이고, 세 번째 문장은 배달에 관해 문의하려는 의도가 보인다. 이렇게 의도가 파악되면 서비스에서 어떻게 처리할 것인지 판단이 가능해진다.

첫 번째 문장에서 중요한 요소는 '자장면'이다. 자장면은 메뉴이므로 꼭 필요한 요소다. 여기서 사용자가 별다른 옵션 없이 자장면만 요구했을 때 나머지 요소는 추론이 가능하다. 예를 들어 크기는 '보통', 수량은 '한 그릇'으로 판단할 수 있다.

두 번째 문장에서 중요한 요소는 '탕수육'이고 '작은'은 크기를 나타내는 요소이므로 의미가 있다. 세 번째 문장에서는 중요한 요소가 없다. 다만 사용자가 배송 문의를 하고 있기 때문에 배송하는 데 걸리는 시간을 알려 주면 된다.

이렇게 자연어를 처리할 때 가장 중요한 것은 바로 의도(Intent)와 요소(Entity)를 잘 구별해 내는 것이다. 이를 위해서는 LUIS로 학습하는 과정이 필요하다.

8.3 LUIS로 학습하기

LUIS를 사용하려면 Cognitive 사이트를 찾아서 접속할 수도 있지만 LUIS 사이트(http://luis.ai)로 바로 접속할 수도 있다. LUIS 사이트에 접속하면 먼저 로그인을 해야 한다. 오른쪽 상단에 있는 **Sign in**을 선택해서 로그인한다.

▼ 그림 8-3 LUIS 사이트(http://luis.ai)

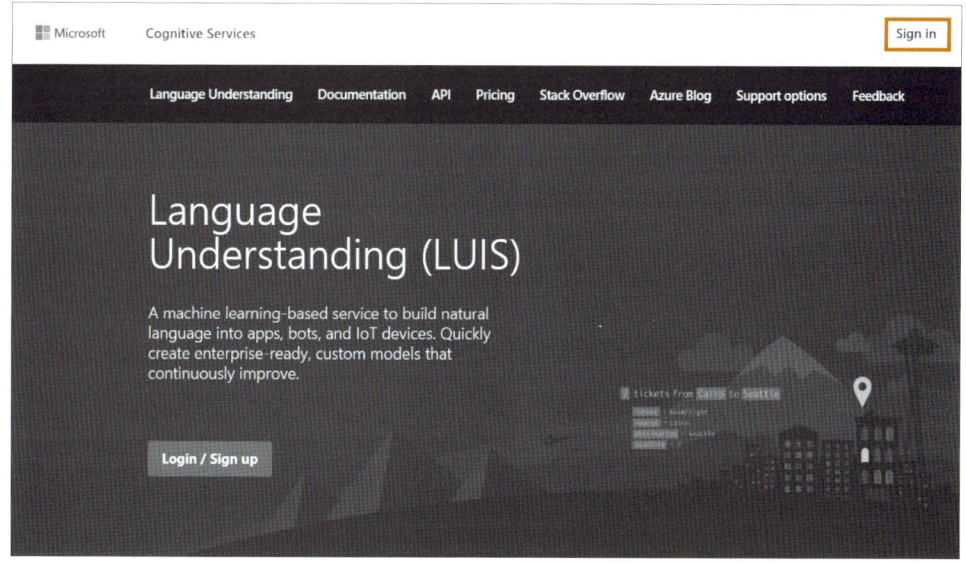

로그인을 하면 LUIS 서비스 사용 등록 화면이 나타난다. Country(사용 국가)를 Korea로 선택하고 서비스 동의를 체크한 후 Continue 버튼을 클릭한다.

▼ 그림 8-4 LUIS 사용 국가와 서비스 동의를 선택한다

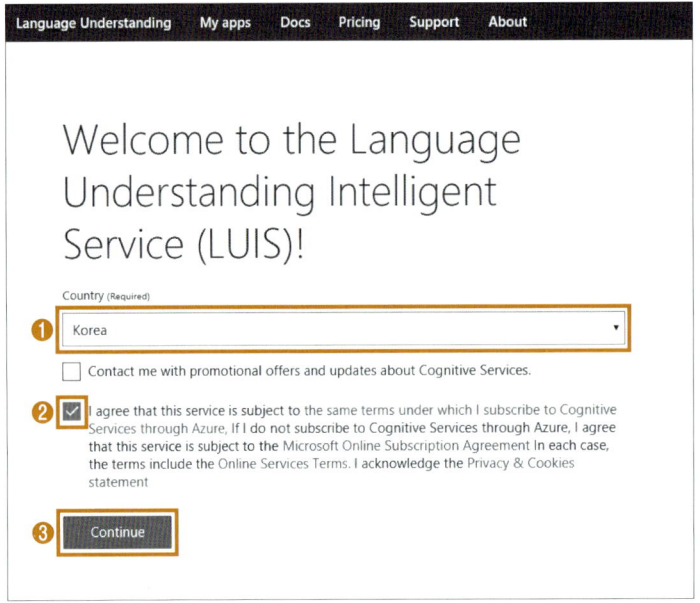

서비스 등록을 마치면 My Apps가 나타나는데 여기서 새로운 앱을 생성할 수 있다. 여기서 말하는 앱은 하나의 학습 단위로 모바일에서 사용하는 앱과는 다른 개념이다. My Apps 이외에도 Docs에서는 자세한 설명서, Pricing에서는 가격 정책, Support에서는 기술 지원을 볼 수 있다.

My Apps에서 Create new app 버튼을 클릭하여 새로운 앱을 시작한다.

▼ 그림 8-5 Create new app 버튼을 클릭한다

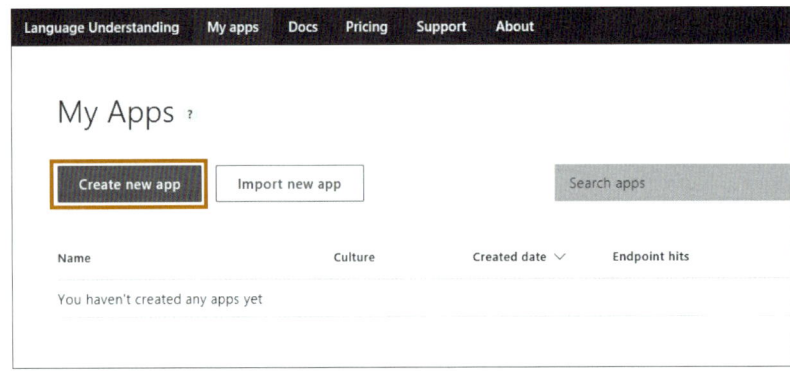

앱 생성 화면이 나타나면 새 앱의 이름을 GreatWall로 지정하고, Culture를 Korean으로 선택한다. LUIS는 다른 경쟁 서비스보다 한국어를 빠르게 지원했고 현재도 한국어를 잘 지원하는 서비스다. 마지막으로 Done 버튼을 클릭하여 앱을 생성한다.

▼ 그림 8-6 앱 생성 화면

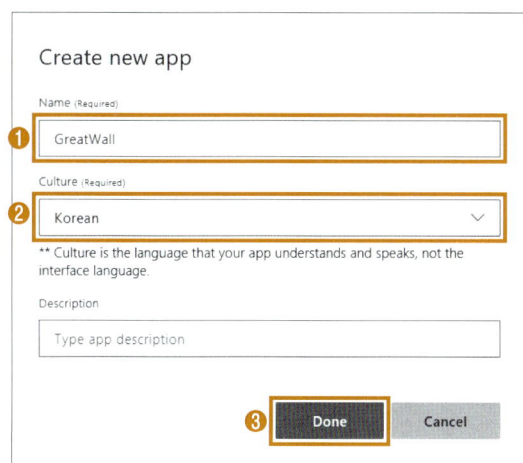

새 앱을 생성하면 Intents 화면이 나타난다. 아직 Intents를 하나도 만들지 않았기 때문에 아무것도 보이지 않는다.

만리장성 봇에서는 사용자가 3가지 유형으로 대화한다고 가정하므로 Order, Delivery, Finish 이렇게 3가지 인텐트를 학습시킬 예정이다.

▼ 표 8-1 GreatWall에 학습시킬 Intent

Intent	설명
Order	메뉴를 주문하려는 의도를 잡아낸다. 아래와 같은 문장을 학습시킬 예정이다. • '자장면 한 그릇 보내 줘' • '탕수육 작은 걸로 줘' • '짬뽕 곱빼기로 두 그릇'
Delivery	주문한 음식의 배송 문의를 하는 의도를 잡아낸다. 아래와 같은 문장을 학습시킬 예정이다. • '자장면은 언제 와?' • '음식은 언제 오는 거야?'
Finish	주문을 마무리하는 의도를 파악한다. • '그만' • '이제 됐어' • '이대로 보내 줘'

먼저 Order Intent를 학습시켜 보자. **Create new intent** 버튼을 클릭한다.

▼ 그림 8-7 Create new intent 버튼을 클릭한다

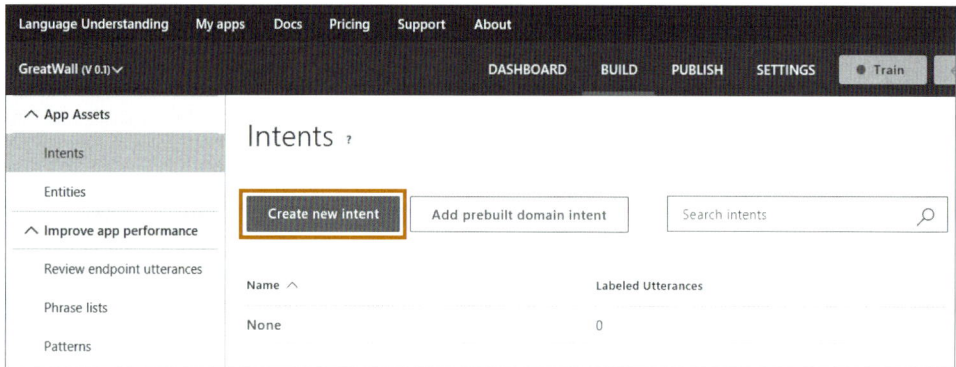

Craete new intent 창이 나타나면 Intent name에 **Order**를 입력하고 **Done** 버튼을 클릭한다.

▼ 그림 8-8 Order 인텐트를 생성한다

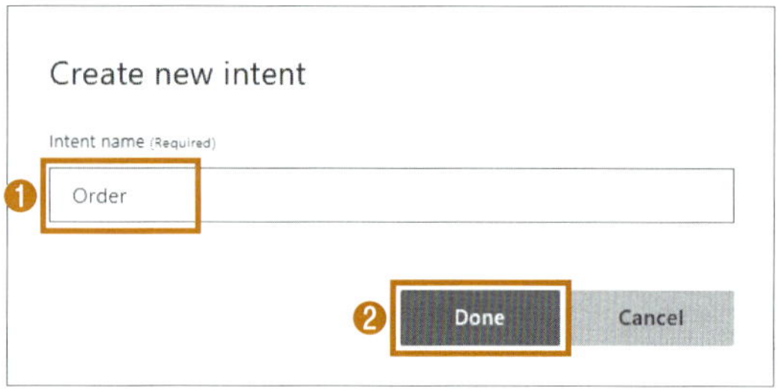

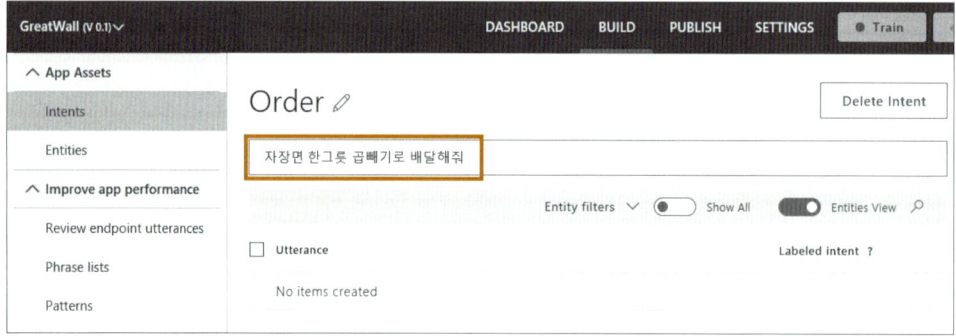

문장을 입력해서 학습할 수 있는 화면이 나타난다. 여기에 학습시킬 문장을 입력하고 Enter 키를 누르면 문장이 입력된다. 우선 다음과 같은 문장을 입력해 본다(맞춤법은 의도적으로 무시한다).

- 자장면 한그릇 곱빼기로 배달해줘

▼ 그림 8-9 학습시킬 문장을 추가한다

문장을 입력하면 Utterance(어터런스, 발화)에 문장이 추가된다.

▼ 그림 8-10 학습할 문장을 추가하면 Utterance에 표시된다

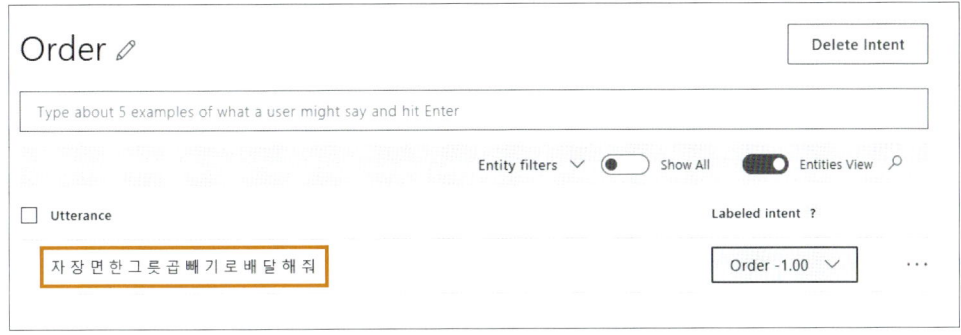

Utterance에 추가된 문장에서 Entity를 지도해 줘야 한다. 여기서는 자장면, 한그릇, 곱빼기 등을 주요 Entity로 볼 수 있다. 먼저 자장면을 Menu Entity로 인식시켜 보자.

다음 그림과 같이 자장면을 Menu라는 Entity로 추가해 보자. 마우스 포인터로 **자**, **장**, **면**을 차례대로 클릭하면 [자 장 면]처럼 대괄호로 표시된다. [자 장 면]에 표시되는 메뉴 창에 **Menu**를 입력하면 아래에 **Create new entity**가 생긴다. 이 메뉴를 클릭한다.

▼ 그림 8-11 자장면을 Menu Entity로 설정한다

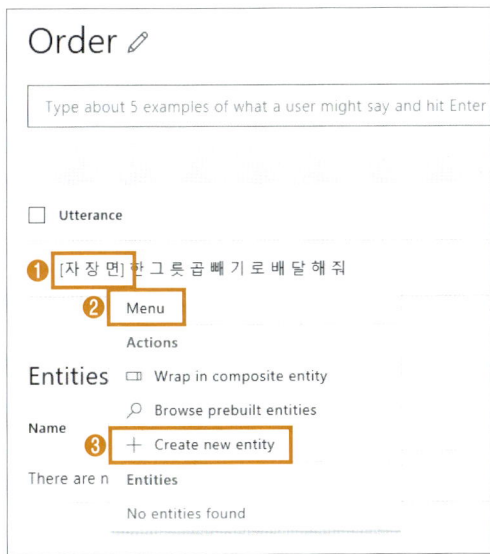

Entity 종류를 선택하는 창이 나타나면 Entity type을 **Simple**로 선택하고 **Done** 버튼을 클릭한다.

❤ 그림 8-12 Entity type을 Simple로 선택한다

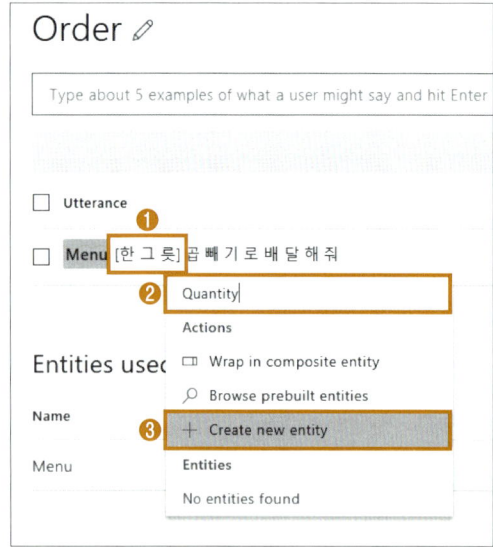

이번에는 한그릇을 Quantity Entity로 추가해 보자. 다음 그림과 같이 **한**, **그**, **릇**을 차례대로 클릭하면 [한 그 릇]처럼 대괄호로 표시된다. [한 그 릇]에 표시되는 메뉴 창에 **Quantity**를 입력하면 아래에 메뉴가 나는데 그중에서 **Create new entity**를 선택한다.

❤ 그림 8-13 한그릇을 Quantity Entity로 설정한다

Entity 종류를 선택하는 창이 나타나면 Entity type을 **Simple**로 선택하고 **Done** 버튼을 클릭한다.

▼ 그림 8-14 Entity type을 Simple로 선택한다

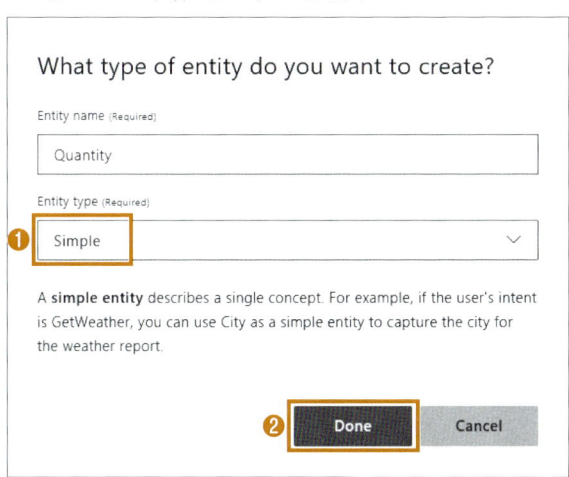

이번에는 곱빼기를 Size Entity로 추가해 보자. **곱**, **빼**, **기**를 차례대로 클릭하면 [곱 빼 기]처럼 대괄호로 표시된다. [곱 빼 기]에 표시되는 메뉴 창에 **Size**를 입력하면 아래에 메뉴가 나는데 그중에서 **Create new entity**를 선택한다.

▼ 그림 8-15 곱빼기를 Size Entity로 설정한다

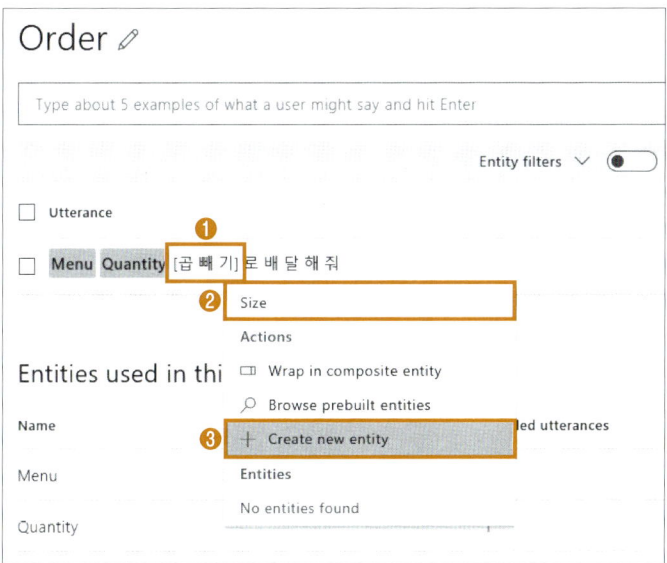

Entity 종류를 선택하는 창이 나타나면 Entity type을 **Simple**로 선택하고 **Done** 버튼을 클릭한다.

▼ 그림 8-16 Entity type을 Simple로 선택한다

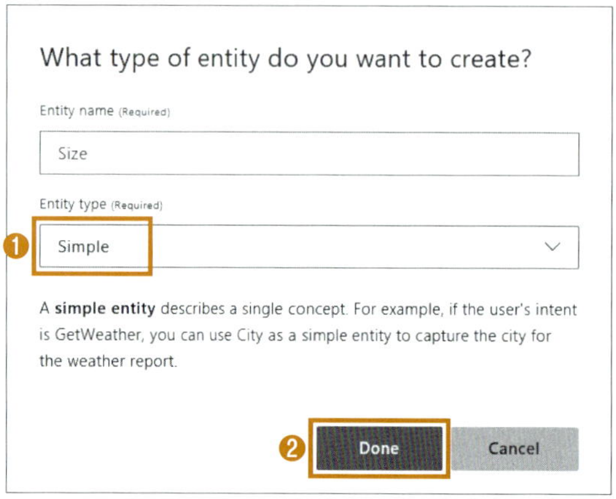

Menu, Quantity, Size를 모두 설정하면 다음 그림과 같아진다.

▼ 그림 8-17 3가지 Entity를 모두 설정한 모습

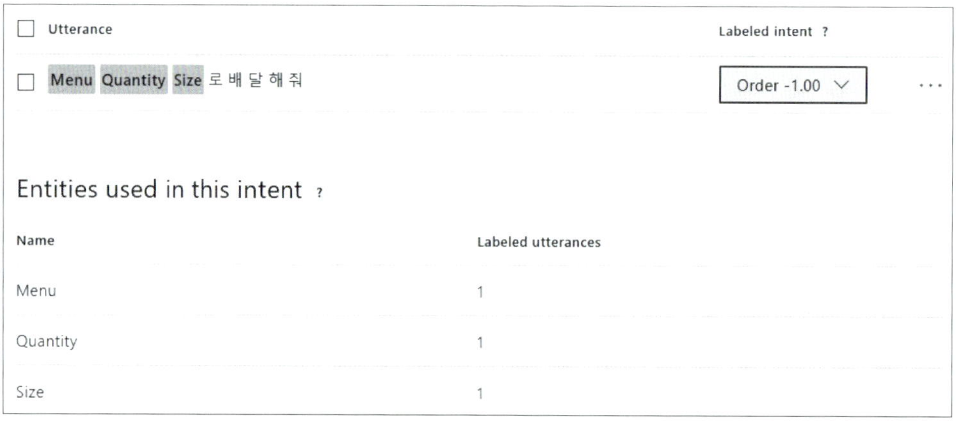

자장면 주문과 같은 방법으로 다음 문장을 차례대로 학습시켜 보자. 3가지 Entity를 이미 생성했으므로 문장에서 각각에 해당하는 항목에 Menu, Quantity, Size Entity를 선택하면 된다.

- 짬뽕 두그릇 보내줘
- 자장면 빨리 줘
- 탕수육 작은걸로 추가해줘
- 탕수육 큰걸로 보내줘
- 자장면 한그릇

문장을 모두 입력하고 Entity를 지정하면 다음과 같아진다.

▼ 그림 8-18 주문 문장을 모두 입력한 모습

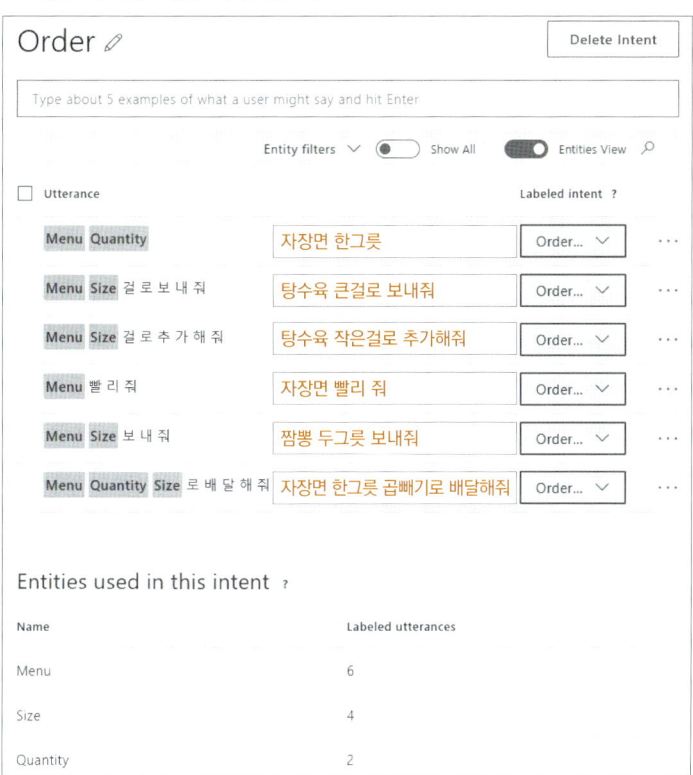

지금까지 Order Intent에 대한 문장을 입력했다. 이번에는 Delivery Intent를 추가해 보자. 왼쪽 메뉴에서 **Intents**를 선택하고 **Create new intent** 버튼을 클릭한다.

▼ 그림 8-19 Intents > Create new intent 버튼을 클릭한다

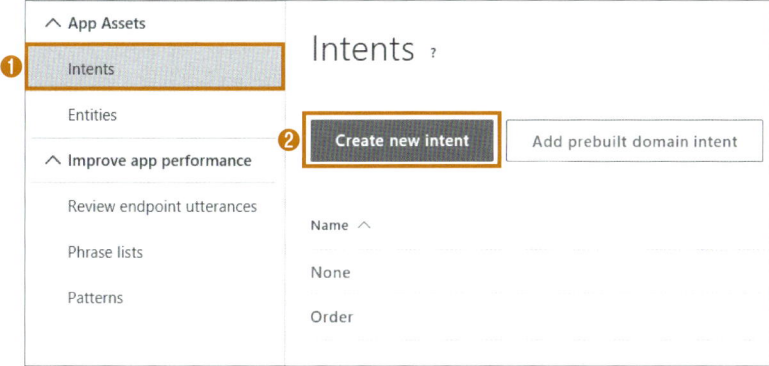

Intent 생성을 위한 창이 나타나면 **Delivery**를 입력하고 **Done** 버튼을 클릭한다.

▼ 그림 8-20 Intent name에 Delivery를 입력한다

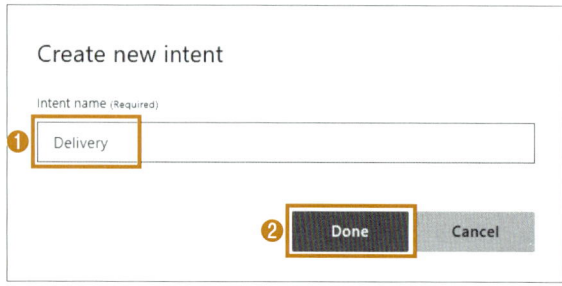

Delivery Intent에 다음 문장을 추가한다.

- 자장면은 언제와
- 주문한 음식은 언제와
- 언제 오는거야?

마우스 포인터로 **오, 는, 거, 야**를 차례대로 클릭해서 [오 는 거 야]처럼 대괄호로 표기된 상태로 만든 후 메뉴 창에 **Delivery**를 입력한다. 아래 메뉴에서 **Create new entity**를 선택해서 Delivery Entity를 생성한다.

▼ 그림 8-21 Delivery Entity를 생성한다.

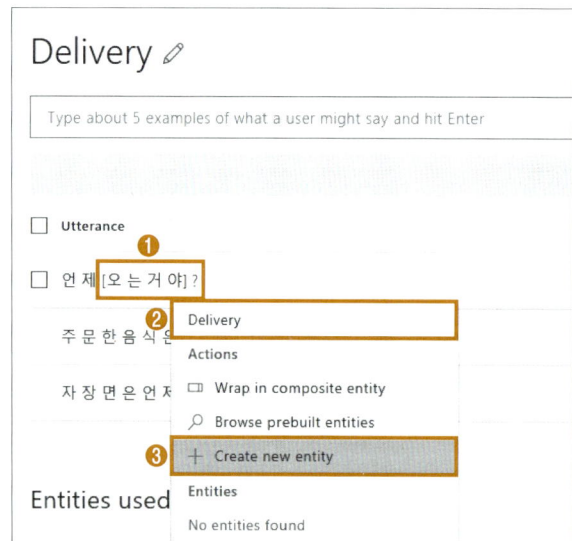

Entity 종류를 선택하는 창이 나타나면 Entity type을 **Simple**로 선택하고 **Done** 버튼을 클릭한다.

▼ 그림 8-22 Entity type을 Simple로 설정한다

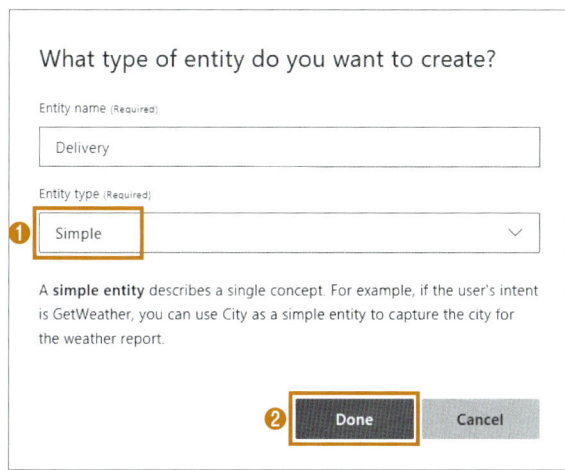

'언제와'도 Delivery Entity로 지정한다. 문장 3개를 모두 추가하면 다음 그림과 같아진다.

▼ 그림 8-23 Delivery Entity를 모두 설정한 모습

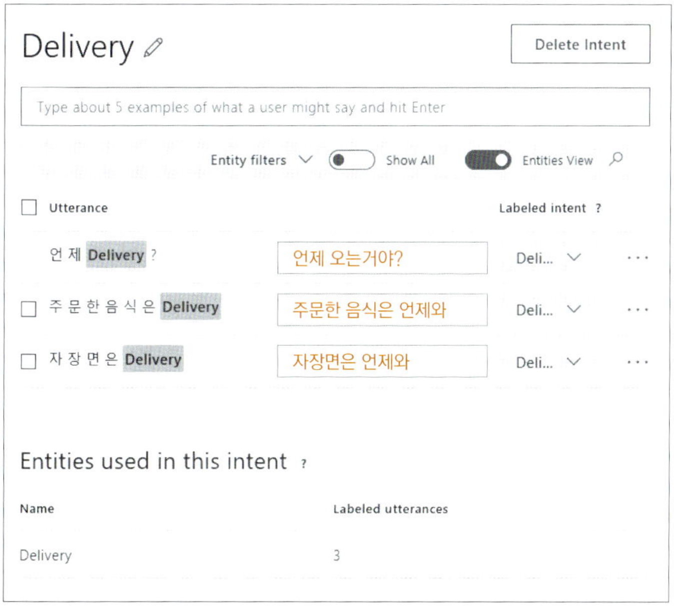

마지막으로 주문 완료를 위한 Finish Intent를 추가해 보자. 왼쪽 메뉴에서 **Intents**를 선택하고 **Create new intent** 버튼을 클릭한다.

▼ 그림 8-24 Intents 〉 Create new intent 버튼을 클릭한다

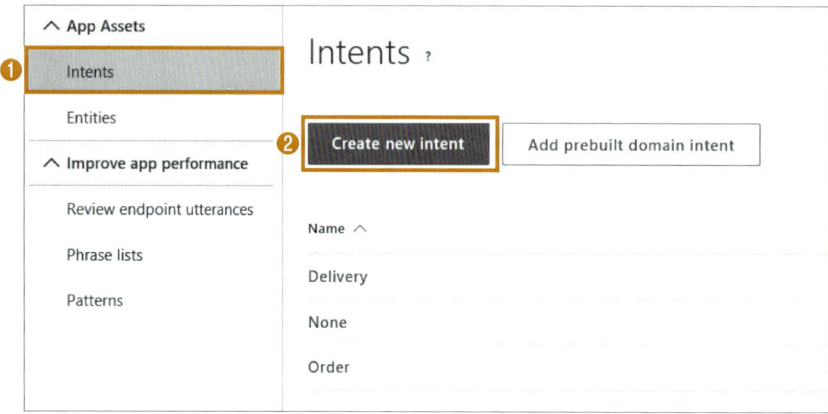

Intent 생성을 위한 창이 나타나면 **Finish**를 입력하고 **Done** 버튼을 클릭한다.

▼ 그림 8-25 Intent name에 Finish를 입력한다

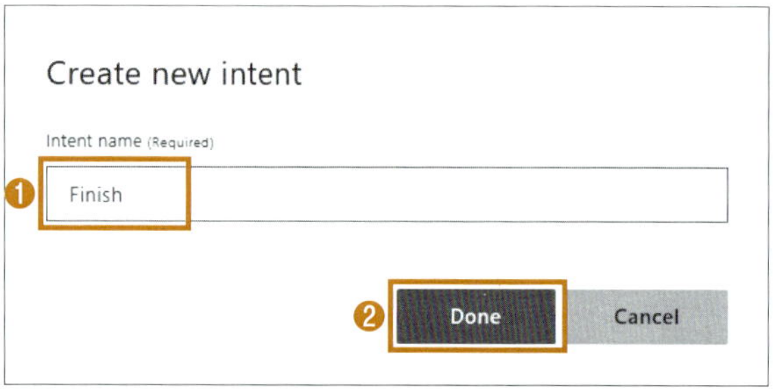

Finish Intent에 다음 문장을 추가한다.

- 그만
- 여기까지
- 주문완료
- 보내줘

마우스 포인터로 **그, 만**을 차례대로 클릭해서 [그 만]처럼 대괄호로 표기된 상태로 만든 후 메뉴 창에 **Finish**를 입력한다. 아래 메뉴에서 **Create new entity**를 선택해서 Finish Entity를 생성한다.

▼ 그림 8-26 Finish Entity를 생성한다

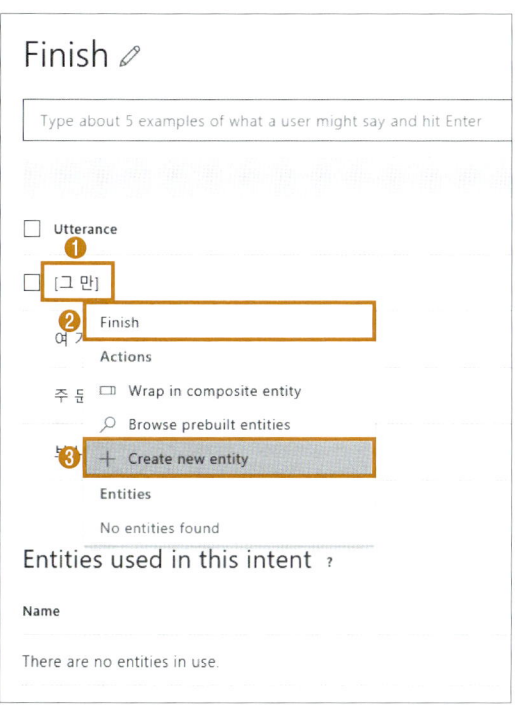

Entity 종류를 선택하는 창이 나타나면 Entity type을 **Simple**로 선택하고 **Done** 버튼을 클릭한다.

▼ 그림 8-27 Entity type을 Simple로 설정한다

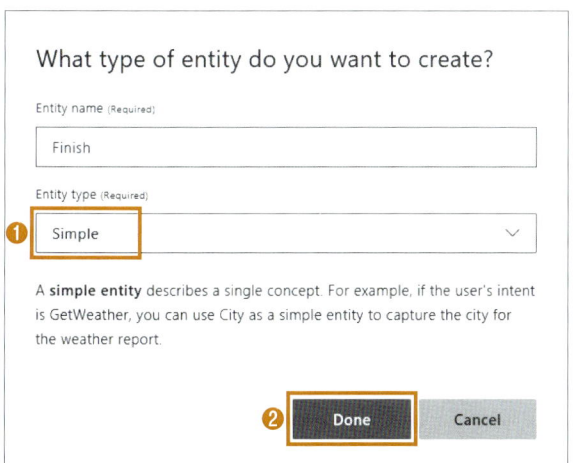

여기까지, 완료, 보내줘도 Finish Entity로 지정한다. 문장 4개를 모두 추가하면 다음 그림과 같아진다.

▼ 그림 8-28 Finish Entity를 모두 설정한 모습

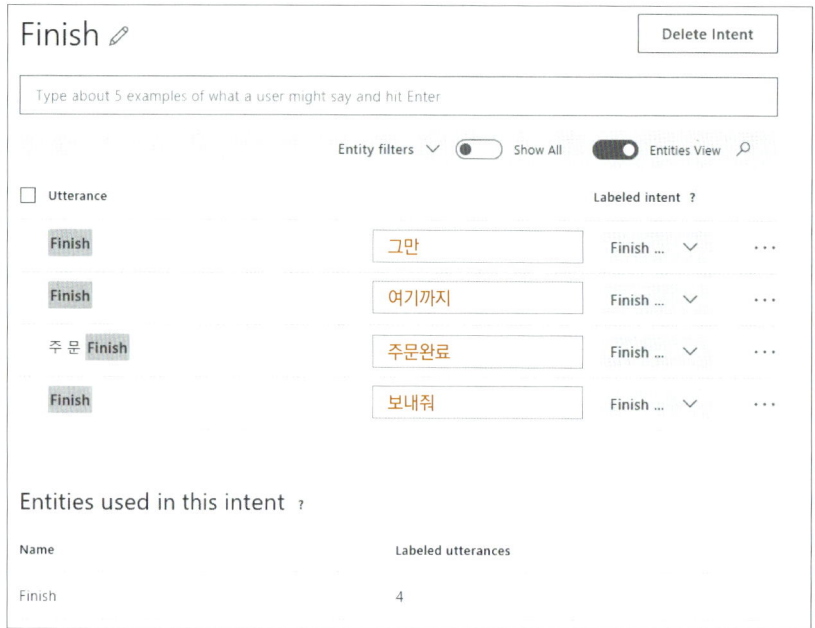

이걸로 LUIS를 학습시킬 문장을 모두 입력했다. 실제로 서비스하려면 좀 더 정교한 문장을 많이 입력해야 하지만 여기서는 이 정도 문장으로 실제 자연어 처리가 어떻게 동작하는지 확인해 보려 한다.

> **Note ≡ 대용량 텍스트 학습**
>
> 챗봇을 개발할 때 문제는 다양한 시나리오에 대응하는 대량의 문장과 단어를 학습시켜야 한다는 것이다. PTT(Pre-Training Tool)를 이용하면 문장과 단어를 엑셀 기반으로 대규모로 입력할 수 있고 한 번에 LUIS가 사용하는 JSON 포맷으로 만들어 준다.
>
> 기본 엑셀 포맷과 PTT에 대해서는 필자의 github를 참고하기 바란다.
>
> URL https://github.com/KoreaEva/Bot/tree/master/Tools/LUIS%20Pre-Traning%20Tool
> 단축 URL http://bit.ly/2Q4aBt4

CHATBOT

8.4 LUIS 훈련과 테스트하기

문장을 다 입력했으면 훈련과 테스트 과정을 거쳐야 한다. 먼저 오른쪽 상단에 있는 **Train** 버튼을 클릭해서 훈련을 시킨다. 학습은 총 7단계로 진행되는데 버튼만 클릭하면 모두 알아서 진행된다.

▼ 그림 8-29 Train 버튼을 클릭해 LUIS 훈련을 시작한다

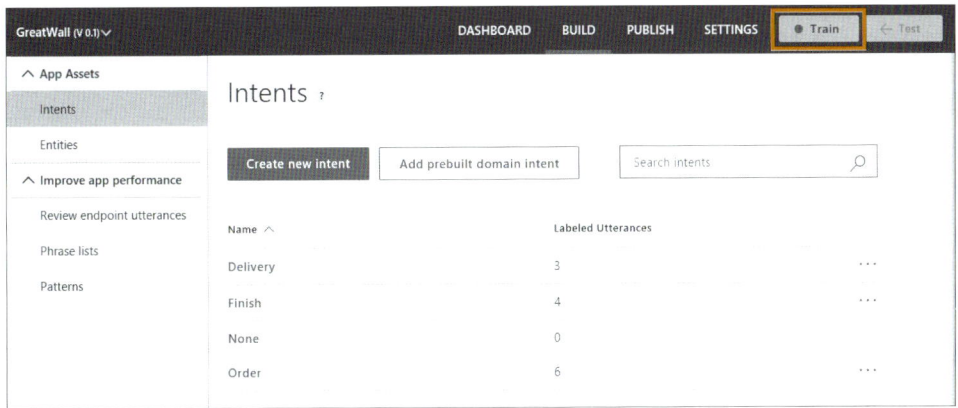

학습이 끝나면 문장을 직접 입력해서 학습된 결과를 테스트할 수 있다. Train 버튼 옆에 있는 → Test 버튼을 클릭한 다음 **자장면 한그릇 배달해 줘**라는 문장을 입력해 보자. 추가된 문장 아래에 보이는 Inspect를 클릭하면 세부 사항을 확인할 수 있다. '자장면'과 '한그릇'이 Entity로 인식되었고 문장의 Intent(의도)는 Order가 99%로 잡힌 것을 알 수 있다. 여기서 1은 100%를 뜻한다.

▼ 그림 8-30 LUIS 학습 결과를 테스트한다

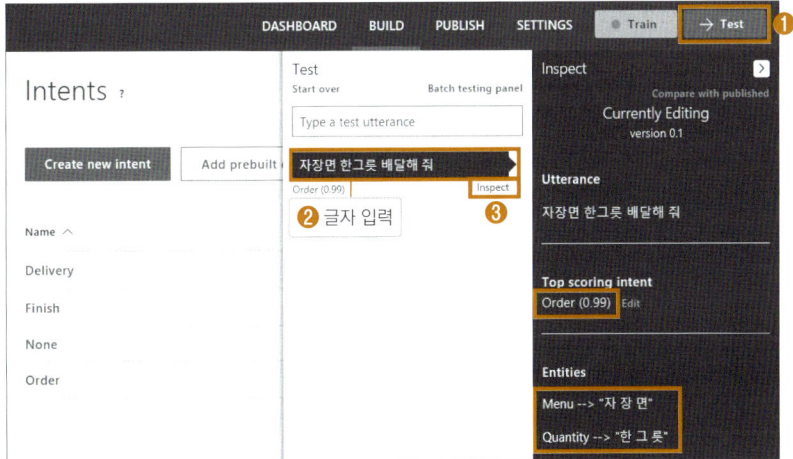

재미있는 사실은 '자장면'을 학습시켰지만 '짜장면'도 그대로 인식된다는 점이다. 이 부분은 벡터 기반 엔진의 장점 중 하나인데 100% 일치하지 않아도 비슷하면 높은 점수로 함께 인식한다. 다른 문장을 입력해 봐도 Intent를 생각보다 잘 파악하는 것을 확인할 수 있다. 이제 만들어진 LUIS 앱을 실제 서비스에 배포해야 한다.

LUIS 앱은 상단 메뉴에서 **Publish**를 선택하여 배포할 수 있다. 배포할 때는 Staging과 Production으로 나눠서 배포할 수 있는데 여기서는 **Production**으로 배포한다. Timezone을 선택하면 결과에 노출되는 시간대가 설정된다. **Publish** 버튼을 클릭하면 클라우드에 방금 만든 LUIS 앱이 배포된다.

▼ 그림 8-31 LUIS 앱을 배포한다

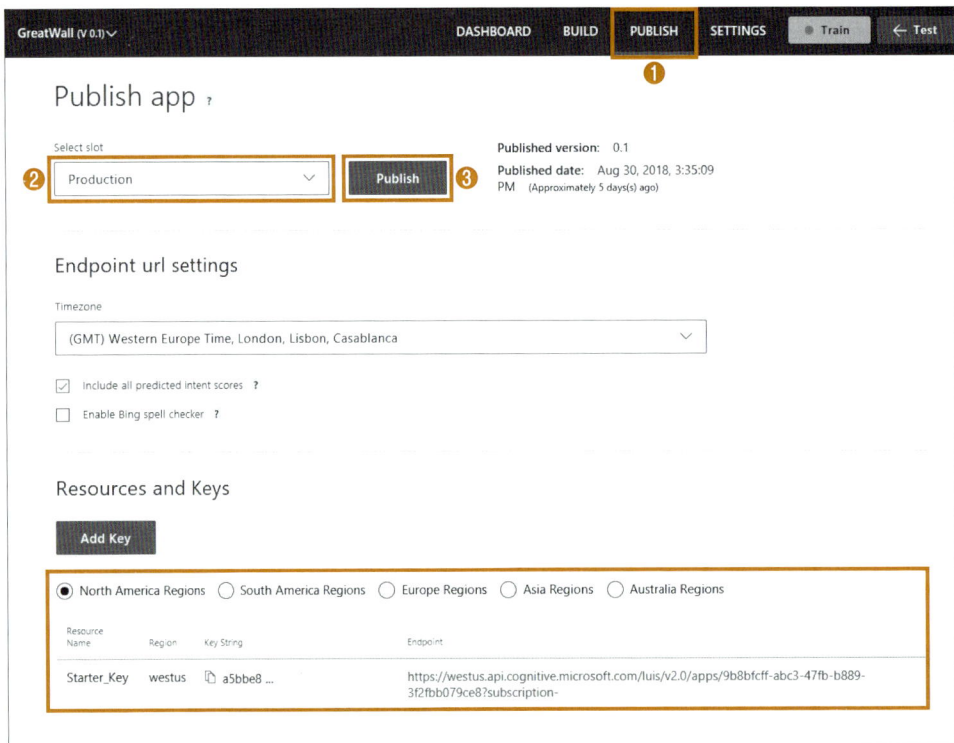

여기서 중요한 것이 바로 Resources and Key를 설정하는 부분이다. 기본적으로 별다른 설정을 하지 않아도 계정을 등록하면 Starter_Key가 부여되는데 무료로 제공되는 키다. 유료로 사용하려면 Azure 포털에서 키를 생성해서 가져와야 한다. 여기서는 Starter_Key를 사용한다. Starter_Key는 사용량에 제한이 있기 때문에 개발 용도로만 사용해야 한다.

Starter_Key는 미국 지역인 US Regions, 화면에서는 North America Regions와 South America Regions에서만 사용할 수 있다. Europe Regions나 Asia Regions에서는 사용할 수 없다. LUIS의 응답 속도를 높이고 싶거나 국내에서 정식으로 서비스를 운용할 예정이라면 Asia Regions를 권장한다.

8.5 챗봇과 LUIS 연결하기

LUIS 배포가 끝나면 지금까지 작업한 챗봇에서 LUIS를 호출해서 사용할 수 있어야 한다. 본격적으로 적용하려면 시나리오를 처음부터 다시 고민해야 하므로 여기서는 간단하게 메뉴를 하나 더 추가해서 테스트해 보는 방법으로 기능을 학습하려고 한다.

먼저 `RootDialog`에서 간단하게 자연어 처리라는 메뉴를 추가한다.

코드 8-1 카드에 자연어 처리 메뉴 추가하기(Dialogs\RootDialog.cs)

```
 1:   private async Task MessageReceivedAsync(IDialogContext context, IAwaitable<object> result)
 2:   {
 3:       await context.PostAsync(WelcomeMessage);
 4:
 5:       var message = context.MakeMessage();
 6:
 7:       var actions = new List<CardAction>();
 8:
 9:       actions.Add(new CardAction() { Title = "1.주문", Value = "1", Type =
                                          ActionTypes.ImBack });
10:       actions.Add(new CardAction() { Title = "2.FAQ", Value = "2", Type =
                                          ActionTypes.ImBack });
11:       actions.Add(new CardAction() { Title = "3.자연어 처리", Value = "3", Type =
                                          ActionTypes.ImBack });
12:
13:
14:       message.Attachments.Add(
15:           new HeroCard
16:           {
```

```
17:            Title = "원하는 기능을 선택하세요",
18:            Buttons = actions
19:          }.ToAttachment()
20:    );
21:
22:    await context.PostAsync(message);
23:
24:    context.Wait(SendWelcomeMessageAsync);
25: }
```

RootDialog의 MessageReceivedAsync()에 사용자가 자연어 처리를 사용할 수 있도록 메뉴 선택을 하나 더 늘리는 코드를 추가한다. 이전 코드에 11번 줄이 추가되었다. 11번 줄을 추가하고 실행하면 자연어 처리라는 메뉴가 추가된다. 자연어 처리 메뉴는 숫자 3을 입력한 것과 결과가 같다.

▼ 그림 8-32 자연어 처리 메뉴를 추가한 모습

이제 RootDialog에서 SendWelcomeMessageAsync()를 수정해서 3을 입력하면 새로 추가할 LUIS Dialog로 이동할 수 있게 코드를 추가한다.

코드 8-2 LUIS Dialog로 이동하는 기능 추가(Dialogs₩RootDialog.cs)

```
 1:    private async Task SendWelcomeMessageAsync(IDialogContext context,
              IAwaitable<object> result)
 2:    {
 3:        var activity = await result as Activity;
 4:        string selected = activity.Text.Trim();
 5:
 6:        if (selected == "1")
 7:        {
 8:            context.Call(new OrderDialog(), DialogResumeAfter);
 9:        }
10:        else if (selected == "2")
11:        {
12:            await context.PostAsync("FAQ 서비스입니다. 질문을 입력해 주십시오.");
13:            context.Call(new FAQDialog(), DialogResumeAfter);
14:
15:        }
16:        else if (selected == "3")
17:        {
18:            await context.PostAsync("자연어 처리 서비스입니다. 원하시는 내용을 입력해 주세요");
19:            context.Call(new LUISDialog(), DialogResumeAfter);
20:        }
21:        else
22:        {
23:            await context.PostAsync("잘못 선택하셨습니다. 다시 선택해 주십시오");
24:            context.Wait(SendWelcomeMessageAsync);
25:        }
26: }
```

코드 8-2의 코드도 이전 코드와 거의 같다. 3을 입력했을 때 처리할 수 있는 코드를 16~20번 줄에 추가했다. 아직 LUIS Dialog를 만들지 않았으므로 이 부분은 오류로 표시될 것이다.

LUIS Dialog를 추가하기 전에 먼저 관련된 NuGet 패키지를 추가하자. Visual Studio에서 **도구 > NuGet 패키지 관리자 > 솔루션용 NuGet 패키지 관리**를 선택한다.

찾아보기를 선택하고 **LUIS**를 검색하면 다양한 패키지가 검색된다. 여기서는 Microsoft에서 제공하는 Microsoft.Cognitive.LUIS 패키지를 선택한다. 오른쪽에서 **패키지를 설치할 프로젝트**를 선택하고 **설치** 버튼을 클릭하여 패키지를 설치한다. 설치 중에는 라이선스 동의 화면이 나타난다.

▼ 그림 8-33 NuGet 패키지 관리에서 LUIS를 설치한다

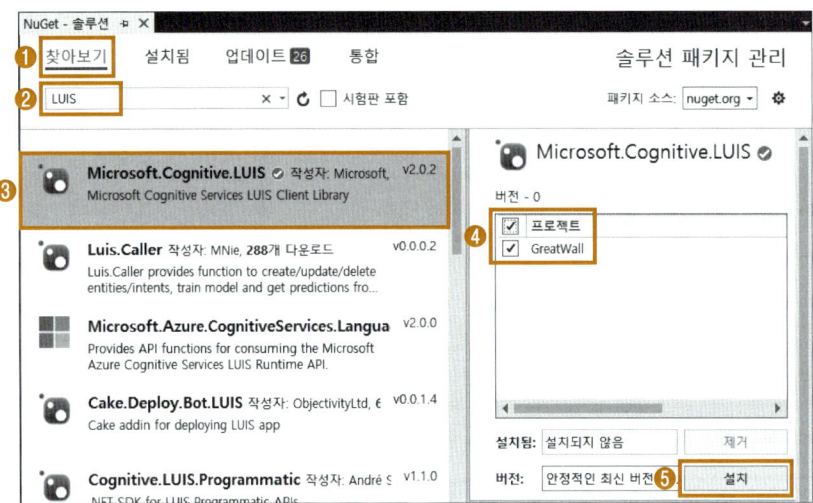

LUIS 설치를 끝냈다면 Dialogs 폴더에 LUISDialog 클래스를 생성한다.

▼ 그림 8-34 LUISDialog 클래스 추가(Dialogs₩LUISDialog.cs)

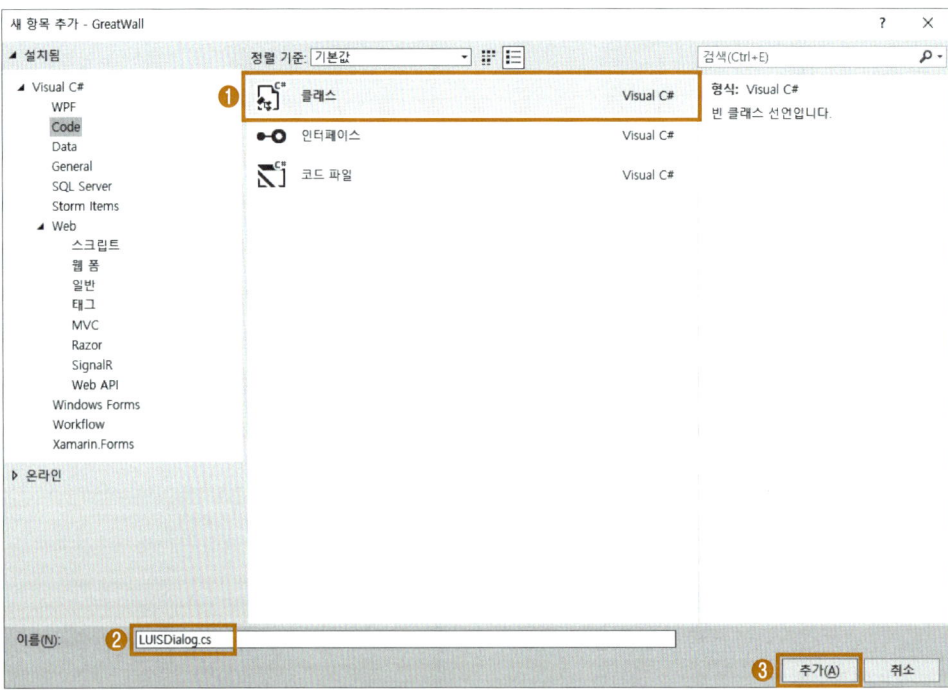

클래스를 추가했으면 코드 8-3과 같이 코드를 작성한다.

코드 8-3 LUISDialog 클래스의 전체 코드(Dialogs₩LUISDialog.cs)

```
 1: namespace GreatWall
 2: {
 3:     using System;
 4:     using System.Collections.Generic;
 5:     using System.Linq;
 6:     using System.Threading.Tasks;
 7:     using System.Web;
 8:     using Microsoft.Bot.Builder.Dialogs;
 9:     using Microsoft.Bot.Builder.FormFlow;
10:     using Microsoft.Bot.Builder.Luis;
11:     using Microsoft.Bot.Builder.Luis.Models;
12:     using Microsoft.Bot.Connector;
13:
14:     [LuisModel("79cee8ff-ee05-4d9f-a3c4-8061c67be195", "45b9b62a11a04220a79d948a7a7
                893b4")]
15:     [Serializable]
16:     public class LUISDialog : LuisDialog<string>
17:     {
18:         [LuisIntent("")]
19:         [LuisIntent("None")]
20:         public async Task None(IDialogContext context, LuisResult result)
21:         {
22:             string message = $"죄송합니다. 말씀을 이해하지 못했습니다.";
23:
24:             await context.PostAsync(message);
25:
26:             context.Wait(this.MessageReceived);
27:         }
28:
29:         [LuisIntent("Order")]
30:         public async Task Order(IDialogContext context,
                IAwaitable<IMessageActivity> activity, LuisResult result)
31:         {
32:             var message = await activity;
33:
34:             EntityRecommendation menuEntityRecommendation;
35:             EntityRecommendation sizeEntityRecommendation;
36:             EntityRecommendation quantityEntityRecommendation;
37:
38:             string menu = "";
```

```
39:            string size = "보통";
40:            string quantity = "한그릇";
41:
42:            if(result.TryFindEntity("Menu", out menuEntityRecommendation))
43:            {
44:                menu = menuEntityRecommendation.Entity.Replace(" ", "");
45:            }
46:            else
47:            {
48:                await context.PostAsync("없는 메뉴를 선택했습니다.");
49:                context.Wait(this.MessageReceived);
50:                return;
51:            }
52:
53:            if (result.TryFindEntity("Size", out sizeEntityRecommendation))
54:            {
55:                size = sizeEntityRecommendation.Entity.Replace(" ", "");
56:            }
57:
58:            if (result.TryFindEntity("Quantity", out quantityEntityRecommendation))
59:            {
60:                quantity = quantityEntityRecommendation.Entity.Replace(" ", "");
61:            }
62:
63:
64:            await context.PostAsync($"{menu} {size} {quantity}를 주문하셨습니다.");
65:
66:            context.Wait(this.MessageReceived);
67:        }
68:
69:        [LuisIntent("Delivery")]
70:        public async Task Delivery(IDialogContext context,
               IAwaitable<IMessageActivity> activity, LuisResult result)
71:        {
72:            await context.PostAsync("출발했습니다. 잠시만 기다려 주세요.");
73:
74:            context.Wait(this.MessageReceived);
75:        }
76:
77:        [LuisIntent("Finish")]
78:        public async Task Finish(IDialogContext context,
               IAwaitable<IMessageActivity> activity, LuisResult result)
79:        {
```

```
80:            await context.PostAsync("주문 완료되었습니다. 감사합니다.");
81:
82:            context.Done("주문 완료");
83:        }
84:    }
85: }
```

코드 8-3의 10~11번 줄에서는 LUIS와 관련된 네임스페이스를 추가한다. 여기서 중요한 부분은 14번 줄이다. 14번 줄에서는 LUIS와 연결하는 데 필요한 앱 ID와 Subscription Key를 설정한다. 앞부분이 앱 ID고 뒷부분이 Subscription Key다. 코드 8-3에는 필자가 사용하는 앱 ID와 Subscription Key가 설정되어 있지만 여러분은 이 부분을 여러분의 앱 ID와 Subscription Key로 각각 수정해 줘야 한다.

앱 ID와 Subscription Key를 확인할 수 있는 방법에는 몇 가지가 있지만 LUIS 사이트의 배포 부분에서 확인하는 것이 가장 확실하다.

Publish를 선택하면 다음 그림과 같이 연결에 사용할 수 있는 키를 확인할 수 있다. apps/ 다음에 나오는 부분이 앱 ID고, subscription-key= 다음에 나오는 부분이 Subscription Key다.

▼ 그림 8-35 앱 ID와 Subscription Key를 확인한다

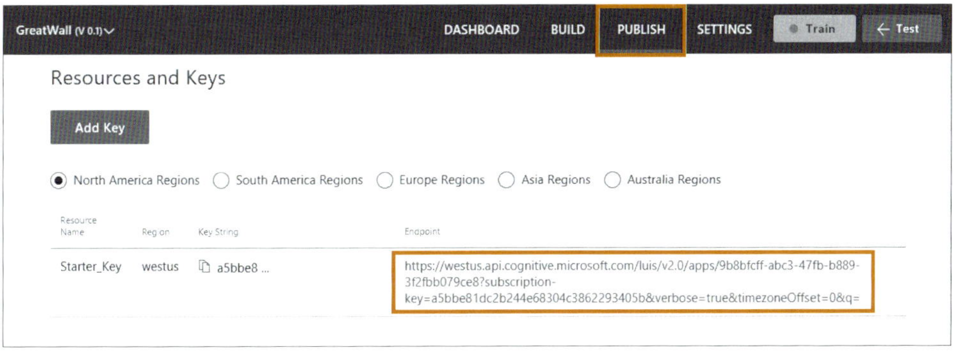

LUIS를 사용하려면 별도의 클래스가 따로 제공되어야 하는데 16번 줄을 보면 LUIS Dialog를 만들 때 LuisDialog에서 상속받는 부분을 볼 수 있다.

```
16:    public class LUISDialog : LuisDialog<string>
```

앞에서는 Dialog를 구성할 때 Dialog 인터페이스에서 상속받아서 구현했지만 여기서는 LuisDialog 클래스를 상속받는다. 이는 LUIS와 관련한 기능이 LuisDialog에 대부분 구현되어 있어서 상속받는 것으로도 많은 부분이 해결되기 때문이다.

LuisDialog 클래스는 Intent별로 메서드를 구현하면 된다.

18~27번 줄 사이에 있는 None() 메서드를 보면 메서드 속성이 2개 추가된 것을 볼 수 있다. 2개의 메서드 속성은 Intent가 없거나 None intent가 감지되면 실행된다. Intent가 없거나 None intent가 감지되었다는 것은 미리 학습된 문장에 해당하는 내용이 없기 때문에 "**죄송합니다. 말씀을 이해하지 못했습니다.**"라는 메시지를 출력하게 했다.

```
18:         [LuisIntent("")]
19:         [LuisIntent("None")]
20:         public async Task None(IDialogContext context, LuisResult result)
21:         {
22:             string message = $"죄송합니다. 말씀을 이해하지 못했습니다.";
23:
24:             await context.PostAsync(message);
25:
26:             context.Wait(this.MessageReceived);
27:         }
```

29번 줄부터는 Order Intent가 감지되었을 때 실행되는 부분이다. Order Intent를 감지하려면 주문의 의도와 주문 내역 등을 파악할 수 있어야 한다. 30번 줄에서 볼 수 있는 `LuisResult result`는 LUIS의 결과를 받는 파라미터다.

여기서 중요한 것은 주문을 의도했을 때 주문 내역을 파악하는 것이다. 주문 내역을 파악하려면 Entity를 확인하는 과정이 필요하다. 이때 사용하는 것이 EntityRecommendation이다. 34~36번 줄에서는 메뉴와 크기와 수량을 파악하기 위해 3개의 EntityRecommendation을 각각 정의하고 있다.

38~40번 줄에서는 지역 변수를 설정하는데 size와 quantity는 따로 값을 넣지 않았을 때를 대비하여 기본값으로 **보통**과 **한그릇**을 설정해 두었다.

```
38:         string menu = "";
39:         string size = "보통";
40:         string quantity = "한그릇";
```

42번 줄에서 볼 수 있는 `result.TryFindEntity()` 메서드는 넘겨받은 파라미터에서 해당 Entity가 있는지 찾아준다. 해당 Entity가 발견되면 out 타입으로 설정된 menuEntityRecommendation에 결과를 담아 준다. 44번 줄에서는 결과를 지역 변수로 가져오는 코드를 볼 수 있다. 한국어는 결과물에서 글자 사이 공백을 포함하기 때문에 Replace()를 사용해서 공백을 지워 준다.

```
42:            if(result.TryFindEntity("Menu", out menuEntityRecommendation))
43:            {
44:                menu = menuEntityRecommendation.Entity.Replace(" ", "");
45:            }
```

마지막으로 64번 줄에서 Entity를 기반으로 주문 내역을 출력한다. 69번 줄에는 배송 문의를 하는 Delivery Intent가 감지되면 실행되는 `Delivery` 메서드가 있다. 여기서는 배송 문의가 들어오면 무조건 "출발했습니다. 잠시만 기다려 주세요."가 출력되도록 고정되어 있다. 마지막으로 77번 줄에서는 주문을 완료하는 요청이 들어오면 `context.Done()`을 호출해서 대화를 종료하고 다시 `RootDialog`로 돌아간다.

프로젝트를 실행하고 에뮬레이터에서 자연어 처리를 테스트해 보자.

❤ 그림 8-36 LUIS Dialog를 실행한 모습

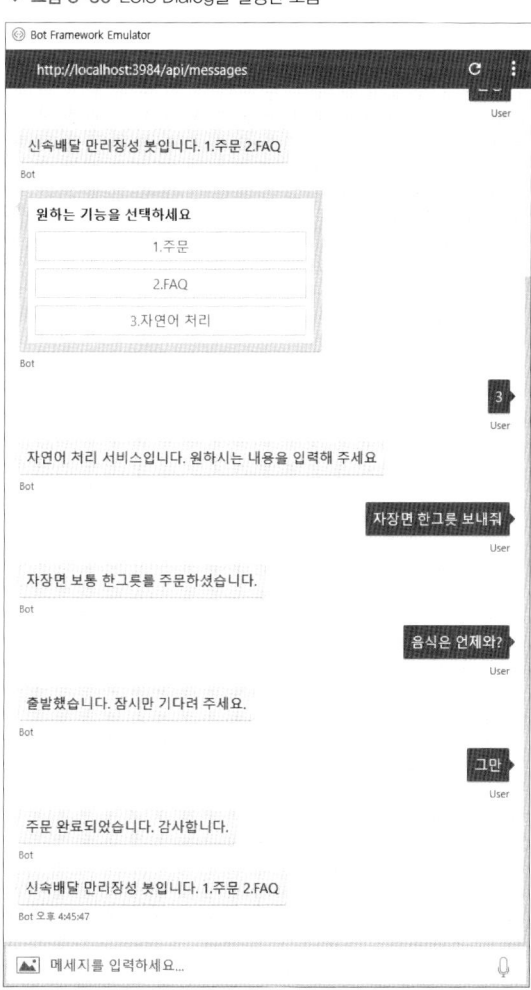

LUIS를 사용하면 사용자들이 사용하는 자연어를 처리할 수 있어 서비스를 좀 더 유연한 형태로 개발할 수 있다. 다만 LUIS가 제대로 동작하려면 LUIS를 전략적으로 학습시켜 둬야 한다. LUIS를 제대로 학습시키고 운영하려면 고민을 많이 해야 한다. 이 부분은 사례별로 차이가 많이 나므로 시행착오를 여러 번 겪으면서 확인해야 제대로 배울 수 있다.

> **Note 알아 두면 좋아요**
>
> 실제로 상담을 하거나 주문을 할 때는 사람과 사람의 채팅 또는 대화이므로 서로 존댓말을 사용한다. 하지만 챗봇을 이용한 상담이나 주문에서는 사람들이 챗봇에게 반말을 한다. 이런 이유 때문에 학습 데이터와 실사례가 불일치하기 쉽다. 가능하면 학습은 반말로 시키는 게 좋다.

9장

Direct Line과 Web Client

9.1 Direct Line Connector 설정하기
9.2 Direct Line Client 개발하기
9.3 Direct Line 테스트하기

Microsoft Bot Framework는 기본적으로 Skype, GroupMe, Office365 Mail, Slack, SMS, Telegram, Web 채팅 창 등 여러 채널과 연결할 수 있도록 지원한다. 하지만 기본으로 연결을 지원하는 채널 외에도 앱이나 웹 또는 특정 디바이스 또는 기업 내부에서 사용하고 있는 메신저 등에 챗봇 기능을 구현해야 하는 일이 자주 발생한다. 이럴 때 사용하는 것이 바로 Direct Line API다.

Direct Line API는 REST 방식의 API로 일반적인 메신저 이외에도 웹으로 연결할 수 있는 앱, 메신저, 서비스, 디바이스 등 어떤 것이라도 Microsoft Bot Framework와 연동하는 기능을 제공한다.

Direct Line API는 1.0과 3.0이 있는데 1.0은 점차 사용하지 않는 추세이므로 이 책은 3.0을 기반으로 설명한다. 자세한 명세서는 다음 URL에서 확인할 수 있다.

Key concepts in Direct Line API 3.0

URL https://docs.microsoft.com/en-us/bot-framework/rest-api/bot-framework-rest-direct-line-3-0-concepts

단축 URL https://bit.ly/2wKj7Vf

9.1 Direct Line Connector 설정하기

CHATBOT

Direct Line을 연결하려면 먼저 지금까지 만든 챗봇을 Bot Service에 등록해야 한다. 챗봇을 배포하고 등록하는 과정은 2장을 참조해서 진행하면 된다.

먼저 Azure 포털에서 GreatWall로 만들어 둔 Web App Bot을 선택하고 **Channels**를 선택한다. Channels를 선택하면 기본 채널로 Web Chat만 추가되어 있다. **Direct Line** 아이콘을 선택해서 Direct Line을 채널로 추가한다.

▼ 그림 9-1 Direct Line을 채널로 추가한다

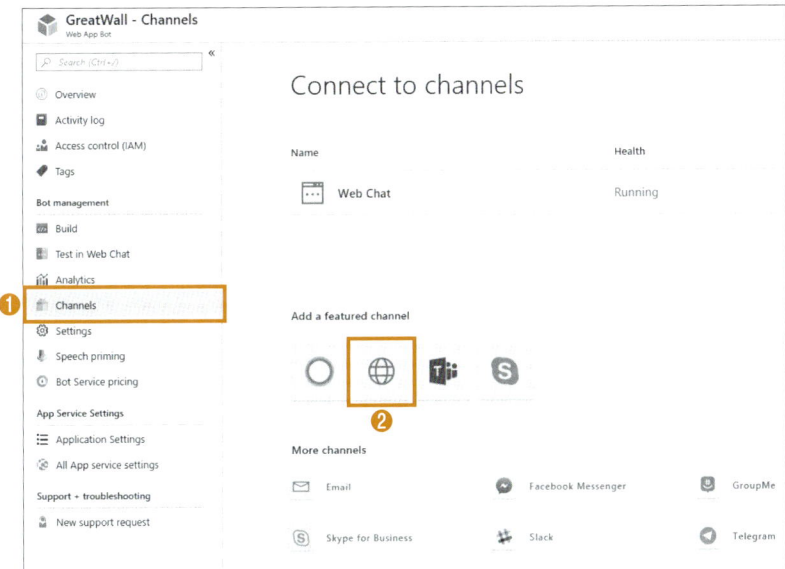

사이트 이름을 입력하라는 창이 나타나면 Name your site에 **GreatWall**을 입력하고 **Done** 버튼을 클릭한다.

▼ 그림 9-2 Direct Line 사이트를 추가한다

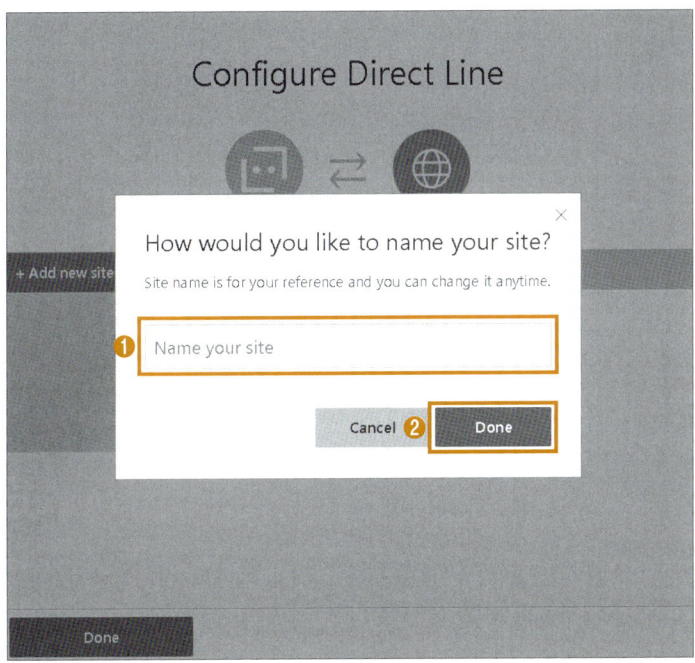

여기까지 잘 진행되었다면 Secret Key를 얻을 수 있다. Secret Key는 **Show**를 선택해서 볼 수 있다. Direct Line으로 연결할 때 필요한 키이므로 복사한 후 **Done** 버튼을 클릭한다. 나중에도 다시 필요하게 되면 언제든 이 화면으로 돌아와 Secret Key를 확인하면 된다.

▼ 그림 9-3 Secret Key를 확보한다

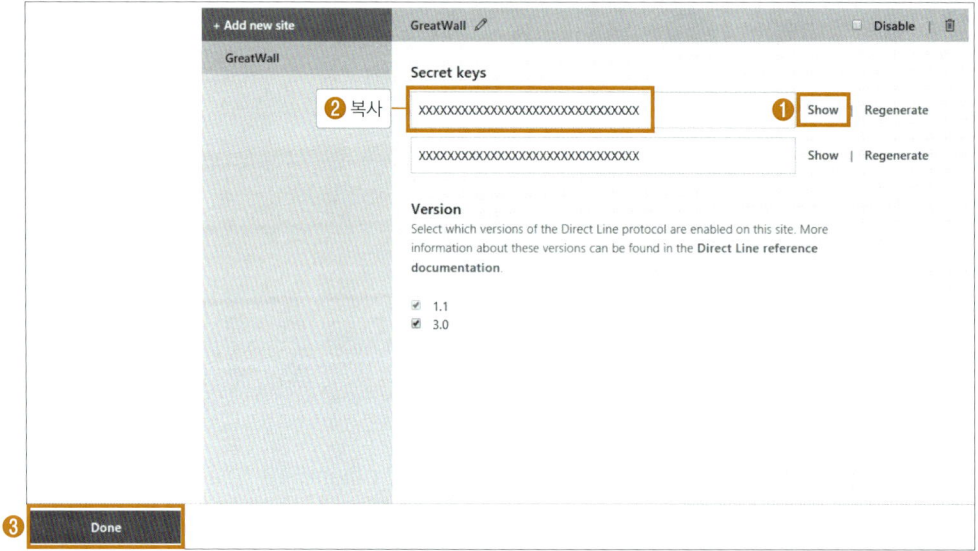

여기까지 진행했다면 챗봇 서비스에서 설정할 작업은 끝난다. 테스트할 수 있도록 Visual Studio에서 콘솔 앱 프로젝트를 생성한다.

9.2 Direct Line Client 개발하기

Direct Line으로 연결하는 방식은 기본적으로 REST 방식이므로 REST API를 개발하는 방식과 동일하게 구현할 수 있다. 웹 통신을 위한 코드를 작성하고 인증을 위해 토큰을 요청하는 방식으로 코드를 작성한다. 먼저 Visual Studio를 열어서 Console App을 하나 생성한다.

프로젝트를 생성할 때 **콘솔 앱**을 선택하고 .NET Core 버전과 .NET Framework 중에서 **.NET Framework** 버전을 선택한다. 프로젝트 이름을 **DirectLine**으로 입력하고 적당한 경로를 설정한 후 **확인** 버튼을 클릭해 프로젝트를 생성한다.

▼ 그림 9-4 Direct Line 앱을 위한 신규 프로젝트를 생성한다

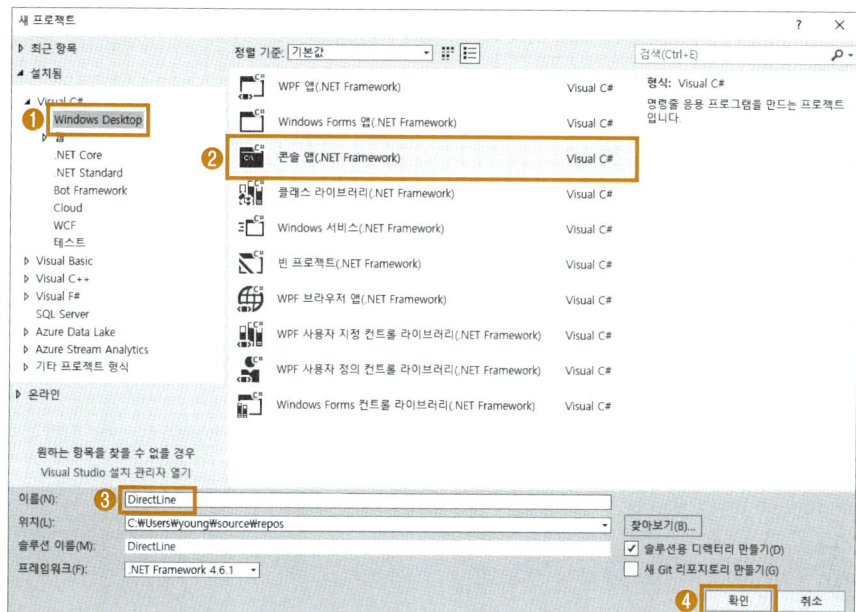

Direct Line API를 이용한 개발은 기본적으로 REST 방식 통신이므로 일반적인 네트워크 프로그래밍 기법을 사용해서 개발할 수도 있지만 여기서는 NuGet 패키지를 이용하는 방법으로 설명하겠다. 새로운 NuGet 패키지를 추가해야 하므로 솔루션 탐색기에서 DirectLine 프로젝트를 우클릭하고서 **NuGet 패키지 관리**를 선택한다. NuGet에서 DirectLine으로 검색해 보면 다음과 같은 결과를 얻을 수 있다. **Microsoft.Bot.Connector.DirectLine**을 선택하고 **설치** 버튼을 클릭한다.

▼ 그림 9-5 NuGet 패키지를 추가한다

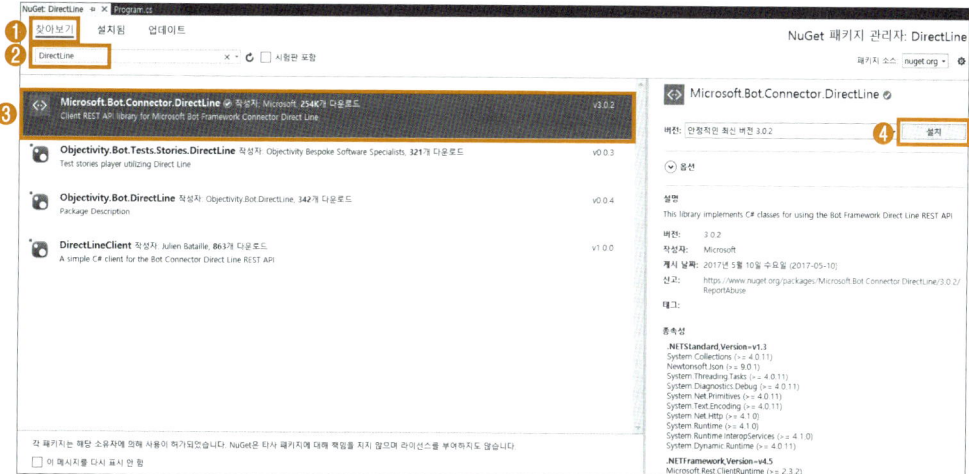

우리는 Microsoft.Bot.Connector.DirectLine을 사용해야 한다. 아래에 있는 DirectLineClient는 Microsoft가 직접 배포하는 패키지가 아니며 1.0 버전을 기준으로 하고 있다. 2018년 11월 현재 Direct Line API의 최신 버전은 3.0이다.

이제 실제로 동작하는 코드를 추가할 차례다. Program.cs 파일을 열어서 네임스페이스 참조를 추가한다.

```
using Microsoft.Bot.Connector.DirectLine;
using Newtonsoft.Json;
```

클래스의 맴버 변수를 다음과 같이 입력한다.

```
private static string directLineSecret = "<Secret Key>"; // 이 부분은 본인의 secret key를 입력
private static string botId = "GreatWall";
private static string fromUser = "DirectLineSampleClientUser";
```

`Main()` 메서드에 다음과 같이 입력한다.

```
public static void Main(string[] args)
{
    StartBotConversation().Wait();
}
```

`Main()`에서 `StartBotConversation().Wait()`는 앞으로 추가하게 될 메서드로 Direct Line을 통해서 대화를 시작하는 기능을 구현할 것이다. 먼저 Direct Line의 클라이언트를 생성해야 한다. 생성하는 과정에서 Secret Key를 함께 입력해야 한다.

코드 9-1 StartBotConversation() 메서드의 전체 소스 코드(Program.cs)

```
 1:    private static async Task StartBotConversation()
 2:    {
 3:        DirectLineClient client = new DirectLineClient(directLineSecret);
 4:
 5:        var conversation = await client.Conversations.StartConversationAsync();
 6:
 7:        new System.Threading.Thread(async () => await ReadBotMessagesAsync(client,
               conversation.ConversationId)).Start();
 8:
 9:        Console.Write("Command> ");
10:
11:        while (true)
12:        {
```

```
13:        string input = Console.ReadLine().Trim();
14:
15:        if (input.ToLower() == "exit")
16:        {
17:           break;
18:        }
19:        else
20:        {
21:           if (input.Length > 0)
22:           {
23:              Activity userMessage = new Activity
24:              {
25:                 From = new ChannelAccount(fromUser),
26:                 Text = input,
27:                 Type = ActivityTypes.Message,
28:              };
29:
30:              await client.Conversations.PostActivityAsync(conversation.
                     ConversationId, userMessage);
31:           }
32:        }
33:     }
34: }
```

코드 9-1의 3번 줄에서는 DirectLine과 통신하기 위해서 클라이언트 객체를 생성하는 부분을 볼 수 있다. 실제 대화를 시작하는 부분은 5번 줄이다.

7번 줄에서는 챗봇에서 오는 메시지를 읽어 들이는 `ReadBotMessagesAsync()` 메서드를 새로운 스레드로 발생시키고 있다. 아직 `ReadBotMessagesAsync()` 메서드는 작성하지 않았으므로 이 부분은 오류로 표시된다.

9번 줄에서는 사용자의 입력을 대기하기 위한 프롬프트로 `Command>` 를 출력했다.

11번 줄의 반복문은 대화를 계속 진행하기 위해 추가한 부분이다. 사용자가 exit를 입력하면 15번 줄의 조건문에 의해서 **break**가 호출되면서 종료된다. 사용자가 입력한 내용이 exit가 아니고 입력한 내용이 있어서 길이가 0보다 크면 23번 줄이 실행된다. 23번 줄에서는 `Activity`를 생성하고 30번 줄에서 사용자가 입력한 메시지를 챗봇으로 전달하게 된다.

마지막으로 챗봇으로부터 나오는 메시지를 읽어 주는 `ReadBotMessagesAsync()` 메서드를 작성할 차례이다.

코드 9-2 ReadBotMessagesAsync() 메서드의 전체 소스 코드(Program.cs)

```csharp
 1:    private static async Task ReadBotMessagesAsync(DirectLineClient client,
           string conversationId)
 2:    {
 3:        string watermark = null;
 4:
 5:        while (true)
 6:        {
 7:            var activitySet =
                   await client.Conversations.GetActivitiesAsync(conversationId, watermark);
 8:            watermark = activitySet?.Watermark;
 9:
10:            var activities = from x in activitySet.Activities
11:                             where x.From.Id == botId
12:                             select x;
13:
14:            foreach (Activity activity in activities)
15:            {
16:                byte[] temp = Encoding.UTF8.GetBytes(activity.Text);
17:                string message = Encoding.UTF8.GetString(temp);
18:
19:                Console.WriteLine(message);
20:
21:                Console.Write("Command> ");
22:            }
23:
24:            await Task.Delay(TimeSpan.FromSeconds(0.1)).ConfigureAwait(false);
25:        }
26:
27:    }
```

코드 9-2의 ReadBotMessagesAsync() 메서드에서는 5번 줄에서 시작하는 반복문을 이용해서 챗봇에서 나오는 메시지를 받아서 출력한다. 실제로 챗봇에서 메시지를 받는 코드는 7번 줄에 있는 client.Conversations.GetActivitiesAsync() 메서드다.

10번 줄에는 SQL 쿼리와 비슷한 코드가 나온다. 사용자와 챗봇의 대화가 담겨 있는 activitySet에서 챗봇에서 오는 메시지만 받기 위해 사용하는 객체 쿼리다. C#에서는 이런 객체나 XML 등에 사용할 수 있는 쿼리 방법을 제공하는데 이것을 LINQ라고 부른다. LINQ는 내용이 너무 방대하므로 이 책에서는 따로 설명하지 않는다.

여기서는 대화 목록에서 필요한 결과를 찾아내는 역할을 하는데, 11번 줄에서 볼 수 있는 `x.From.Id == botId`라고 되어 있는 부분은 대화 중에서 챗봇의 메시지만 추려내는 역할을 한다. 이렇게 하는 이유는 사용자의 메시지는 이미 입력하는 순간 콘솔에 표시되기 때문이다. 즉, 모든 메시지를 출력하면 사용자의 메시지가 두 번씩 출력되기 때문에 챗봇의 메시지만 추려내는 것이다.

14번 줄에서는 챗봇에서 온 메시지의 수만큼 반복해서 출력하기 위해 `foreach` 문을 사용하는데, 입력 받은 내용을 `Encoding` 객체를 사용해서 UTF8로 가져와서 출력한다.

24번 줄에서는 `Task.Delay()`를 사용해서 0.1초를 지연시킨다. 지연시키지 않으면 불필요한 부하를 많이 일으키므로 대비해서 추가한 코드다.

9.3 Direct Line 테스트하기

여기까지 잘 실행했다면 작성된 프로젝트를 바로 실행해 보자. 여기서 주의할 점은 DirectLine으로 연결했을 때 일반적인 텍스트는 잘 전송되지만 앞서 배운 카드 형태의 메시지는 전송되지 않는 다는 점이다. DirectLine으로 챗봇에서 지원되는 카드를 사용하려면 별도의 처리를 해야 한다.

▼ 그림 9-6 DirectLine 예제를 실행한 결과

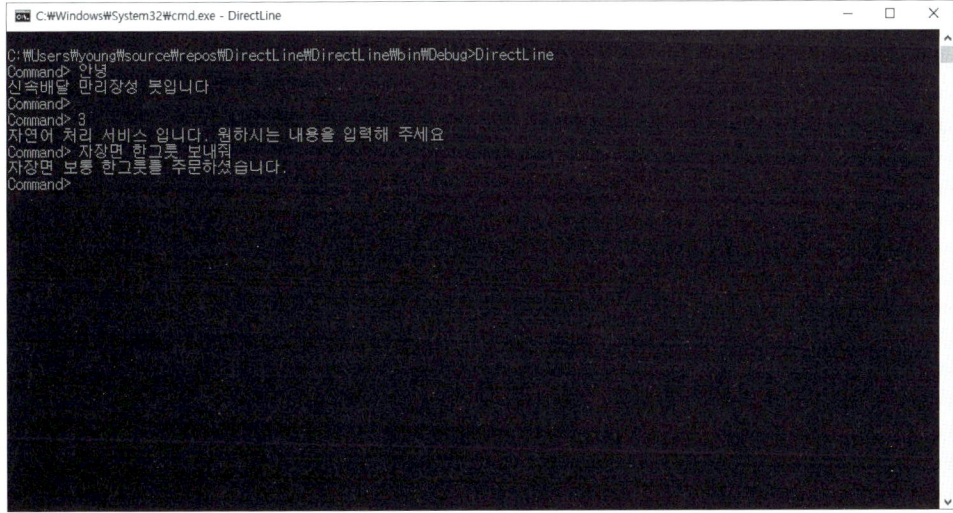

10장

Skype, Facebook, Telegram 메신저 연결하기

10.1 Skype 연결하기
10.2 Facebook 메신저 연결하기
10.3 Telegram 연결하기

10장에서는 지금까지 만든 챗봇을 몇 가지 메신저와 실제로 연결해 볼 예정이다. 일반적인 경우라면 메신저별로 챗봇과 연결하는 부분이 달라지지만 Microsoft Bot Framework에서 지원하는 메신저들은 동일한 코드를 사용해도 설정만 하면 모두 연결할 수 있다. 이렇게 쉽게 다양한 메신저를 연결할 수 있는 이유는 Microsoft가 클라우드에 미리 구성해 놓은 Bot Service 덕분이다.

Bot Service에는 이미 웹 채팅을 비롯해서 Skype, Facebook, Office365 Mail, GroupMe, Kik, Slack, Telegram 등 다양한 메신저가 연결되어 있다. 그렇기 때문에 챗봇과 메신저를 연결하기 위해서 추가로 작성해야 하는 코드는 없다.

10.1 Skype 연결하기

Skype를 등록하려면 먼저 Bot Service인 **GreatWall**을 선택하고 왼쪽 메뉴에서 **Channels**를 선택한다. Channels에서는 Bot Framework에서 연결할 수 있는 다양한 메신저를 볼 수 있다. 여기서는 메신저를 채널(Channel)이라고 부르는데 연결하는 대상이 메신저 이외에도 다양하기 때문이다. **Skype** 아이콘을 선택하면 Skype와 연결하는 데 필요한 정보를 설정하도록 항목이 나타난다.

▼ 그림 10-1 Skype를 연결한다

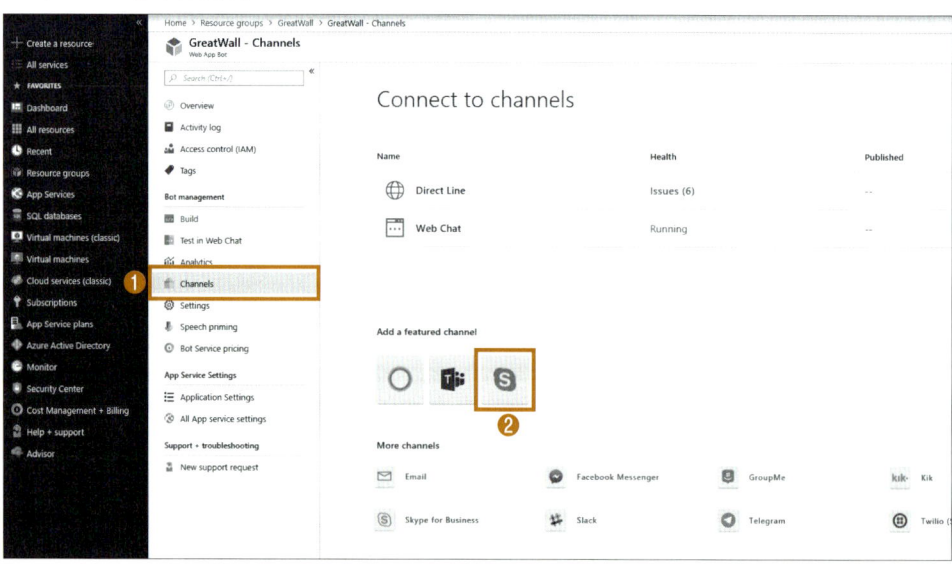

Skype와 관련된 설정은 총 5개 탭으로 구성되어 있다. 첫 번째 탭인 Web control에서는 Skype를 연결할 수 있는 웹 채팅 창의 HTML 태그를 받을 수 있다. Bot Service에서도 웹 채팅을 제공하지만 여기서 얻을 수 있는 HTML 태그는 Skype의 웹 버전이므로 성격이 다르다. **Get embed code** 버튼을 클릭하면 바로 HTML 태그를 얻을 수 있다.

▼ 그림 10-2 Skype 연결을 설정한다

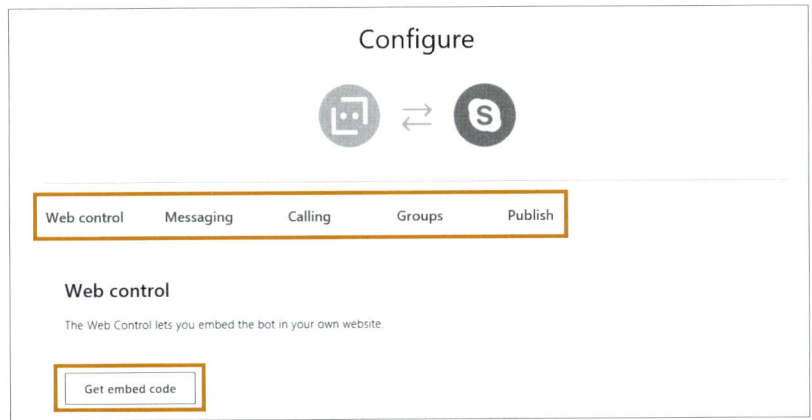

새 창이 열리면서 Web Control Generator로 이동한다. 여기서는 HTML 태그에 약간의 커스터마이징이 가능한데 연결에 필요한 버튼의 스타일, 컬러, 메시지 등을 설정할 수 있다. Skype 아이디나 봇 아이디를 설정하고 **Copy** 버튼을 클릭하면 결과 HTML이 생성되면서 복사된다.

▼ 그림 10-3 Skype 웹 컨트롤의 HTML 태그를 설정한다

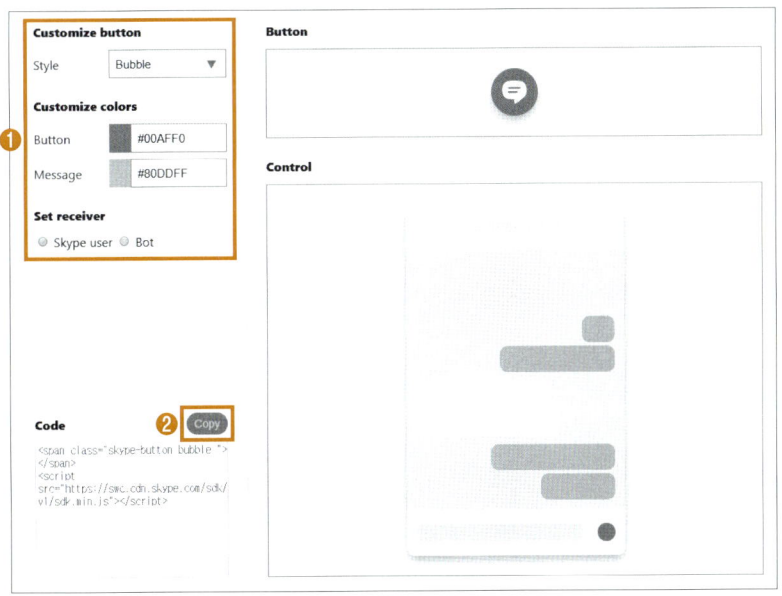

두 번째 탭인 Messaging에서는 메시지의 상세 내용을 결정할 수 있다. Messaging을 Disable로 바꾸면 메시지를 받을 수 없게 되므로 Enable 상태로 유지해야 한다. Media cards 옵션도 이 탭에서 볼 수 있는데 Media cards 옵션을 Enable로 설정하면 오디오 및 비디오 카드를 활용할 수 있게 된다. 기본값은 Disable이다.

세 번째 탭인 Calling은 전화로 바로 봇을 호출할 수 있는 기능이다. 이 경우는 텍스트 기반의 챗봇이 아니므로 지금까지 만든 챗봇은 여기에 적용할 수 없다. 음성 채팅이 가능하려면 TTS(Text to Speech)와 STT(Speech to Text) 기능을 함께 사용해야 한다. STT는 한국어 지원이 완전하지 않은 경우가 많고 비용도 높은 편이다. 음성을 지원하는 챗봇이라면 한국어 지원과 비용을 고려해야 한다.

네 번째 탭인 Groups에서는 그룹과 관련된 설정을 할 수 있다. 해당 봇을 특정 그룹에 포함시킬 수 있는지 결정하는 옵션으로 기본값은 Disable이다.

마지막 탭인 Publish가 가장 중요하다. Skype는 별도로 등록하는 과정을 거치지 않으면 사용자 계정을 100개까지만 연결할 수 있다. 봇을 운영하려면 마지막 탭의 내용을 입력한 다음 봇을 Skype에 등록하는 과정을 거쳐야 한다. 이 과정은 앱을 만들어서 앱스토어에 등록하는 과정과 비슷하다. 입력해야 하는 정보는 표 10-1과 같다.

▼ 표 10-1 Skype에 등록하는 데 필요한 정보

Display name	Skype에 등록되는 봇의 이름
Long description	봇에 대한 자세한 설명
Bot website	봇의 공식 웹 사이트
Bot category	카테고리
Publisher name	배포자 이름
Publisher email	배포자 이메일
Language support	지원하는 언어
Markets	배포할 마켓
Privacy statement URL	개인 정보 보호 약관
Terms of use URL	사용자 이용 약관

표 10-1을 참조해 그림 10-4의 Publish 탭에 필요한 정보를 채워서 제출하면 승인 과정을 거치게 된다. 이 과정 역시 앱스토어에 새로운 앱을 등록하면 스토어에 배포하기 전에 사전 심사를 거치는 과정과 비슷하다. 사전 심사 과정에서 문제가 발생하면 문제 상황을 알려 주기 때문에 이 부분을 참조해서 다시 신청하면 된다.

▼ 그림 10-4 Publish 탭에서 Skype 봇 등록 정보를 입력한다

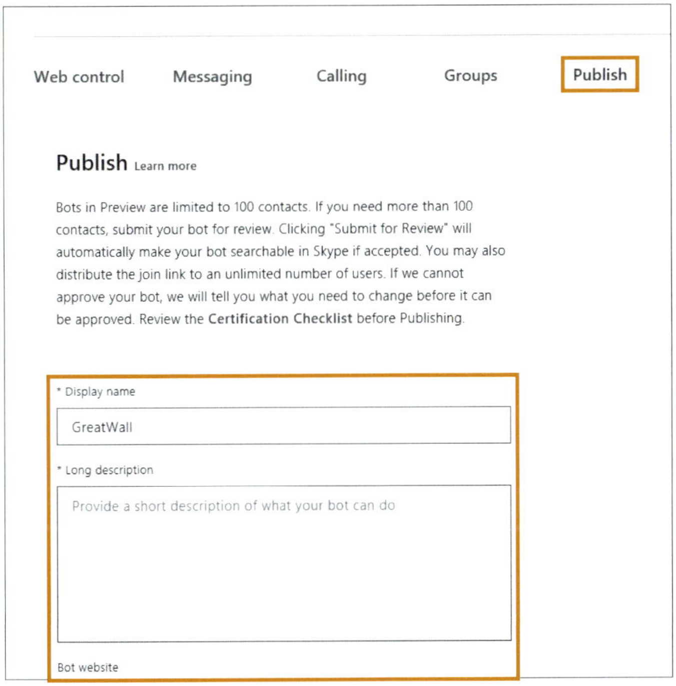

10.2 Facebook 메신저 연결하기

CHATBOT

Facebook 메신저는 현재 가장 활발하게 사용되고 있는 메신저다. 최근 한국에서도 사용자층이 빠르게 늘고 있으며 20대 이하에서는 카카오톡 대신 Facebook 메신저를 사용하는 사용자가 크게 늘고 있다.

앞서 연결한 Skype와는 연결하는 방법이 약간 다르다. 일단 Facebook 사이트에서 몇 가지 작업을 하고 나서 연결해야 한다. Facebook 메신저를 연결하려면 Skype와 동일하게 Bot Service에서 **Channels**를 선택하고 다시 **Facebook Messenger**를 선택하면 된다.

▼ 그림 10-5 Facebook Messenger를 챗봇과 연결한다

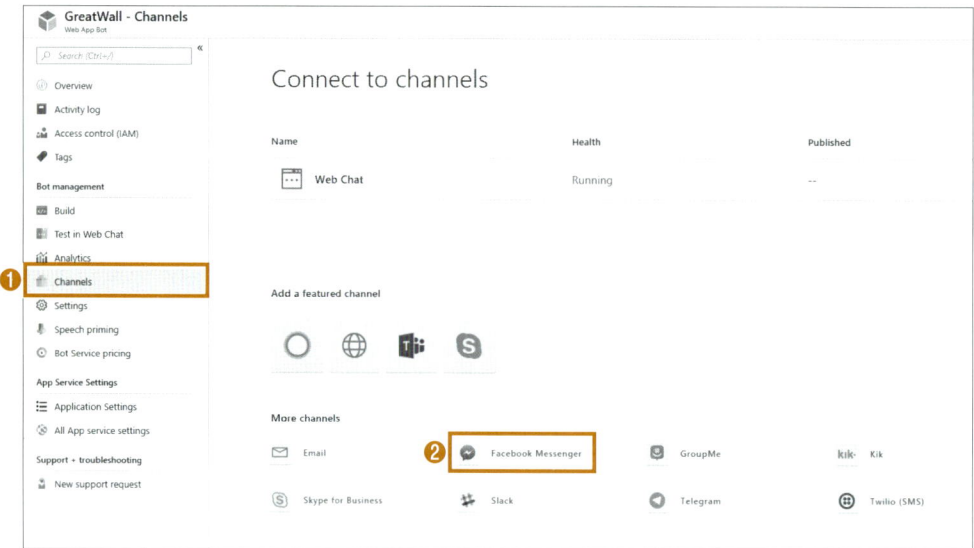

별도의 탭 없이 한 페이지로 구성된 설정 페이지가 나타난다. 이 페이지의 설정 값을 채우려면 Facebook 사이트에서 몇 가지 작업을 먼저 해야 한다.

▼ 그림 10-6 Facebook Messenger를 설정한다

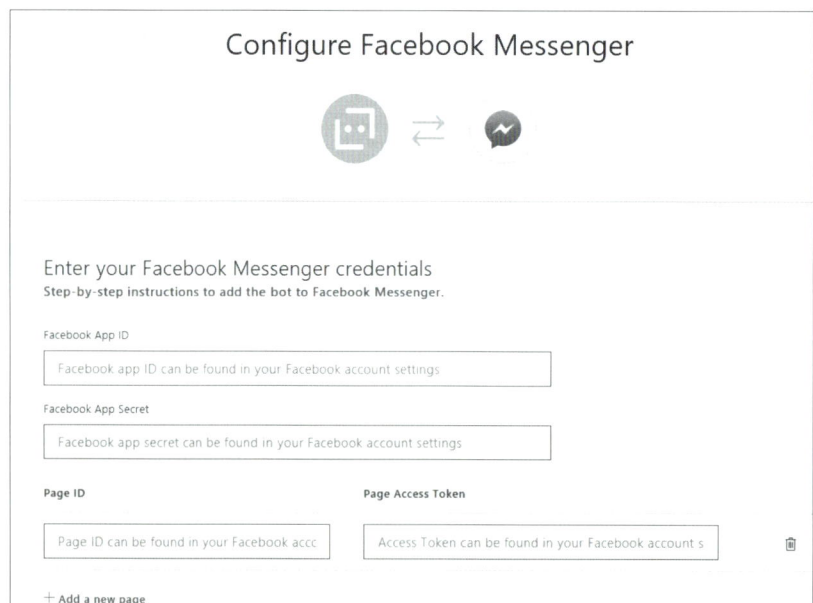

Facebook 메신저를 연결하려면 다음과 같은 정보를 입력해야 한다.

▼ 표 10-2 Facebook 메신저 설정에 필요한 요소

Facebook Page ID	Facebook 페이지의 고유 ID
Facebook App ID	Facebook 앱의 고유 ID
Facebook App Secret	Facebook 앱을 연결하는 데 필요한 인증 키
Page Access Token	페이지 접근에 필요한 토큰
Callback URL	Callback에 필요한 URL로 Facebook 사이트에 복사해 넣어야 한다.
Verify Token	검증에 필요한 토큰으로 Facebook 사이트에 복사해 넣어야 한다.

Facebook 메신저를 연결하려면 기본적으로 Facebook 페이지와 앱이 필요하다. 먼저 Facebook 페이지를 생성해 보자.

Facebook 페이지는 https://www.facebook.com/bookmarks/pages에 접속해서 생성할 수 있다. 페이지를 생성한 후 해당 페이지의 정보 수정 메뉴로 들어가 보면 아이디를 확인할 수 있다.

▼ 그림 10-7 Facebook 페이지를 생성한다

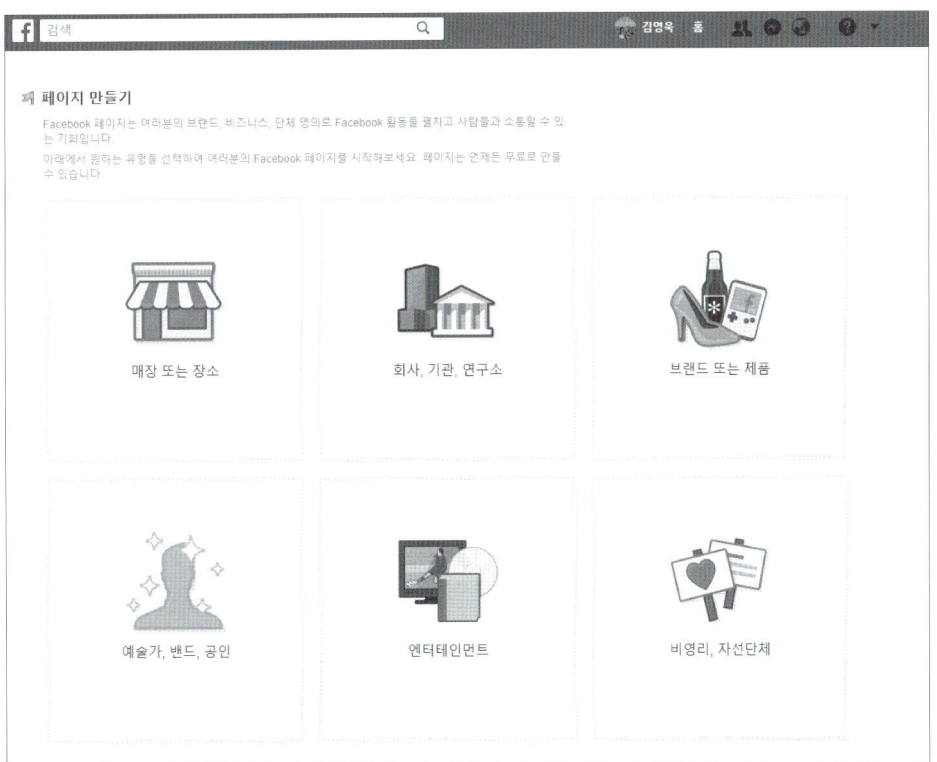

Facebook 페이지는 페이지를 사용할 용도와 추가 정보를 입력하면 즉시 생성된다.

Facebook 페이지 ID를 확인했으면 Facebook 앱을 생성할 차례다. Facebook 앱은 https://developers.facebook.com/quickstarts/?platform=web에서 생성할 수 있다. Facebook 앱이 생성되고 나면 앱 ID와 앱 Secret을 확인해야 한다. 2가지 정보를 확인하려면 **페이지 정보 수정**을 클릭한다.

▼ 그림 10-8 페이지 ID를 확인하려면 페이지 정보 수정을 이용한다

생성된 Facebook 앱의 설정에서 기본 설정으로 들어가면 앱 ID와 앱 Secret이 보인다. 앱을 정상적으로 사용하려면 도메인이나 개인 정보 처리 방침과 서비스 약관을 명시한 인터넷 주소 등과 같은 정보를 추가로 상세하게 기술해야 한다.

▼ 그림 10-9 Facebook 앱의 앱 ID와 앱 Secret 코드를 확인한다

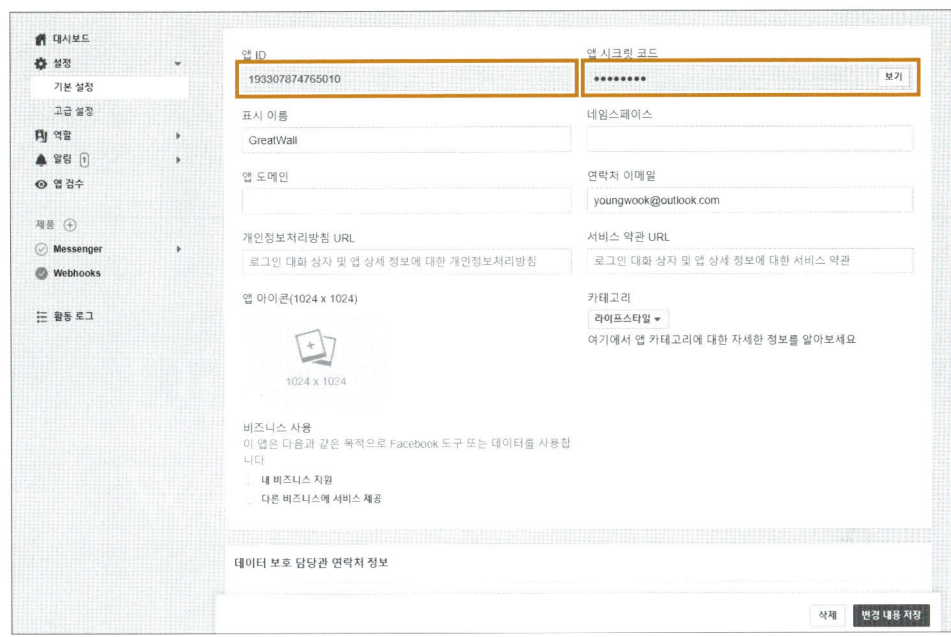

Facebook 앱에서 필요한 정보를 얻었다면 다음에는 Facebook 앱 설정의 고급 설정에서 API 액세스를 허용해야 한다.

▼ 그림 10-10 고급 설정에서 앱 설정에 대한 API 액세스를 허용한다

Facebook 메신저를 연결하려면 몇 가지 과정이 더 남아 있다. Facebook 앱의 대시보드로 가서 메신저 기능을 설정해야 한다. Facebook 앱의 **대시보드**를 선택하면 Messenger 기능을 설정할 수 있는 메뉴가 나타난다. Messenger 기능의 **설정** 버튼을 클릭한다.

▼ 그림 10-11 Facebook 앱의 대시보드에서 Messenger 기능을 설정한다

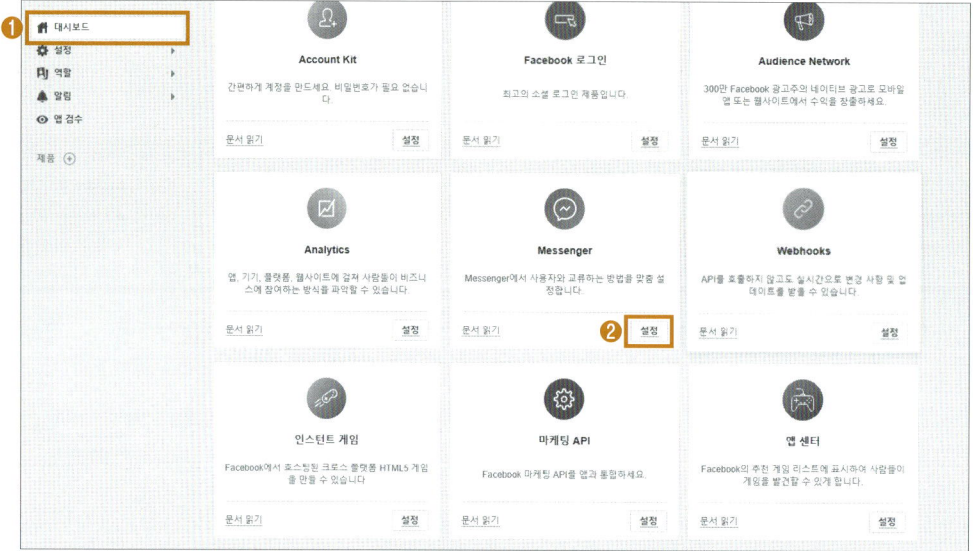

미리 생성해 둔 GreatWall 페이지에 접속할 수 있는 토큰을 생성하고 Bot Service에 접속을 위해서 Webhooks를 설정해야 한다.

▼ 그림 10-12 Facebook 앱의 액세스 토큰을 생성하고 Webhooks를 설정한다

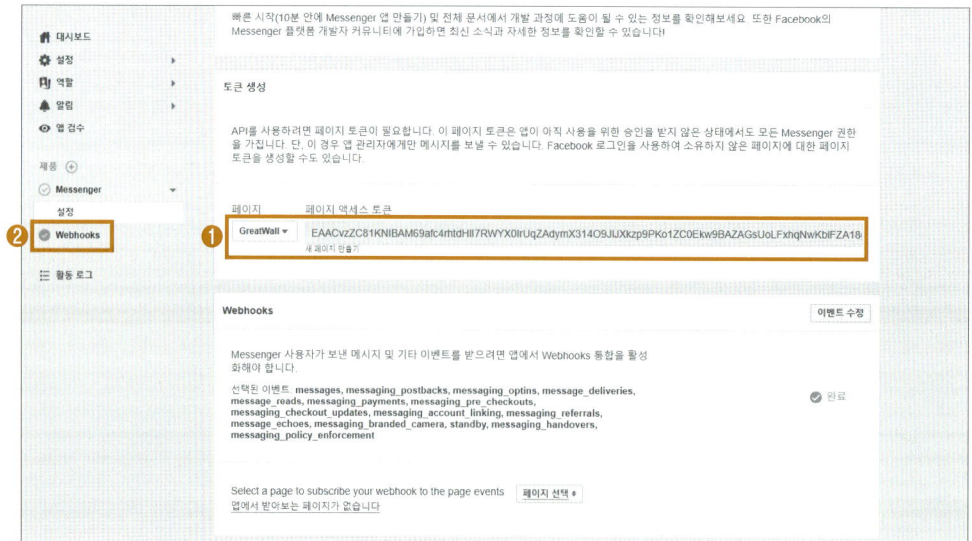

Webhooks를 설정할 때는 Bot Service의 Channels에서 본 Facebook 연결에 필요한 2가지 정보인 Callback URL과 Verify Token 값을 복사해서 입력하고 모든 권한에 체크한 후 **확인** 버튼을 클릭해야 등록이 완료된다.

Facebook 메신저를 연결하기 위한 작업이 모두 끝났다. 생성된 값을 다시 한 번 Bot Service에 등록하면 등록이 완료된다.

10.3 Telegram 연결하기

Facebook 메신저에 비해 Telegram은 연결하기가 쉽다.

Telegram을 연결하기 위해 Bot Service의 **Channels**에서 **Telegram**을 선택하면 앞서 본 Skype나 Facebook과 달리 입력 항목이 딱 하나만 나타난다.

▼ 그림 10-13 Telegram을 연결한다

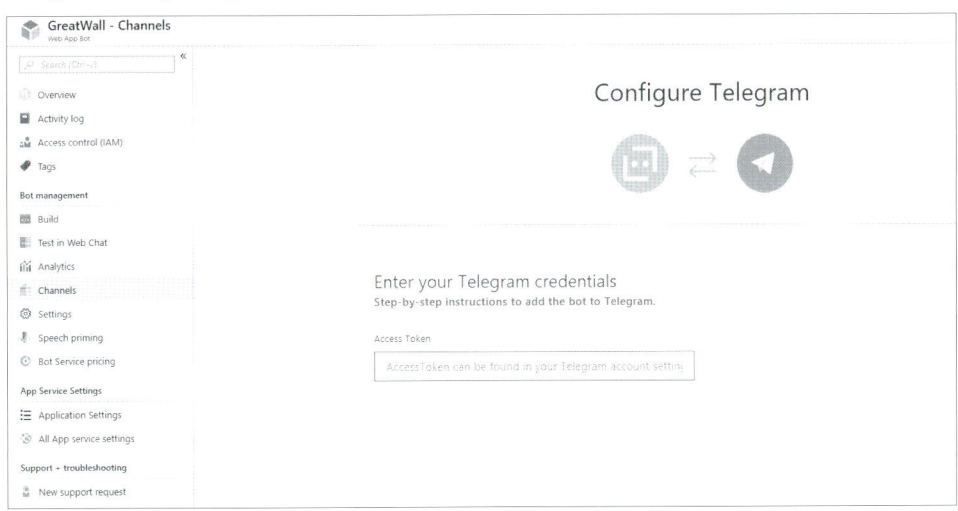

다른 메신저는 챗봇 연결을 위해 별도의 등록 사이트를 제공하는데 비해 Telegram은 챗봇 연결을 지원하는 챗봇을 따로 제공한다는 점이 흥미롭다.

모든 봇의 아버지인 양 BotFather라는 이름으로 제공되는데 https://telegram.me/botfather에서 만날 수 있다.

▼ 그림 10-14 Telegram에서 제공하는 BotFather

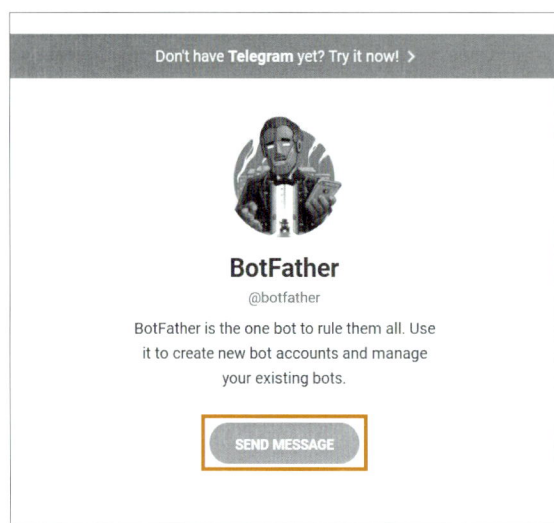

Telegram 메신저로 접속해서 BotFather를 찾아서 채팅을 하면 봇을 등록할 수 있다.

▼ 그림 10-15 BotFather의 인사말

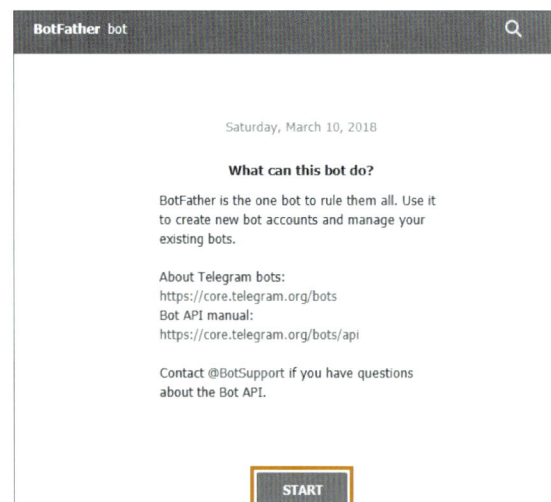

BotFather는 접속하자마자 인사말과 함께 사용할 수 있는 명령을 소개해 준다.

▼ 그림 10-16 BotFather에서 사용할 수 있는 명령 소개

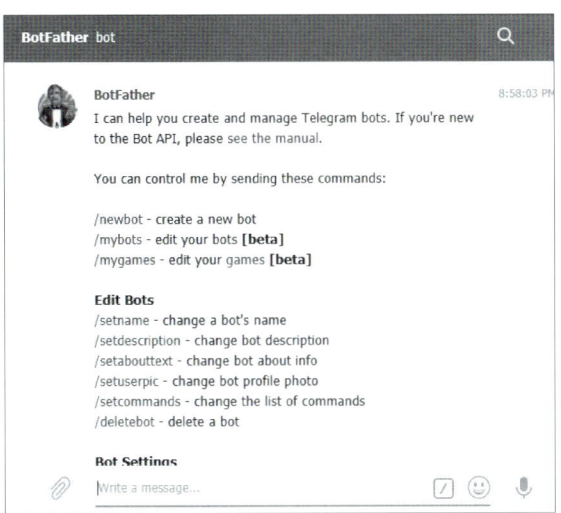

우리는 새로운 봇을 등록할 것이므로 /newbot을 입력한다. 그러면 BotFather가 챗봇 이름을 등록하라고 알려 준다.

▼ 그림 10-17 /newbot 명령으로 새로운 봇을 등록한다

GreatWall을 챗봇 이름으로 입력하면 BotFather가 이름 끝에 반드시 Bot을 접미사로 붙여야 한다고 알려 준다.

▼ 그림 10-18 GreatWall을 챗봇 이름으로 등록한다

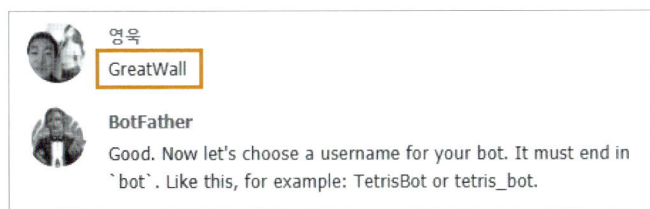

다시 GreatWallBot을 입력했더니 이미 사용하고 있는 이름이라고 알려 줘서 **GreatWall2Bot**으로 입력하니 등록이 완료되었다. 여기까지 하고 아래에 보이는 토큰 값을 복사해서 Bot Service의 Telegram 항목에 등록해 주면 연결이 완료된다.

▼ 그림 10-19 GreatWall2Bot의 등록 완료 화면

영욱
GreatWall2Bot

BotFather
Done! Congratulations on your new bot. You will find it at t.me/GreatWall2Bot. You can now add a description, about section and profile picture for your bot, see /help for a list of commands. By the way, when you've finished creating your c bot, ping our Bot Support if you want a better username for i Just make sure the bot is fully operational before you do this.

Use this token to access the HTTP API:
468869234:AAH98aFLqkkXuZw985N33k0AGROtSbasMMg

For a description of the Bot API, see this page:
https://core.telegram.org/bots/api

Telegram은 다른 메신저와 비교하면 매우 간단하고 사용하기도 쉽다. 그래서인지 개발자들은 Telegram 봇 만들기를 선호하는 편이다. 하지만 국내에서는 사용자가 그리 많지 않다.

국내에서는 카카오톡이 가장 많이 사용되고 있고 Facebook 메신저가 점차 세력을 넓히고 있다. 11장에서는 카카오톡 메신저를 연결하는 방법을 살펴보겠다.

11장

카카오톡 메신저 연결하기

11.1 카카오톡 플러스친구

11.2 KakaoConnect 구현하기

Microsoft Bot Framework를 이용하면 Skype를 비롯한 다양한 채널에 Bot Service를 구성할 수 있다. 하지만 안타깝게도 Bot Framework에서는 기본적으로 카카오톡을 채널로 지원하지 않는다.

그럼에도 불구하고 국내에서는 좋든 싫든 카카오톡을 지원해야 한다. 카카오톡 사용자가 많기 때문이다. 상황이 이렇다 보니 카카오톡을 지원하는 또 다른 방법을 생각해야 했다.

11.1 카카오톡 플러스친구

카카오톡은 일반 사용자 계정에 Bot Service를 연결할 수 없다. 카카오톡에서 Bot Service를 연결하려면 플러스친구라는 계정을 사용해야 한다. 카카오톡 플러스친구는 기업이나 특정 가게에서 주로 사용하는 계정인데 원래는 옐로아이디라는 이름으로 서비스되다가 플러스친구로 서비스명을 바꾸었다.

▼ 그림 11-1 옐로아이디로 검색해서 들어가면 서비스가 플러스친구로 바뀌었다는 안내가 나온다

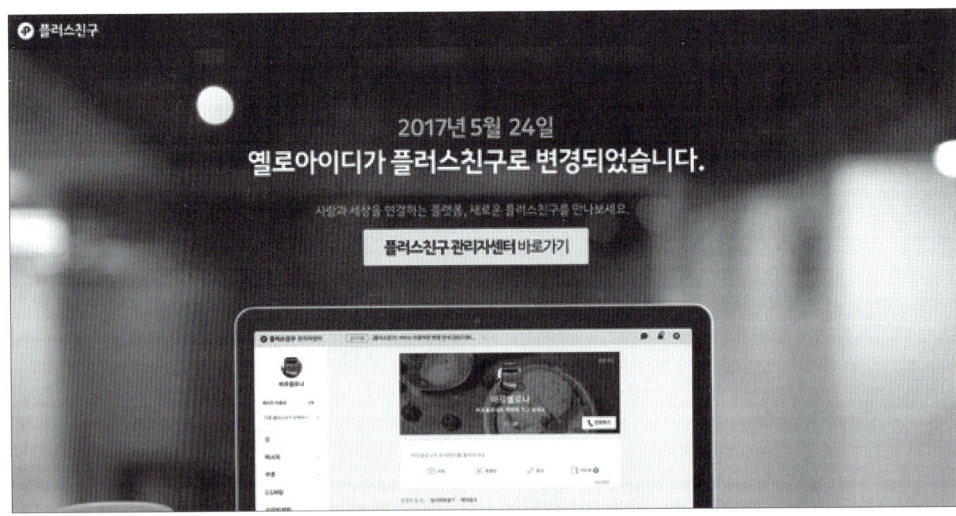

플러스친구의 공식 홈페이지 주소는 다음과 같다. 접속해서 카카오 아이디와 암호를 입력하여 로그인하면 플러스친구를 생성할 수 있는 화면이 나온다.

URL https://center-pf.kakao.com/login

새 플러스친구 만들기를 선택하면 플러스친구를 추가할 수 있는데 여기서는 이미 만들어 놓은 영욱봇에 연결해 보려고 한다.

▼ 그림 11-2 영욱봇에 연결한다

새로운 플러스친구를 추가하거나 기존의 플러스친구를 선택하면 다음과 같은 화면이 나온다. 봇을 만들어서 연결하려면 **스마트채팅**을 선택하고 API형의 **설정하기** 버튼을 클릭해 API를 연결할 수 있도록 준비해야 한다.

▼ 그림 11-3 스마트채팅에서 API형을 선택한다

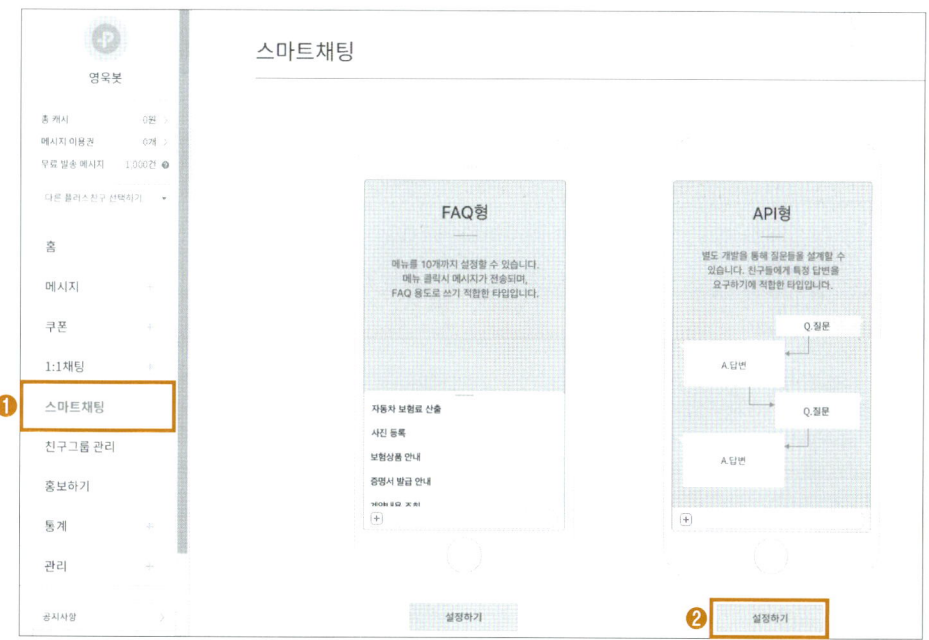

API형을 연결하려면 기본적으로 카카오에서 제공하는 플러스친구 API에 대해 이해하고 있어야 한다.

플러스친구 API는 다음과 같이 총 4가지가 제공된다.

▼ 표 11-1 플러스친구 API

Keyboard	플러스친구로 접근하면 가장 먼저 응답하는 API다. 간단한 안내나 인사 또는 메뉴에 대한 소개 등이 포함되어 있다. 가장 먼저 API를 등록할 때도 사용된다.
Message	실제로 메시지를 주고받을 때 사용되는 API다. Message를 사용할 때 사용한다. 문제는 플러스친구 계정에서 메시지가 입력되면 0.5초 안에 대답을 해야 오류로 간주하지 않는다는 점이다. 0.5초는 생각보다 가혹한 조건이다. 자연어 처리를 하고 데이터를 찾은 후 기존 시스템과 연동해서 결과를 받다 보면 0.5초를 쉽게 넘긴다. 일단 공식 Github(https://github.com/plusfriend/auto_reply)를 통해 응답 시간을 늘려줄 것을 요청했지만 2018년 11월 현재까지 결과는 오지 않았다.
Friend	친구가 추가되었거나 차단된 상태를 받을 수 있다.
Delete	삭제되었을 때 메시지를 받을 수 있다.

기본적인 테스트를 위해서는 Keyboard와 Message를 우선해서 구현해야 한다.

11.2 KakaoConnect 구현하기

플러스친구의 API는 기본적으로 웹 API 형태이므로 웹 프로젝트를 하나 만들어서 구현할 예정이다. 웹 개발이 가능한 어떤 언어라도 가능하지만 여기는 C#과 ASP.NET을 이용해서 구현하려 한다.

먼저 Visual Studio에서 새로운 프로젝트를 시작한다. 새로운 프로젝트를 선택하는 창이 나타나면 **웹 > ASP.NET 웹 응용 프로그램(.NET Framework)**을 선택하고 **확인** 버튼을 클릭한다.

▼ 그림 11-4 ASP.NET 웹 응용 프로그램 프로젝트를 생성한다

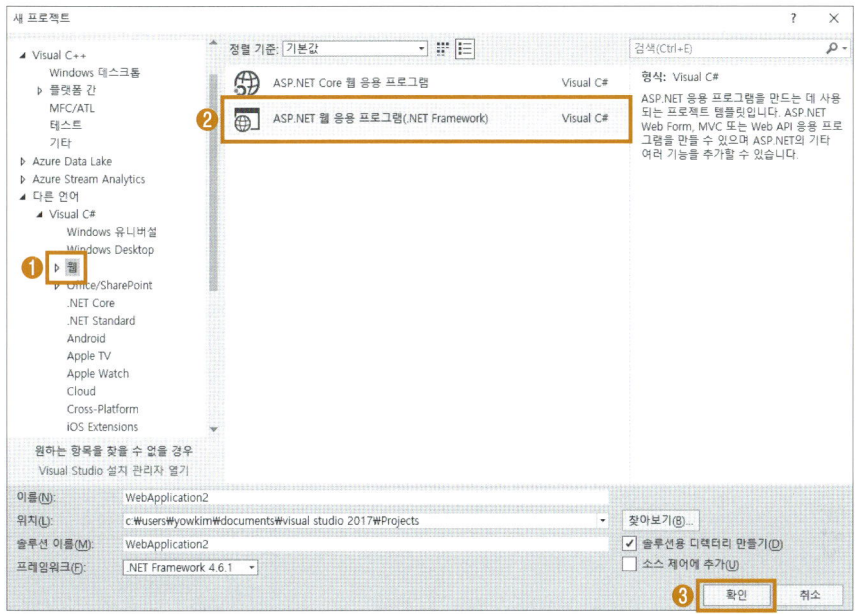

템플릿을 MVC로 선택하고 Web API를 체크한 후 **확인** 버튼을 클릭해 프로젝트를 생성한다.

▼ 그림 11-5 MVC 템플릿을 선택하고 Web API를 체크한다

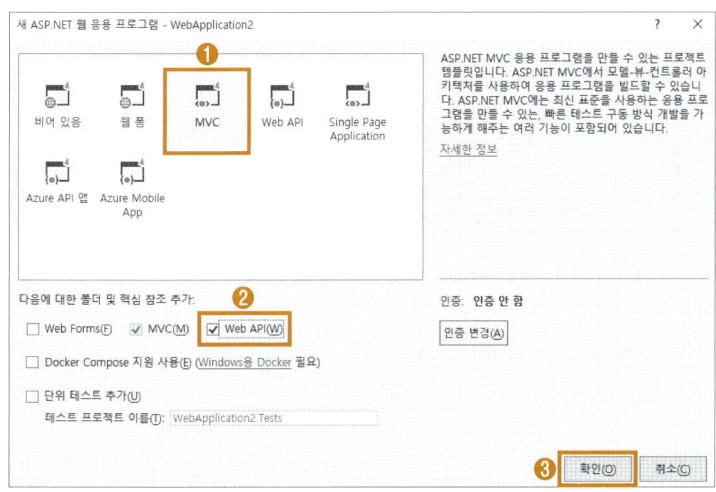

생성된 프로젝트의 Controllers 폴더를 보면 HomeController.cs 파일이 생성되어 있다. 플러스친구를 연결하려면 앞에서 설명한 Keyboard, Message, Friend, Delete API를 구현해야 하는데 가장 먼저 Keyboard를 구현해야 한다.

Keyboard를 구현하려면 **Controllers** 폴더를 우클릭하고 **추가 > 컨트롤러**를 차례로 선택한다. MVC 5 컨트롤러 – 비어 있음을 선택하고 **추가** 버튼을 클릭한다.

▼ 그림 11-6 KeyboardController를 추가한다

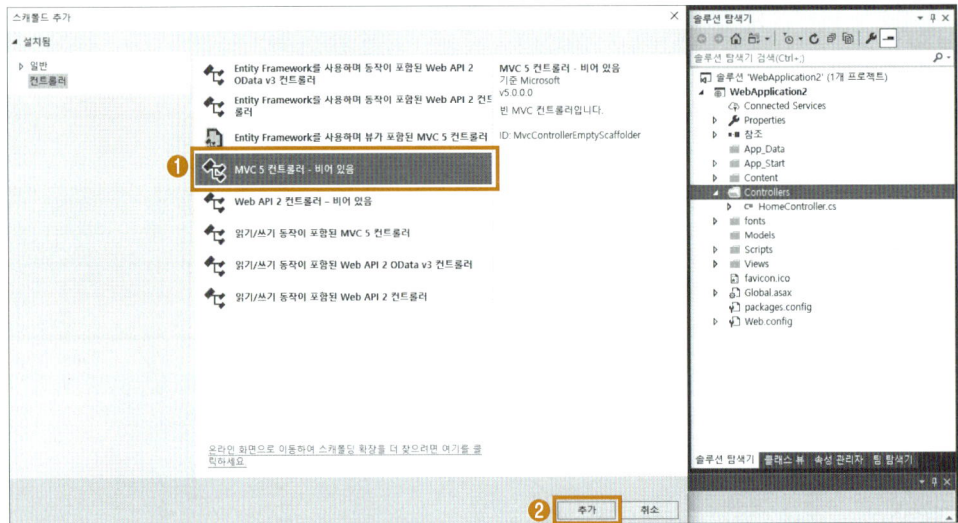

컨트롤러 추가 창이 나타나면 컨트롤러 이름에 KeyboardController를 입력하고 **추가** 버튼을 클릭하여 새로운 컨트롤러를 추가한다.

▼ 그림 11-7 KeyboardController를 생성한다

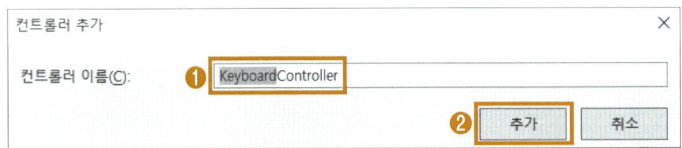

이제 Keyboard Controller에서 리턴할 방식을 구현해야 한다. 이때부터는 카카오에서 제공하는 API 설명서를 잘 참조해야 한다. 기본적으로 모든 메시지는 JSON 타입이다. Keyboard는 사용자가 접속하면 가장 먼저 출력할 메시지나 선택할 수 있는 버튼을 제시하는 역할을 한다. 제공되는 문서에는 다음과 같은 예시가 있다.

```
{
    "type" : "buttons",
    "buttons" : ["선택 1", "선택 2", "선택 3"]
}
```

버튼 타입으로 버튼이 3개 제시되고 사용자가 버튼을 클릭하면 버튼의 캡션이 바로 입력되는 식으로 동작된다.

이 부분을 구현하려면 먼저 엔티티 클래스를 작성해야 한다. 솔루션 탐색기에서 **Models** 폴더를 우클릭하고 **추가** > **클래스**를 선택한 후 클래스 이름에 **Keyboard**를 입력하고 **추가** 버튼을 클릭한다.

▼ 그림 11-8 Entity 클래스를 추가한다

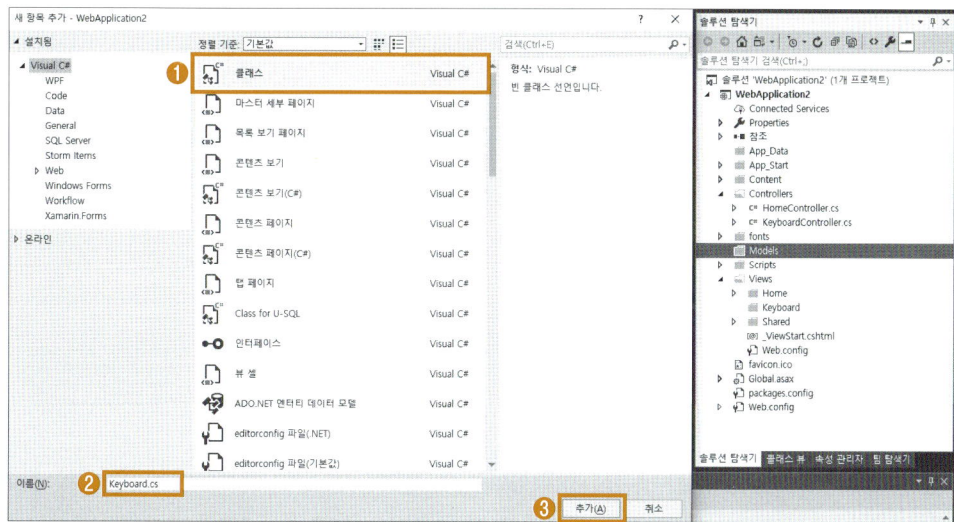

Keyboard 클래스의 내용은 다음과 같이 작성한다.

코드 11-1 Keyboard 클래스의 소스 코드(Models\Keyboard.cs)

```
 1: using System;
 2: using System.Collections.Generic;
 3: using System.Linq;
 4: using System.Web;
 5:
 6: namespace WebApplication2.Models
 7: {
 8:     public class Keyboard
 9:     {
10:         public string type { get; set; }
11:         public string[] buttons { get; set; }
12:     }
13: }
```

Keyboard 클래스가 완성되었으면 KeyboardController를 완성할 차례다. KeyboardController의 내용을 다음과 같이 작성한다.

코드 11-2 KeyboardController의 소스 코드(Controllers\KeyboardController.cs)

```
 1:  using System;
 2:  using System.Collections.Generic;
 3:  using System.Linq;
 4:  using System.Web;
 5:  using System.Web.Mvc;
 6:
 7:  namespace KakaoConnector.Controllers
 8:  {
 9:      public class KeyboardController : Controller
10:      {
11:          // GET: Keyboard
12:          public ActionResult Index()
13:          {
14:              Models.Keyboard keyboard = new Models.Keyboard();
15:
16:              keyboard.type = "buttons";
17:              keyboard.buttons = new string[]{"인사", "대화"};
18:
19:              return Json(keyboard, JsonRequestBehavior.AllowGet);
20:          }
21:      }
22:  }
```

여기서는 사용자가 접속하면 기본으로 인사와 대화 버튼을 출력하도록 만들었다. 컨트롤러에서 `return Json()`은 JSON 타입으로 리턴할 수 있게 해 주므로 편리하게 사용할 수 있다.

Keyboard 부분의 코드를 간단하게 작성했다면 바로 Azure Web App에 배포한다. Azure Web App은 Microsoft의 클라우드 서비스인 Azure에서 제공하는 Web Service로 자세한 정보는 다음 URL을 참조할 수 있다.

> **URL** https://azure.microsoft.com/ko-kr/services/app-service/web/
> **단축 URL** https://bit.ly/2OHkOh2

Visual Studio에서 Azure Web App에 배포하려면 솔루션 탐색기에서 해당 프로젝트를 우클릭하고 **게시**를 선택한다. **App Service**를 선택하고 **게시** 버튼을 클릭하면 Azure Web App에 게시하는 게 가능해진다. Visual Studio에서 바로 Azure Web App을 만들면서 배포하는 것도 가능하지만 자세히 설정하려면 Azure Portal에서 직접 생성한 후에 Visual Studio에서 선택하는 것을 추천한다.

▼ 그림 11-9 Microsoft Azure 앱 서비스를 생성한다

배포가 끝나면 Azure Web App의 주소를 잘 확인해 둔다. 이제 플러스친구에 배포한 서비스를 연결하는 작업을 해야 한다. 다시 플러스친구 관리자센터로 가서 **스마트 채팅**을 선택하고 API형의 **설정하기** 버튼을 클릭한다.

▼ 그림 11-10 카카오톡 스마트채팅의 API를 설정한다

자세한 내용을 입력할 수 있는 페이지가 나타나면 필요한 정보를 입력한다. 앱 이름과 앱 URL을 입력하면 되는데 URL에는 앞에서 배포한 웹 앱의 주소를 그대로 입력하면 된다. 앱 설명을 입력하고 알림을 받을 전화번호를 입력한다. API형은 오류가 있으면 관리자의 카카오톡으로 알려 주므로 그때 사용하게 된다.

▼ 그림 11-11 앱 URL을 등록한다

이제 연결이 잘 되는지 **API 테스트** 버튼을 클릭해 본다. 다음 그림과 같이 나타나면 잘 연결된 것이다. 이 부분이 통과되지 않으면 더 이상 진행되지 않으므로 차분히 문제를 찾아봐야 한다.

▼ 그림 11-12 API를 테스트한다

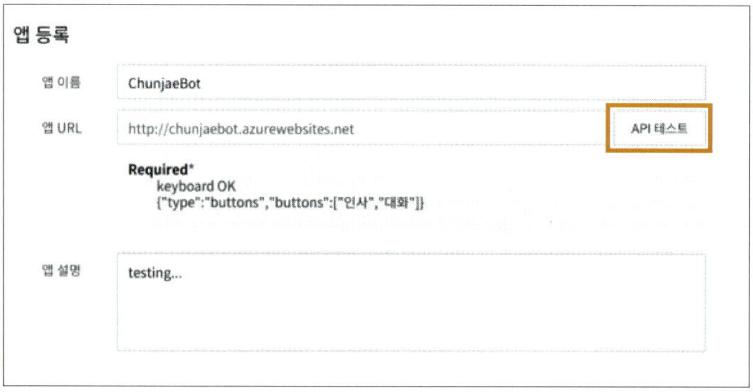

이제 메시지를 처리하는 부분의 코드를 작성할 차례다. 플러스친구 API 중 Message 부분을 담당할 MessageController를 추가한다. MessageController에서 Bot Framework를 연결하려면 Direct Line API를 사용해야 한다. Direct Line API를 이해하려면 다시 9장을 참조해 보길 바란다.

다음은 MessageController.cs의 전체 소스 코드다. 전반적인 내용은 기존 내용과 다르지 않다. ASP.NET의 Session에 Conversation ID를 따로 저장했다가 기존의 대화가 있으면 대화를 이어 나갈 수 있도록 수정한 부분만 다르다.

코드 11-3 MessageController의 전체 소스 코드(Controllers₩MessageController.cs)

```
 1:  using System;
 2:  using System.Collections.Generic;
 3:  using System.Linq;
 4:  using System.Web;
 5:  using System.Web.Mvc;
 6:
 7:  using Microsoft.Bot.Connector.DirectLine;
 8:  using System.Threading.Tasks;
 9:  using System.Configuration;
10:  using Microsoft.Web.Redis;
11:
12:  namespace KakaoConnector.Controllers
13:  {
14:      public class MessageController : Controller
15:      {
16:          private string directLineSecret = ConfigurationManager.
                    AppSettings["DirectLineSecret"];
17:          private string botId = ConfigurationManager.AppSettings["BotId"];
18:          private string fromUser = "DirectLineSampleClientUser";
19:          private Conversation Conversation = null;
20:
21:          DirectLineClient Client = null;
22:
23:          // GET: Message
24:          public async Task<ActionResult> Index(string user_key, string type,
                    string content)
25:          {
26:
27:              Client = new DirectLineClient(directLineSecret);
28:
29:              if (Session["cid"] as string != null)
```

```csharp
30:            {
31:                this.Conversation = Client.Conversations.
                       ReconnectToConversation((string)Session["CONVERSTAION_ID"]);
32:            }
33:            else
34:            {
35:                this.Conversation = Client.Conversations.StartConversation();
36:
37:                Session["cid"] = Conversation.ConversationId;
38:            }
39:
40:
41:            Activity userMessage = new Activity
42:            {
43:                From = new ChannelAccount(fromUser),
44:                Type = ActivityTypes.Message,
45:                Text = content
46:            };
47:
48:            await Client.Conversations.PostActivityAsync(this.Conversation.
                  ConversationId, userMessage);
49:
50:            // 메시지를 받는 부분
51:            string watermark = null;
52:
53:            while (true)
54:            {
55:                var activitySet = await Client.Conversations.
                       GetActivitiesAsync(Conversation.ConversationId, watermark);
56:                watermark = activitySet?.Watermark;
57:
58:                var activities = from x in activitySet.Activities
59:                                 where x.From.Id == botId
60:                                 select x;
61:
62:                Models.Message message = new Models.Message();
63:                Models.MessageResponse messageResponse = new Models.MessageResponse();
64:                messageResponse.message = message;
65:
66:                foreach (Activity activity in activities)
67:                {
```

```
68:                    message.text = activity.Text + "--" + this.Conversation.
                                       ConversationId;
69:                }
70:
71:                return Json(messageResponse, JsonRequestBehavior.AllowGet);
72:                // return View();
73:            }
74:        }
75:    }
76: }
```

여기까지가 카카오톡 연결을 위한 최소한의 코드다. 카카오톡의 카드 지원은 카카오톡에서 제공하는 JSON 포맷을 참조해서 하나하나 구현해 나가는 과정을 거쳐야 한다. 하지만 그 부분은 이 책의 마지막을 보고 있을 개발자들의 몫으로 남겨 두고 여기서는 개발의 가장 난제라 불리는 개발 환경과 연결 부분을 설명하는 것으로 마무리하려 한다.

부록

부록 A Azure의 과금 정책
부록 B FormFlow로 ARS 기능 구현하기
부록 C Bing News Search 활용법

부록 A | Azure의 과금 정책

Bot Framework로 챗봇을 개발하고 운영하려면 Microsoft의 클라우드 서비스인 Azure에 배포하는 과정을 거치게 된다. 또한 LUIS, SQL Service, QnA Maker 등 다양한 서비스를 함께 사용하게 된다. 이럴 때 걱정되는 것이 바로 비용이다.

Azure와 관련된 비용은 책에서 언급하기가 쉽지 않다. 가격이 수시로 변하는 데다 지역별 또는 Azure 구독별로 각각 다르기 때문이다. 대신 책에서는 비용을 산출하는 방법을 설명하겠다.

Azure.com에 접속하면 상단 메뉴에 가격이 보인다. **가격**을 선택하면 **요금 계산기**가 나오는데 여기서 App Service, 가상 머신, 네트워크, 저장소 등의 가격을 확인할 수 있다.

▼ 그림 A-1 Azure 가격 정보(https://azure.microsoft.com/ko-kr/pricing/)

여기서 모든 가격 정보를 확인할 수 있는 것은 아니다. LUIS 가격을 확인하고 싶으면 LUIS 공식 사이트인 http://luis.ai에 있는 가격 정보를 참조하는 게 더 정확하다. 많이 사용하는 서비스

중 하나인 QnA Maker는 2018년 11월 현재 무료로 제공된다. 추후에 유료로 바뀌더라도 QnA Maker 사이트인 http://QnAMaker.ai에서 확인할 수 있을 것이다.

현재 서비스 사용량을 알고 싶으면 Azure 포털의 오른쪽 상단에 있는 자신의 계정을 클릭해 보자. **View my bill**을 선택하면 현재 내 계정의 과금 상황을 자세히 알 수 있다.

❤ 그림 A-2 View my bill을 선택해서 계정의 과금 정보를 확인한다

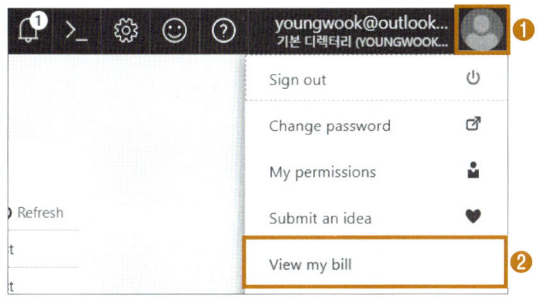

월별 과금 내역과 Azure 사용량은 **Invoices > Older invoices**에서 확인할 수 있다.

❤ 그림 A-3 Invoices > Older invoices에서 Azure 사용량을 확인한다

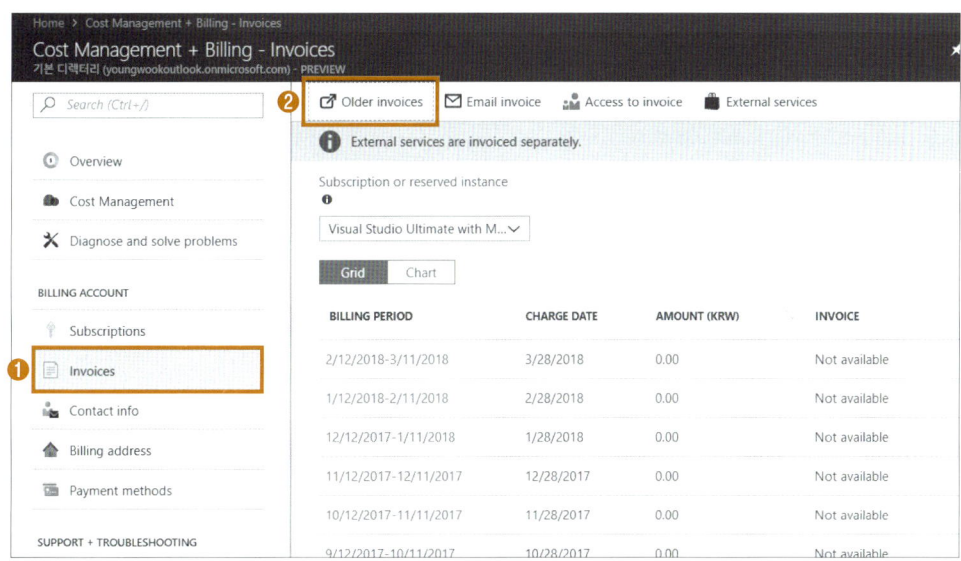

챗봇을 개발하다 보면 주로 Web App에서 사용되는 App Service Plan, SQL Database, LUIS 등이 높은 과금 대상이 된다. 생각보다 작은 크기로도 충분히 서비스를 감당할 수 있으므로 작은 용량부터 조금씩 키워가면서 적절한 크기를 찾는 게 좋다.

부록 B | FormFlow로 ARS 기능 구현하기

자연어 처리도 필요 없고 ARS를 사용하듯이 보기를 나열하고 사용자가 그중 하나를 선택하도록 하기만 해도 되는 경우가 생각보다 많다. 이런 경우라면 복잡하게 대화를 구성하지 않고 FormFlow를 사용하여 빠르게 대화형 서비스를 개발할 수 있다.

FormFlow는 간단하게 데이터만 기술해 주면 알아서 질문하고 그 결과를 확인할 수 있게 해 주므로 매우 편리하다. 반면 그 한계도 분명해서 본문에서 다루지 않고 부록에서 다루려 한다.

FormFlow는 기본적으로 코드 B-1과 같이 열거형으로 데이터만 선언하면 해당 데이터를 기반으로 대화를 생성해 준다.

코드 B-1 열거형으로 선언된 데이터와 FormFlow

```
 1: using System;
 2: using System.Threading.Tasks;
 3: using Microsoft.Bot.Builder.Dialogs;
 4: using Microsoft.Bot.Connector;
 5:
 6: using System.Collections.Generic;
 7: using Microsoft.Bot.Builder.FormFlow;
 8:
 9: namespace FormFlowSample.Dialogs
10: {
11:     public enum MenuOptions
12:     {
13:         자장면, 탕수육, 난자완스, 기스면, 짬뽕, 볶음밥, 자장밥, 군만두, 잡채밥
14:     };
15:     public enum SizeOptions { 보통, 곱배기 };
16:     public enum QuantityOptions { 한그릇, 두그릇, 세그릇, 네그릇 };
17:
18:     [Serializable]
19:     public class FoodOrder
20:     {
21:         public MenuOptions? Menu;
22:         public SizeOptions? Size;
```

```
23:        public QuantityOptions? Quantity;
24:
25:        public static IForm<FoodOrder> BuildForm()
26:        {
27:            return new FormBuilder<FoodOrder>()
28:                    .Message("안녕하세요. 만리장성입니다. ")
29:                    .Build();
30:        }
31:    };
32: }
```

코드 B-1에서 11~16번 줄은 데이터를 열거형으로 선언하는 부분이다. 사용자가 선택할 수 있는 요소들을 메뉴, 크기, 수량으로 나눠서 정의한 부분이다.

실제 대화를 담당하는 코드는 19번 줄부터 시작하는 **FoodOrder** 클래스다. 21~23번 줄은 위에서 정의한 데이터를 기반으로 질문을 하고 사용자가 선택한 값을 저장할 변수를 정의하는 부분이다. FormFlow가 동작하는 부분은 25~30번 줄 사이다.

이렇게 만든 FormFlow는 기존의 Dialog와는 다른 방법으로 호출해야 한다. Visual Studio에서 Controllers 폴더 아래 있는 MessagesController.cs 파일을 수정해야 한다. 먼저 코드 B-2의 소스 코드를 추가한다.

코드 B-2 수정된 MessagesController.cs

```
1: using System.Net;
2: using System.Net.Http;
3: using System.Threading.Tasks;
4: using System.Web.Http;
5: using Microsoft.Bot.Builder.Dialogs;
6: using Microsoft.Bot.Connector;
7:
8: using Microsoft.Bot.Builder.FormFlow;
9: using FormFlowSample.Dialogs;
10:
11: namespace FormFlowSample
12: {
13:     [BotAuthentication]
14:     public class MessagesController : ApiController
15:     {
16:         internal static IDialog<FoodOrder> MakeRootDialog()
17:         {
18:             return Chain.From(() => FormDialog.FromForm(FoodOrder.BuildForm));
```

```
19:        }
20:
21:        /// <summary>
22:        /// POST: api/Messages
23:        /// Receive a message from a user and reply to it
24:        /// </summary>
25:        public async Task<HttpResponseMessage> Post([FromBody]Activity activity)
26:        {
27:            if (activity.Type == ActivityTypes.Message)
28:            {
29:                await Conversation.SendAsync(activity, MakeRootDialog);
30:            }
31:            else
32:            {
33:                HandleSystemMessage(activity);
34:            }
35:            var response = Request.CreateResponse(HttpStatusCode.OK);
36:            return response;
37:        }
38:
39:        private Activity HandleSystemMessage(Activity message)
40:        {
41:            if (message.Type == ActivityTypes.DeleteUserData)
42:            {
43:                // Implement user deletion here
44:                // If we handle user deletion, return a real message
45:            }
46:            else if (message.Type == ActivityTypes.ConversationUpdate)
47:            {
48:                // Handle conversation state changes, like members being added and
                      removed
49:                // Use Activity.MembersAdded and Activity.MembersRemoved and
                      Activity.Action for info
50:                // Not available in all channels
51:            }
52:            else if (message.Type == ActivityTypes.ContactRelationUpdate)
53:            {
54:                // Handle add/remove from contact lists
55:                // Activity.From + Activity.Action represent what happened
56:            }
57:            else if (message.Type == ActivityTypes.Typing)
58:            {
59:                // Handle knowing that the user is typing
```

```
60:            }
61:            else if (message.Type == ActivityTypes.Ping)
62:            {
63:            }
64:
65:            return null;
66:        }
67:    }
68: }
```

FormFlow를 사용하는 클래스를 호출하려면 FormDialog를 통해서 호출해야 한다. 그래서 추가한 부분이 16~19번 줄의 internal 메서드다. 그리고 이 internal 메서드를 호출하기 위한 부분이 29번 줄에 있다.

전체 소스 코드를 옮겨 놓아 길어 보이지만 수정된 코드는 몇 줄도 되지 않는다. 그럼 잘 동작하는지 바로 실행해 보자. 먼저 아무 말이나 입력해 보면 바로 응답하는 것을 볼 수 있다.

❖ 그림 B-1 FormFlow의 실행 모습

FormFlow는 손쉽게 ARS 비슷한 서비스를 만들어 주지만 기본적으로 'Please select a menu'처럼 메시지가 영어로 생성되고 확인 대답도 영어로 'Yes'를 입력해야 하는 등 언어 문제가 여전히 남아 있다.

물론 FormFlow를 지역화(Localization)할 수도 있지만 그렇게 하면 코드 양이 지나치게 늘어나 FormFlow를 사용하는 매력이 반감된다. 이러한 이유로 실제 프로젝트에서는 많이 사용되지 않는다.

FormFlow와 관련된 자세한 내용은 다음 URL에서 참조할 수 있다.

> **URL** https://docs.microsoft.com/en-us/bot-framework/dotnet/bot-builder-dotnet-formflow
> **단축 URL** https://bit.ly/2E7EtTl

CHATBOT

부록 C | Bing News Search 활용법

챗봇을 만들거나 인공지능 스피커를 만들 때 뉴스 검색 기능이 필요할 수 있다. 이럴 때 활용하면 좋은 API가 Microsoft Cognitive 서비스 중 하나인 Bing News Search다.

Bing News Search API는 Bing 검색 엔진을 기반으로 하고 있다.

Bing News Search API

URL https://azure.microsoft.com/en-us/services/cognitive-services/bing-news-search-api/

단축 URL https://bit.ly/2Pluw5N

▼ 그림 C-1 Bing News Search API

한국어도 서비스되므로 키워드로 '아이유'를 검색하면 다음과 같이 잘 검색되는 것을 볼 수 있다.

▼ 그림 C-2 Bing News Search API를 이용해서 '아이유'를 검색한 결과

영어로 된 자료를 검색하면 좀 더 나은 결과를 가져올 수 있다. New York Yankees How are your grades yesterday?(어제 뉴욕 양키스 성적이 어때?)와 같이 질문하면 신통하게 관련된 정보를 찾아서 보여 준다(영어로 입력해야 한다).

▼ 그림 C-3 New York Yankees의 경기 결과

결과는 모두 JSON 타입으로 되어 있기 때문에 결과를 다루는 것도 어렵지 않다.

❤ 그림 C-4 검색 결과로 볼 수 있는 JSON

```
{
  "_type": "News",
  "readLink": "https://api.cognitive.microsoft.com/api/v5/news/search?q=New+York+Yankees+How+are+y
  "totalEstimatedMatches": 3120000,
  "value": [
    {
      "about": [
        {
          "readLink": "https://api.cognitive.microsoft.com/api/v5/entities/60d5dc2b-c915-460b-b722
          "name": "New York City"
        },
        {
          "readLink": "https://api.cognitive.microsoft.com/api/v5/entities/34f268cb-0019-fa41-d7e4
          "name": "New York Yankees"
        }
      ],
      "provider": [
        {
          "_type": "Organization",
          "name": "Gothamist"
        }
      ],
      "datePublished": "2017-10-17T21:02:00",
      "clusteredArticles": null,
      "mentions": null,
      "video": null,
      "category": "Sports",
      "name": "The Honorable Mayor Of NYC Will Not Root For The <b>Yankees</b>",
      "url": "http://www.bing.com/cr?IG=F181B230BE98482CB0BC6EB58F74EF37&CID=392B5F959A2167450C6C5
```

이를 이용하는 코드는 생각보다 간단하다. 제공되는 예제를 기반으로 Helpers 클래스를 만들면 다음과 같다.

코드 C-1 Bing News Search API를 사용하는 Helpers 클래스

```
 1:  using System;
 2:  using System.Collections.Generic;
 3:  using System.Linq;
 4:  using System.Web;
 5:
 6:  using System.Net.Http.Headers;
 7:  using System.Text;
 8:  using System.Net.Http;
 9:  using System.Threading.Tasks;
10:
11:  namespace BingSearch.Helpers
12:  {
13:      public static class BingSearchHelper
14:      {
15:          private static HttpClient client = new HttpClient();
16:          private static System.Collections.Specialized.NameValueCollection queryString
                  = HttpUtility.ParseQueryString(string.Empty);
```

```
17:
18:          public static async Task<string> GetSearchResult(string para)
19:          {
20:              // Request headers
21:              client.DefaultRequestHeaders.Add("Ocp-Apim-Subscription-Key",
                                                 "<Subscription Key>");
22:
23:              // Request parameters
24:              queryString["q"] = para;
25:              queryString["count"] = "10";
26:              queryString["offset"] = "0";
27:              queryString["mkt"] = "en-us";
28:              queryString["safeSearch"] = "Moderate";
29:              var uri = "https://api.cognitive.microsoft.com/bing/v7.0/news/search?" +
                          queryString;
30:
31:              var response = await client.GetAsync(uri);
32:              string responseString = "";
33:
34:              if (response?.Content != null)
35:              {
36:                  responseString = await response.Content.ReadAsStringAsync();
37:                  Console.WriteLine(responseString);
38:              }
39:
40:              return responseString;
41:          }
42:      }
43: }
```

찾아보기

A

Action Type 075
Activity 056
Adaptive Card 076
ADO.NET 객체 113
ADO.NET의 구조 113
Animation Card 076
Application Insights Location 029
App name 029
App Service Plan/Location 029
ARS 기능 구현 218
async 081
AttachmentLayout 092
Audio Card 076
await 081
Azure SQL Database 094
Azure Storage 022, 029
Azure 계정 020
Azure의 과금 정책 216
Azure 포털 언어 설정 022

B

Bing News Search 223
Bot 011
Bot Builder Template 018
Bot category 190
Bot Emulator 019, 035
BotFather 198
Bot name 028

Bot Service 013, 022
Bot Template 029
Bot website 190
Buttons 077

C

call 075
Call( ) 059
Callback URL 193
CardHelper 클래스 087, 090
Cognitive 서비스 149
Command 113
Connection strings 114
Connector 113
Contact Relation Update 056
Context Aware Computing 011
context.Call( ) 066
context.Done( ) 065, 092, 175
context.MakeMessage( ) 078
context.PostAsync( ) 081
context.Wait( ) 081
context 객체 059
Continuous Delivery 037
Conversation Update 056

D

DataAdapter 113
DataReader 113
DataSet 113, 115

227

DefaultMatchHandler()　144
Delete User Data　056
Delivery Dialog　044
Dialog　054
DialogResumeAfter()　066
Direct Line API　178
Direct Line App　013, 178, 180
Display name　190
Done()　059
downloadFile　075

E

Entity　150, 156
EntityRecommendation　174

F

Facebook App ID　193
Facebook Page ID　193
Facebook 메신저 연결　191
Fail()　059
FAQ Dialog　044
Fill()　115

G

GETDATE()　109
GetHeroCard()　090
GetThumbnailCard()　090

H

Hello World Bot　030
Hero Card　076, 077, 080

I

IDE　103
IDialogContext　059
Images　077
imBack　075
Integrated Development Environment　103
Intent　150

K

KakaoConnect　204

L

Language support　190
Language Understanding Intelligent Service　150
LCMS　011
Learning Content Management System　011
Learning Management System　011
List 객체　078
LMS　011
Location　028, 098
Long description　190
LowScoreHandler()　144
LUIS　150, 165
LuisResult result　174

M

Markets   190
Message   056
MessageReceivedAsync()   058, 060, 065, 125
Microsoft App ID and Password   029
Microsoft Azure 구독에 연결   105
Microsoft Bot Framework   012
Microsoft Cognitive Services   149

N

Natural Language Processing   011
NoMatchHandler()   144
NuGet 패키지   141

O

openUrl   075
Order Dialog   044

P

Page Access Token   193
Pattern Recognition   011
Ping   056
playAudio   075
playVideo   075
Post()   056
PostAsync()   059
postBack   075
POST 방식   056

Pre-Training Tool   164
Pricing tier   028, 099
Privacy statement URL   190
Production   166
PTT   164
public   081
Publish   166
Publisher email   190
Publisher name   190

Q

QnA Maker   044, 132

R

ReadBotMessagesAsync()   183
Receipt Card   076, 128
ReceiptItem   128
Replace()   174
Resource Group   024, 028
Resources and Key   166
REST 방식   178
result.TryFindEntity()   174
Root Dialog   044
RootDialog   049, 059

S

Semantic Web   011
SendWelcomeMessageAsync()   065
Server   098

Show database connection strings 114
showImage 075
signin 075
SignIn Card 076
Skype 연결 188
Speech to Text 149, 190
SqlCommand 객체 115, 125
SqlConnection 객체 115
SQL Database 096
SQLHelper 클래스 119, 124
SQL Server 개체 탐색기에서 열기 106
Staging 166
StartAsync() 058, 060, 080, 081
STT 149, 190
Subscription 025, 028
Subtitle 077

T

Tap 077
Telegram 197
Terms of use URL 190
Text 077
Text Mining 011, 132
Text to Speech 190
Thumbnail Card 076
Timezone 166
Title 077
ToAttachment() 079
Trim() 065
T-SQL 함수 109
TTS 190

Typing 056

U

UTF8 185

V

Verify Token 193
Video Card 076
Visual Studio 2017 016
Visual Studio Code 017
Visual Studio Community 017

W

Wait() 059
Web App 022
Web App Bot 022, 027

ㄱ

가격 정책 099
게시 036
기존 항목 선택 038

ㄷ

다중 Dialog 062
대용량 텍스트 학습 164
데이터베이스 업데이트 108

데이터베이스 연결 문자열 표시   114
데이터 보기   110
딥러닝 기반 엔진   150

ㅁ

마이크로소프트 봇 프레임워크   012, 013
마이크로소프트 인지 서비스   149
만리장성 봇   043

ㅂ

방화벽 설정   102
배열   078
버튼   075
봇   011
봇 빌더 템플릿   018
봇 에뮬레이터   019
봇 프레임워크 개발 환경   016
비동기형 메서드   081
빌드 실패   071
빌드 컨퍼런스   012

ㅅ

상속   058
상황 인식 컴퓨팅   011
서버   098
서버 탐색기   103
시나리오   054
시맨틱 웹   011

ㅇ

연결 문자열   114
영수증 출력   122
요소   150
웹 앱 봇   023
유니코드   109
응용 프로그램 서버 오류   051
의도   150
인사말 기능   060
인지 서비스   149

ㅈ

자연어 처리   011, 148, 150
지속적인 업데이트   037

ㅊ

챗봇   010, 011
챗봇과 LUIS 연결   167
챗봇 배포   036
챗봇 에뮬레이터 오류   071

ㅋ

카드   076
카카오톡   014
카카오톡 플러스친구   014, 202

ㅌ

테스트　034
텍스트 마이닝　011, 132

ㅍ

파서 오류　051
패턴 인식 기술　011

ㅎ

한글　109, 111